KB203054

미국 남장로교 한국선교회의
여성·의료 선교사

이 책은 박성철· 오복희 님의 출판후원금으로 출판했습니다.

미국 남장로교 한국선교회의 여성·의료 선교사

선교학 관점의 선교 활동 연구(1892~1940)

임희모 지음

동연

머 리 말

예수 그리스도의 참 제자들의 선교 행적
― 남장로교 여성 · 의료 선교사들

2022년은 미국남장로교 해외선교실행위원회(이하 실행위원회)가 공식
적으로 1892년에 파송한 7인의 개척선교사들이 한국에 입국한 지 130년
이 되는 해다. 이들 중 여성 선교사 데이비스(Miss Linnie F. Davis)가 1892
년 10월 17일에 제물포에 도착함으로써 남장로교가 파송한 선교사로서
첫 한국 입국자가 되었다.[1] 뒤이어 6명의 선교사, 즉 레이놀즈 부부(Rev.
William Davis Reynolds & Mrs. Patsy Bolling Reynolds)와 전킨 부부(Rev.
William McCleery Junkin & Mrs. Mary Leyburn Junkin)와 테이트 오누이(Rev.
Lewis Boyd Tate & Miss Mattie Samuel Tate) 등이 11월 3일 제물포에 도착하
고, 다음날 서울에 입성하였다. 입국 후 얼마 지나지 않은 어느 날 남성
선교사 3인이 미국남장로교 한국선교회(이하 한국선교회)를 설립하였다. 레
이놀즈가 회장을, 전킨은 서기를, 회계는 테이트가 맡았다.

2022년은 또한 남장로교 여성 선교사들이 주축이 되어 설립하고 교육
함으로써 한국교회와 사회 발전에 기여한 한일장신대학교의 개교 100주

---

[1] 1892년 10월 3일에 개인적(사적)으로 부산에 도착한 존슨(Cameron Johnson)은 한국의 여러
상황을 그가 속한 미국남장로교 동하노버(East Hanover) 노회에 보고하였다. 그는 레이놀즈
(W. D. Reynolds)와 함께 유니온신학교(Union Theological Seminary)의 대표로 1891년 10
월 언더우드(Horace G. Underwood)와 윤치호가 한국 선교를 강조한 '해외선교를 위한 신학
교간 동맹'(The Inter-Seminary Missionary Alliance)의 내슈빌(Nashville) 집회에 참석하
였다. 당시 그는 부산에서 데이비스를 동행하여 10월 17일 제물포에 도착했고 18일에 용산을
거쳐 서울 도성에 입성하였다.

년이 되는 해다. 이 학교의 설립 100주년을 기념하여 한일장신대학교에서 선교학을 공부한 동문들과 재학생들이 세계의 여러 선교 현장에서 활동하는 동문 선교사들을 초청하여 9월 22~23일에 선교대회를 개최한다. 이에 맞추어 본 필자가 그동안 몇 학술지에 기고한 남장로교 선교사들에 관한 연구논문 중에서 신앙사적으로, 선교학적으로 중요한 몇 개를 뽑아 책으로 출판하게 되었다.

2016년 2월에 정년퇴직한 본 필자는 한국선교회의 선교사들을 연구하려고 계획을 세웠다. 그 시발점은 2009년에 선교사 서서평2(셰핑, Elisabeth J. Shepping, 1880~1934, R. N.)을 연구한 것이었다. 한일장신대학교의 뿌리를 찾아 역사를 거슬러 올라갔는데 1922년 광주 이일여자성경학교가 있었고, 이 학교의 초대 교장은 서서평 선교사였다. 이분의 선교사적 삶을 살펴보았더니 그녀는 여느 선교사들과는 확연하게 다른 특징을 가졌다. 그녀는 예수 그리스도의 복음을 일상 삶으로 증언하면서 자신의 모든 것을 드려 가난한 한국인들을 섬기고 특히 불우한 여성들과 삶을 나누었다. 은퇴하는 시점에 급히 서둘러 본 필자는 『서서평, 예수를 살다』3라는 책을 출판하였다. 이때 절실하게 느낀 것은 관련 사료와 자료 수집의 문제 그리고 역사적 인물 연구에 대한 접근의 문제 등이었다. 자료가 몇 개 보충되어 이 책의 내용을 보완하여 2017년에 개정증보 초판으로 출판했다. 그러나 여전히 미비하다는 생각이 본 필자를 짓눌렀다. 이러한 사료 확보와 역사적 자료에 대한 이해와 접근 문제를 풀기 위하여 본 필자는 연구한 논문들을 일종의 공론의 장인 몇몇 학술지에 투고하였고, 심사자들의 평을 통해

---

2 본 글은 한국 입국 전의 이름은 셰핑으로, 입국 후 이름은 서서평으로 기술한다. 서서평 자신이 한국 선교사로서 서서평으로 불리기를 원했고 한국인들은 기꺼이 그녀를 한국인으로 맞아들여 서서평으로 불렀다. 이러한 이유로 오늘날 한국에서 발간된 거의 모든 저작물은 그녀를 서서평으로 기록한다.

3 임희모, 『서서평, 예수를 살다』 (서울: 도서출판 케노시스, 2017, 개정증보판).

배움을 가졌다. 이러한 연구와 공부의 과정에서 서서평 선교사를 연구하여 2020년에 서서평 연구서 제2권4을 출판하였다.

한편 필자는 서서평 선교사를 연구하는 동안 한국선교회의 초기(1892~1940) 선교사들의 활동을 서술한 자료들과 책들을 검토하였다. 우선 선교사들이 쓴 책 3권을 살폈다. 첫 저작물은 1897년 실행위원회 총무인 체스터(Samuel H. Chester) 박사가 일본과 중국과 한국의 선교 현장을 방문하고 선교사 생활과 선교 정책을 살핀 후 상기 위원회에 제출한 보고서였다.5 여기에는 각기 다른 3개국 선교사들의 생활 조건의 차이와 선교 정책이 서술되었고, 한국 관련한 주요 정책으로는 네비우스 정책을 승인하는 것이었다. 둘째 책은 1919년 니스벳 선교사 부인(Mrs. Anabel M. Nisbet)이 1892~1919년의 한국선교회의 선교를 정리하였다.6 그녀는 이 기간을 선교 준비(1892~1899)와 성장(1899~1905)과 추수(1905~1912)와 알곡 선별(1912~1919) 등 네 시기로 나누고 각 시기에 일어난 선교 행적을 소주제별로 나누어 이야기식으로 전개하면서 선교 통계를 포함시켰다. 셋째 저작물은 1962년에 출판된 브라운 선교사(George Thompson Brown)의 책이다. 그는 학문적 접근을 통해 남장로교 한국선교 역사(1892~1962)를 체계적으로 서술하였다.7 그는 한국

---

4 임희모, 『서서평 선교사의 통전적 영혼 구원 선교: 20세기 선교와 21세기 한국교회의 선교신학』 (서울: 동연, 2020).

5 Samuel H. Chester, *Lights and Shadows of Mission Work in the Far East: Being the Record of Observations Made During a Visit to the Southern Presbyterian Missions in Japan, China and Korea in the Year 1897* (Richmond, Va: The Presbyterian Committee of Publication, 1897). 체스터 총무의 정책보고서는 121-133쪽에 수록되었다. 한국선교회는 1897년 체스터 총무가 참석한 군산 연례회의에서 남자 선교사 5인(전킨은 신병으로 불참)이 모여 한국선교회의 헌법과 규정을 채택하였다.

6 Anabel M.Major Nisbet/한인수 역, *Day In and Day Out in Korea* (Richmond, Va): The Presbyterian Committee of Publication, 1919), 『호남선교 초기 역사(1892~1919)』 (서울: 경건, 1998).

7 George Thompson Brown, *Mission to Korea* (Atlanta(GA): Board of World Missions, Presbyterian Church U. S., 1962); 천사무엘·김균태·오승재 옮김, 『한국선교 이야기: 미

선교회와 선교사들이 생산한 1차 자료들로 연례회의록, 선교보고서, 개인 서신들, 선교 기관지 *The Missionary, The Missionary Survey, The Presbyterian Survey*의 기고문 등을 활용하였다. 이로 인하여 이 책은 한국선교회의 선교 이해를 위한 필독서 겸 교과서적 의미를 갖는다. 그러나 가끔 숫자나 내용에 오류가 발견된다. 브라운은 그가 인용한 자료를 제한적으로 참고문헌 목록에 수록했기 때문에 일일이 위의 1차 자료들을 확인할 필요가 있다. 한편 한국인들도 한국선교회의 선교 25주년(1892~1917)을 기념하고 40주년 (1892~1932)을 맞아 간단한 자료집을 생산했다.[8]

한국선교회의 초기 선교를 연구한 한국인들은 니스벳 부인의 책과 브라운 박사의 책, 한국인들이 작성한 기념 자료집을 참고하고 여기에 몇몇 개별 선교사들의 1차 자료와 한국교회의 자료를 덧붙여 연구하였다. 이러한 자료들을 분석한 김수진과 한인수는 공저로 1980년 『한국기독교회사: 호남편』을 출판하였고, 1992년에 김수진은 『호남선교 100주년과 그 사역자들』을, 1998년 주명준은 『전북의 기독교 전래』 역사를 저술했다.[9] 이후 니스벳 부인의 책이 1998년에 그리고 브라운의 책도 2010년에 번역되어 한국의 독자들에게 알려졌다.

한국선교회의 선교사들에 대한 연구는 그 수가 많지는 않다. 한국선교회의 전반적인 선교 역사와 전주, 군산, 목포, 광주, 순천 선교부 등 5개 선교부의 활동으로 복음 전도, 교육 선교 및 의료 선교 등이 연구되면서 관련 선교사들이 산발적으로 소개되었다. 2010년 전후부터 선교사들에 대한 연구가 물량적으로 많이 생산되었다. 주된 연구 대상들은 초기 개척

국남장로교 한국선교 역사(1892~1962)』 (서울: 동연, 2010).

8 전라복로회 기념식 준비위원 이승두·리자익·홍종필, 『전라도선교 25주년 기념』 (전북: 손글씨 복사본, 1907년); 지은이 미상, 『전라도 선교 40주년 략력』 (장소 미상: 손글씨 복사본, 1932).

9 김수진·한인수, 『한국기독교회사: 호남편』 (서울: 범륜사, 1980); 김수진, 『호남선교 100주년과 그 사역자들』 (서울: 고려글방, 1992); 주명준, 『전북의 기독교 전래』 (전주: 전주대학교출판부, 1998).

선교사들과 이들에 뒤이어 입국하여 이들과 함께 5개 선교부 개설을 주도한 남성 선교사들이었다.[10] 이들은 또한 한국(호남) 교회의 제도화에 기여한 인물들로서 개척선교사 7인 중 남성 3인(가족 포함)을 비롯하여 벨(Eugene Bell), 해리슨(William B, Harrison), 오웬(Clement C. Owen), 매커첸(Luther O. McCutchen), 프레스턴(John F. Preston), 코이트(Robert T. Coit), 탈메이지(John V. N. Talmage), 린튼(William A. Linton) 등이었다.

한국선교회의 남성 목사 선교사들에게 집중된 이러한 연구 편향은 오늘날 한국교회의 상황에서 변화될 필요가 있다. 첫째, 당시 다른 교회(교단)과 마찬가지로 남장로교의 선교구조 역시 복음 전도와 교회 개척을 강조하였다. 한국선교회는 이에 따라 복음 전도 목사 선교사들을 중심에 두고 의료 선교사나 교육 선교사는 이들을 지원하는 보조적 수단으로 위치시켰다. 이러한 구조에서 목사 중심의 한국교회가 제도화되었고 당시 지도적 위치를 차지한 목사 선교사 중심의 연구가 오늘날 주로 진행되는 것이다. 그러나 오늘날 한국의 교회 상황과 선교 구조는 평신도의 역할을 강조하고 있다. 이렇듯 변화된 상황에서 한국선교회의 평신도 선교사, 즉 여성 선교사와 교육 및 의료 선교사(의사, 간호사)들에 대한 연구가 강조될 필요가 있다.

둘째, 제도화된 한국교회 대다수가 오늘날 잃어버린 신앙의 순수성, 즉 예수 그리스도의 제자공동체로서 생활(삶)의 진정성에 대한 문제점이 크게 부각되고 있다. 이에 따라 제도적 한국교회의 관행적 형식적 신앙 구조에 대한 쇄신과 개혁의 필요성이 강하게 대두되고 있다. 이러한 상황에서 호남에 복음을 전한 선교사 중 예수의 제자도를 실천한 선교사들을 우선하여 연구할 필요가 있다. 당시 지도적 위치를 차지한 목사 선교사들

---

10 연구된 논문들의 목록은 다음 글을 참조하라. 강성호, "미국남장로회의 호남선교: 연구 동향을 중심으로," 국립순천대학교 인문학술원 종교역사문화센터 편, 『전남 동부 기독교 선교와 한국 사회』 (서울: 선인, 2019), 15-37.

보다 덜 노출되어 덜 유명하지만 자기 희생을 통하여 복음을 증언한 여성들이나 의료 선교사 중 신앙사적 중요성을 지닌 선교사들이 적지 않다. 그러나 이들 대부분은 선교 보고나 개인적 편지 등 자료를 많이 남기지는 않았다. 그럼에도 어디엔가는 이들이 남긴 자료와 행적 등이 남아 있게 마련이다. 이들을 귀하게 찾는 노력을 통해 예수 그리스도를 따라 희생과 섬김을 행하며 성경적 신앙의 진실성을 보여 준 평신도 선교사들을 연구하고 한국교회에 소개할 필요가 있다.

셋째, 일종의 사족이지만 한국선교회의 선교 역사를 연구한 초기 선행 연구자들의 책과 논문 등에서 가끔 나타나는 과장과 확대 해석, 오기와 오류 등을 시정할 필요가 있다. 1차 자료 접근의 문제 등으로 인하여 초기 연구자들이 간과한 사실들, 근거가 약한 추측들, 단순한 오기나 오류 등이 후발 연구자들에게 2, 3차로 대물림되고 있다. 이러한 의미에서 본 필자는 가급 1차 자료들을 확인하고 이들에 대한 해석의 폭을 좁혀 과장이나 확대 해석을 삼가고 원문의 내용을 객관적으로 이해하고 서술하려고 노력하였다.

이러한 문제의식으로 본 필자는 8개의 글을 묶어 1차로 2022년에 출판하려고 한다. 여성 선교사 3인에 대한 글 4편과 의료 선교사에 관한 연구 논문 2편, 자생적 토착 한국인공동체로 시작된 순천선교부 개설 배경에 관한 논문 1편 및 한국선교회의 자조적 산업 활동 선교에 대한 논문 1편 등 총 8편의 글을 모았다.

우선으로 연구된 여성 선교사 3인은 각자 특성을 갖는다. 첫 글은 남장로교 선교사로서 한국 입국 첫 선교사인 리니 데이비스(1898년 6월 결혼하여 이후 Mrs. Linnie F. Davis Harrison)의 선교에 관한 글이다.[11] 그녀는 당시 '여성을 위한 여성 사역'(Women's Work for Women)을 행할 여성 선교사 파송

---

11 임희모, "미국남장로교의 첫 한국 입국 선교사 해리슨 부인(Mrs. Linnie F. Davis Harrison)의 선교 활동 연구," 「선교와 신학」 55 (2021년 가을호): 255-287.

정책에 따라 여성들과 어린이들에게 복음을 전하고 교육한 선교사였다. 그녀는 서울뿐만 아니라 군산(구암)과 전주에서도 복음 전도 사역을 특출나게 행하였다. 특유의 온유와 겸손으로 서구나 미국 남녀선교사들이 쉽게 빠지는 자문화중심주의 혹은 오리엔탈리즘에서 벗어나 어린이나 가난한 여성 등 한국인이면 누구나 접촉하여 이들의 친구가 되어 집으로 초청하고 초청받고 환영하였다. 전북인들은 이러한 해리슨 부인 선교사를 '우리 선교사 중에서 제일 아름다운 사람'으로 칭송하였다. 그녀는 한국인 환자를 심방하여 감염된 발진티푸스에 의해 사망했는데, 선교 현장에서 선교하다가 순직한 한국선교회의 첫 선교사가 되었다.[12] 또한 그녀는 남편 해리슨(Rev. William B. Harrison) 목사와 함께 정읍의 기독교인들, 즉 당시 사도바울로 알려진 최중진의 일행으로 정읍 매계교회를 세운 교인들에게 세례교육을 했고, 해리슨 선교사는 세례를 베풀었다. 그녀는 1901년 7월 신흥학교의 첫 시작에 중심 교사로서 학생들을 가르쳤는데 자기의 가사도우미로 일한 김창국 학생을 평양 숭실학교에 추천하여 입학시켰다.

둘째 글은 1902년 한국에 입국한 남감리교 선교사로서 1908년 남장로교 선교사 매커첸(Rev. Luther Oliver McCutchen) 목사와 결혼하여 1909년부터 전주에서 활동한 마요셉빈(매커첸 부인, Mrs. J. Hounshell McCutchen) 선교사의 여성 성경 교육 활동을 분석하였다.[13] 스케릿성경훈련학교(Scarritt Bible Training School)를 졸업한 그녀는 1909년에 세워진 전주 남성 성경학원(원장 매커첸 선교사)과 때맞춰 세워진 여성 성경학원과 그 후 세워진 (한국)선교회여성성경학교의 교장으로 활동하였다. 1923년에 세워진 전주 한예정여성성경학교의 제2대 교장(1925~1939)으로 활동한 그녀는 서서평

---

12 1901년 목포에서 벨 선교사 부인(Mrs. Charlotte Witherspoon Bell)이 심장병으로 사망하였으나 그녀는 가정주부였다.

13 임희모, "마요셉빈(Mrs. Josephine Hounshell McCutchen) 선교사의 사역," 「장신논단」 50-3 (2019. 9.): 235-262.

선교사(광주 이일여자성경학교 교장)와 함께 한국선교회의 여성 성경 교육을 주도하였다. 그녀는 삼중으로 활동했는데 전주의 3개 여성 성경학교의 교장으로, 매커첸 선교사의 아내(자녀를 두지 않았음)로서 그를 내조했고, 전북 동북 지역(충남 금산 포함)의 여성 복음화와 전주남문교회에서 성경을 가르치고, 부인조력회를 이끌었다. 이들 부부는 1940년 대다수 한국 선교사가 퇴거할 시 하와이에 정착하여 한인들을 대상으로 선교하였다.

셋째 글은 서서평 선교사의 정치적 동일화 선교를 다루었다.[14] 1934년 6월 26일 서서평의 서거 후 그녀의 동료 여성 선교사들은 추모사에서 그녀를 한국의 슬레서(the Mary Slessor of Korea)로 불렀다. 슬레서(1848~1915)는 아프리카 나이지리아의 동부 지역인 칼라바와 에코용 지역에서 활동한 스코틀랜드 독신 여성 선교사였다. 본 글은 이러한 두 선교사, 즉 각각 아프리카 나이지리아와 한국에서 현지인으로 동일화되어 생활한 두 선교사를 정치적 활동 차원에서 분석하고 비교하였다. 슬레서는 영국 식민 당국과 원주민들 사이에서 총독부 부영사로 그리고 행정관과 재판관으로서 문명화 선교를 하였다. 이에 비하여 서서평은 일제 식민 당국에 대하여 정치적으로 저항하기보다 한국의 가난하고 고통받는 여성들과 자신을 동일화하여 이일학교 설립과 교육, 조선간호부회 창립과 활동, 공창 폐지 운동과 여성 절제 운동 등을 행하면서 한국의 애국시민단체들과 협력함으로써 일제 행정당국에 적절하게 대응하였다. 끝으로 본 글은 당시에 논의된 타 문화권 동일화 선교의 한계를 지적하고, 오늘날 변화하는 선교 상황에서 예수 제자 성육신적 선교를 제안하였다.

넷째 글은 서서평 선교사가 당시 일제 식민 체제와 구시대 봉건적 가부장제 사회에서 주변부 사람들이 자립적 변혁적 삶을 살도록 행한 선교를 분석

---

14 임희모, "식민주의 시대의 정치적 동일화 선교 비교 연구: 메리 슬레서(Mary Slessor)와 엘리자베스 셰핑(Elisabeth J. Shepping)," 「장신논단」 53-55 (2021. 12.): 299-326.

한다. 이를 위하여 먼저 당시 한국 여성들의 주변부적 삶을 분석하고, 그녀가 섬김의 영성으로 행한 생명 살림의 하나님 나라 선교와 특징을 검토한다. 또한 본 글은 이러한 서서평의 선교가 오늘날 현대 선교신학에서 어떻게 논의되는가를 2가지 문건, 즉 세계교회협의회(WCC) 문건인 "함께 생명을 향하여"(TTL)의 주변부 변혁 선교와 개인 영성적 접근을 강조한 로잔운동(Lausanne Movement)의 선교 문건인 "케이프타운 서약"(The Capetown Commitment)의 그리스도인의 영성 접근적 선교를 분석하고, 이들을 통합하는 선교적 실천을 논하였다. 이의 연장선에서 한국교회가 하나님의 선교적 동역자로서 이러한 주변부 선교를 어떻게 행할 것인가를 논의하였다.15

다섯째 글은 서서평 선교사와 군산 예수병원에서 동역한 의사 선교사 패터슨(Jacob Bruce Patterson, M. D.)의 자기 희생적 의료 선교를 분석하였다.16 그가 유일한 의사로 복무한 군산 예수병원 특히 1919~1925년의 실적은 한국의 6개 선교회(북장로교, 남장로교, 호주장로교, 캐나다장로교, 북감리교, 남감리교)의 연합 병원으로 이들이 각각 의사와 간호사의 파견과 재정 후원으로 운영된 세브란스병원의 실적과 맞먹었다. 어떻게 패터슨은 이러한 실적을 올릴 수 있었을까? 이를 연구하기 위하여 본 글은 우선 1899년 군산의 개항과 선교 병원의 설립과 발전 등을 검토하였고, 패터슨의 개인적 배경과 동역자들(한국인 보조인들 포함)의 협력과 병원의 의료 선교 실적을 분석하고, 의료 선교사로서 그의 신앙적 특징을 분석하였다. 이들은 질병에 대한 패터슨의 연구자적 태도, 능률 제고를 위한 시설 확충과 스태프 교육, 자립 원칙과 실천, 특히 자기 희생적 섬김의 정신과 실천 등이다. 그는 스프루(Sprue)에 심하게 감염되어 1924년 안식년으로 귀국하였다.

---

15 임희모, "서서평 선교사의 생명 살림의 하나님 나라 선교 — 섬김의 영성과 주변부인들의 변혁 선교,"「대학과 선교」46 (2020. 12.): 173-203.

16 임희모, "미국남장로교 선교사 야곱 패터슨(Jacob Bruce Patterson)의 군산 예수병원 의료사역 연구(1910~1925),"「장신논단」52- 3 (2020. 9.): 167-194.

그러나 한국선교회 선교사들과 군산시민들의 간절한 회복과 복귀 염원에 응답하지 못하고 그는 1933년에 서거하였다.

여섯째 글은 '작은 예수'라고 불린 의사 선교사 로저스(James Rogers, M. D.)를 연구하였다.[17] 그는 1917년 10월에 한국에 내한하여 순천의 안력산병원(Alexander Memorial Hospital)을 책임 맡아 국내 최대의 선교 병원이었던 세브란스병원과 비견할만한 실적을 1930년부터 올렸다. 순천 선교 병원은 1913년 가을에 개원되었으나 로저스의 부임 당시 아직 정착단계에 이르지 못하였다. 로저스는 빈궁한 전남 동부 지역과 순천의 경제 · 사회적 사정을 감안하여 진료비 지불 문제로 환자가 진료나 시술을 받지 못하는 일이 없는 선교 병원 정책을 결정하고 실행하였다. 긴급 환자에 대한 정보가 입수되면 즉시 달려가 환자를 이송하여 치료하였다. 이로 인하여 60% 이상의 환자들이 무료로 진료와 시술을 받았고, 병원은 적자 운영이 지속되었으나 의도하지 않은 선한 결과를 맺어 1928년부터 자립하였고, 1933년 안력산병원의 증축도 완공하였다. 당시 한국 언론은 안력산병원이 무산자들을 무료로 치료한다는 기사로 대서특필하였고, 이로 인하여 전라도는 물론 경상도 동부의 일부 지역 환자들이 이 병원을 찾았다. 오늘날 사회적 신뢰를 잃은 한국교회와 기독교기관들은 지역사회의 환자들을 무조건 받아들여 섬김의 의료 선교를 실천한 로저스의 자선적 의료 선교 사역을 거울삼아 이러한 섬김의 사례를 지역사회 선교 정책에 반영할 필요가 있다.

일곱째 글은 한국인들(토착민)이 자생적 신앙 공동체를 형성하고 이후에 선교사들의 지원이 이루어져 1913년 4월에 개설된 순천선교부의 설립 배경을 연구한다.[18] 순천 중심의 전남 동부 지역은 산악 지형으로 인하여

---

17 임희모, "미국남장로교 한국선교회의 의료 선교사 제임스 로저스(James McLean Rogers, M. D.)의 자선적 의료선교 활동 연구,"「장신논단」54-1 (2022. 3.): 165-194.

역사적으로 전라도의 중심권(전주와 나주)[19]과 고립되어 이들과 접촉이 쉽지 않았다. 구한말 변화하는 상황에 민감한 순천 지역의 지식인들이 1897년에 개항된 목포 소재 선교사들을 방문하여 복음을 수용하고 목포와 광주 지역에서 조사로 활동하면서 복음을 전하였다. 이러한 활동으로 인해 복음이 동부 지역에까지 전해졌고, 이 지역을 담당한 선교사들과 접촉이 이루어져 제도적 교회들이 세워졌고 순천선교부가 1913년 봄에 개설되었다. 이렇듯이 자발성과 진취성을 지닌 전남 동부의 기독교인들로 인하여 순천선교부의 복음 전도와 교육 선교 및 병원 선교 사역이 활발하게 이루어지고 복음화가 빠르게 진전되면서 전남노회로부터 1922년 순천노회가 분립하여 조직되었다. 한편 당시 건립된 순천 선교 마을(Mission Compound)의 건축물 일부가 오늘날 원형대로 유지되어 근대 기독교 건축문화를 이해하고, 연구의 가치를 높이고 있다.

여덟째, 마지막 글은 남장로교 한국선교회가 실시한 자조적 산업 활동 선교를 분석하였다.[20] 1907년 이후 한국선교회는 각 학교에 가난한 학생들이 스스로 노동하여 학비와 필요 경비를 벌어서 공부를 마치도록 돕는 자조부(Self Help Department)를 설치하고 운영하는 정책을 실시했다. 전주선교부, 군산선교부, 목포선교부, 광주선교부 및 1913년 이후 순천선교부 내의 남녀 학교 2개교씩 총 10개교, 여기에 전남과 전북의 여성성경학교 각 1개교, 총 2개교 등 모두 12개 학교에 자조부를 설치하였고, 이외에 광주의 가난하고 불우한 여성들을 위한 산업학교를 운영하였다. 이들을 지도하는 교사

---

18 임희모, "미국남장로교한국선교회의 순천선교부 개설 배경 연구: 1892년~1912년을 중심으로," 「장신논단」 53-1 (2021. 3.): 247-276.

19 전남 동부 지역과 순천은 지리적으로 역사적으로 전남 서부권(나주)과 전북권(전주, 남원)에 대한 접근이 쉽지 않았다. 그러나 송정리·순천 간 철도가 개통된 1930년과 익산·순천 간 철도가 개통된 1936년 이후 외부와 접촉이 더욱 원활하게 이루어졌다.

20 임희모, "미국남장로교한국선교회의 산업 활동 선교 연구(1907~1937)," 「한국교회역사복원 논총」 제2권 (2021): 11-54.

가 필요하였으나 공급이 여의치 않았다. 특히 광주의 스와인하트 부인 선교사(Mrs. Lois Hawks Swinehart)가 열정적으로 여학생과 여성들을 지도한바 이들이 만든 수예품을 미국의 대리점(Mrs. Flora Vance)에 수출하고, 그 대금으로 학생들과 여성들 및 학교를 경제적으로 지원하였다. 본 글은 각 선교부 산하 학교들의 자조부 활동과 산업 인력 배출 현황을 도표로 만들고 특징을 분석하였다. 자조부 활동의 주된 특징은 다음과 같다. 첫째, 각 학교의 자조부 활동의 성공 여부는 교장이나 지도 교사의 열정과 역량에 따라 결정되었다. 둘째, 성공적인 자조부 활성화를 이룬 선교부는 광주선교부와 순천선교부였다. 광주의 스와인하트 부인 선교사와 순회전도사 서서평(Elisabeth J. Shepping)은 교육과 모집을 상보적으로 행하였다. 셋째, 이들은 가난한 여성들에게 자수와 비단 제품을 생산하도록 교육하여 생산품을 미국에 수출하고 그 대금을 분배하여 특히 불우한 여성들의 자주적 삶을 일깨웠다. 넷째, 순천선교부는 남녀 학교의 자조부가 활성화되어, 남학생들은 양토끼 사육과 주물 제품을, 여학생들은 비단 제품을 생산하여 수출하였다. 이들 학생은 자조부 활동을 통해 학비를 벌고 직업 준비를 하여 학교를 졸업하였다.

여기 8편의 논문 모음 책에 대하여 선교학적으로 간략히 논의하고자 한다. 원래 남장로교 선교사들이 한국에 전한 복음이란 유럽(주로 영국, 스코틀랜드)의 문화적 기독교 복음을 미국의 보수적 남장로교가 수용한 것이었다. 이러한 기독교 복음을 한국인들은 자신들의 상황에 맞게 이해하여 한국적 복음으로 수용해야 한다. 한국선교회의 선교사들이 전한 복음에 대하여 한국인들은 자신들에게 적합한가를 질문하고, 선교사와 한국인은 이 복음에 대하여 서로 대화하고 이해한 복음을 상호 수용하는 과정을 거쳐야 한다. 이러한 과정에서 선교사와 한국인은 성령의 안내로 서로 대화하고 긴장하면서 상호 배려와 존중을 드러내야 한다.

이와 관련하여 남장로교 선교 지역인 호남 상황에서 3가지 유형의 기독교인들이 존재했다. 첫째, 이러한 존중과 대화와 긴장의 과정이 없이 대부분의 한국 기독교인들이 선교사들을 맹목적으로 따름으로써 몸에 맞지 않은 낯선 옷과 같은 남장로교 복음을 그대로 받아들였다. 둘째, 상기 논문들이 되살린 바와 같이 일부 평신도 선교사들은 자기 희생적 진정성을 가지고 예수 그리스도의 복음을 삶으로 드러낼 때 한국 기독교인들은 복음(예수 그리스도)을 올바로 이해하고 믿게 되었다. 셋째, 자민족·자문화중심주의 선교사들에게 한국인들이 질문하고 이들을 긴장하게 할 때 이들은 한국인을 억압하고 치리하였다. 한국교회의 목사로서 최초로 제명된 최중진의 경우나 몇몇 경우 학생들과 기독교인들이 선교사 반대 운동을 벌였다.

본 필자는 위의 둘째 유형과 셋째 유형에 해당하는 선교사들과 한국인들을 선별하여 향후 연구를 지속하려 한다. 특히 셋째 유형은 한국선교회의 선교 역사에서 자주 노출된 것은 아니고, 이들에 관한 자료가 많은 것도 아니다. 그러나 선교사들은 오만을 드러냈고, 한국인들은 내적·외적 저항을 하고 버티다가 기독교를 떠나기도 했다. 일종의 해프닝이 되기도 했고, 엄중한 치리 문제로 선교사와 한국인 사이에 긴장이 내적으로 혹은 외적으로 표출되기도 했다.

본 필자의 이번 논문 연구를 위하여 조언하고 심사하고 자료를 제공한 분에게 이 자리를 빌려 감사를 드린다. 우선 몇 학술지에 투고된 8개의 논문을 해박한 지식을 가지고 성실하게 읽고 친절하게 의견을 제시한 일부 익명의 심사자들에게 감사를 드린다. 또한 연구를 진행함에 있어서 필요한 자료들을 제공한 한일장신대학교 도서관 사서들, 한남대학교 인돈학술원 조교들, 저의 모교인 미국 루이빌신학교 E. M. White Library 사서들, 개인적 자료를 제공한 미국 UCLA의 옥성득 교수, 순천 광천교회 류보은 목사, 목포기독교역사연구소 김양호 목사에게 감사를 드린다. 이 논문들을 아름답게 편집하여 책으로 만들어 준 동연의 편집진에게도 감사를 드린다.

한국 사회 발전에 희망을 주기보다는 누를 더 끼치는 듯한 오늘날 한국교회의 반선교적 현실을 바라보면서 이 책에 담긴 선교사들의 자기 희생적 섬김의 정신이 조그만 울림이라도 한국교회에 줄 수 있기를 바란다. 끝으로 생명에 위협을 가하는 팬데믹 상황에서도 전 세계에 흩어져 예수 그리스도의 복음을 전하는 선교사들에게 특히 한일장신대학교 동문 선교사들에게 여기에 연구된 선교사들의 진정성 있는 선교 사례들이 선교적 현실의 어려움을 극복하게 하는 소망의 빛을 비춰 준다면 필자로서는 더이상 바랄 것이 없다. 선교하시는 삼위일체 하나님께 오로지 영광을 올리기를!

2022년 7월
전주 평화동 우거에서
임희모

| 차 례 |

1 장
"우리 선교사 중에서 제일 아름다운 사람"
: 해리슨 부인 선교사(Mrs. Linnie F. Davis Harrison, 1892~1903)

I. 서론[1]

데이비스(Miss Linnie F. Davis, 1862~1903) 선교사는 미국남장로교총회
(이하 남장로교)의 해외선교실행위원회(이하 실행위원회)가 1892년 한국에서
선교회(한국선교회)를 세우기 위하여 파송한 개척선교사 7인 중 1인이다.
그러나 그녀는 이 6인과[2] 다른 특징을 갖는다. 첫째, 데이비스는 1892년
10월 17일 제물포에 도착하여 실행위원회가 파송한 첫 한국 입국 선교사
가 되었다. 둘째, 그녀는 여성 독신 선교사로서 여성과 어린이를 대상으로
복음 전도와 교육을 한 첫 선교사였다.[3] 셋째, 그녀는 4년 후에 입국한

---

1 데이비스는 1898년 6월 9일 해리슨(William Butler Harrison, 1866~1928) 선교사와 결혼하
  였다. 본 글은 결혼 전 그녀의 이름표기는 데이비스로, 결혼 후의 표기는 해리슨 부인(Mrs. Linnie
  F. Davis Harrison) 혹은 데이비스 해리슨 부인 선교사로 표기한다.
2 데이비스 외에 6인은 레이놀즈(William D. Reynolds)와 볼링(Patsy Bolling) 부부, 전킨
  (William M. Junkin)과 레이번(Mary Leyburn) 부부, 테이트 남매(Lewis B. Tate & Mattie
  S. Tate)이다.
3 당시 Mattie Tate도 독신 여성 선교사였지만 주로 다른 선교사들을 돕는 위치에 있었다.

한국선교회의 남자 독신 선교사 해리슨과 1898년 6월에 결혼하여 한국선교회 내에서 결혼한 커플 1호가 되었다. 넷째, 그녀는 7인의 선발대 중 복음을 전하다가 순직한 최초 선교사로서[4] 1903년 6월 20일에 서거하였다. 다섯째, 그녀를 제외한 6인(부인 포함)의 선교사들의 활동은 연구되었다.[5] 그러나 그녀의 삶과 선교 연구는 4쪽짜리 에세이 한 개가 유일하다.[6]

이러한 의미에서 본 글은 한국 입국 첫 선교사로서 첫 순직자가 된 여성 선교사 데이비스 사역의 특징을 연구한다. 본 글은 남장로교의 해외 선교 정책과 선교회의 구조, 독신 여성 선교사의 위치 등을 살피고, 이러한 정책을 한국선교회가 1897년에 채택한 헌법과 규정에 언급된 여성 선교사 항목을 검토한다. 본 글은 데이비스 가정의 신앙, 학교 교육 및 한국 입국 배경을 다루고, 서울, 군산, 전주에서 그녀의 선교 활동을 분석한다. 여기에서 동일화 선교라는 분석틀을 통하여 그녀가 행한 선교 활동의 특징을 분석한다. 결론으로 본 글은 오늘날 한국교회의 타 문화권 선교의 성숙을 위하여 그녀의 선교적 접근 활용과 그 함의를 논의한다.

---

4 1895년 4월에 입국한 벨(Eugene Bell) 선교사의 부인 Charlotte Ingram Wither-spoon Bell이 1901년 4월에 심장병으로 갑작스레 소천하였다.
5 이들에 대한 대표적 논문은 다음과 같다. 천사무엘, "레이놀즈의 신학: 칼뱅주의와 성 서관을 중심으로," 「한국기독교와 역사」 33호 (2010); 송현강, "레이놀즈의 목회 사역," 「한국기독교와 역사」 33호 (2010); 류대영, "미국남장로교 선교사 테이트(Lewis Boyd Tate) 가족의 한국선교," 「한국기독교와 역사」 37호 (2012); 이남식, "남장로교 선교사 윌리엄 M. 전킨의 한국 선교 활동 연구," 전주대학교대학원, 문학박사, 2012.
6 송현강, "남장로교 최초의 여성 선교사 셀리나 데이비스," 한남대학교 인돈학술원, 「프런티어(Frontier)」 11호 (2013): 6-9.

II. 데이비스의 신앙 배경과 한국 입국 첫 선교사

1. 남장로교의 해외선교 정책과 여성 선교사 파송 및 한국선교회의 규정

남장로교의 해외선교 정책은 3가지 특징을 갖는다. 첫째, 1861년에 조직된 남장로교는 교회란 초자연적 기관(institute)과 구속받은 자들의 단체(society)로서 영적 성격을[7] 지녔고, 세속적 국가와 제도와 완전히 구별됨을 강조했다. 남장로교의 선교는 이러한 영적 교회를 세우는 데 목적을 두었다. 둘째, 남장로교는 총회의 결정 사항을 직접 실행하는 각 실행위원회 체제를 운영하였다. 실행위원회는 전적으로 해외선교를 담당하여 총회의 선교 정책을 직접 상시로 시행하였다. 셋째, 남장로교는 총회 출범 이전부터 해외선교를 강조하였다. 실행위원회는 1877년 해외선교 메뉴얼을 채택하고 실행하였다. 이에 의하면 선교사는 복음 전도자(Evangelist)로서 복음 설교와 영적 교회 설립에 중점을 두며, 현지 선교회는 산하 모든 선교부의 선교사와 남자 보조 선교사로 구성된다. 현지인은 현지 선교회의 추천과 실행위원회의 임명이 없으면 회원이 될 수 없다.[8] 또한 독신 여성 선교사와 선교사 부인은 선교회의 회원 자격이 주어지지 않아 의사결정 구조에서 배제되고, 독신 여성 선교사는 현지 선교회의 지도를 받아야 한다.

한편 1865년 남북전쟁 이후 여성들이 해외선교사로 파송을 받아 선교하

---

7 "Address by the General Assembly to All the Churches of Jesus Christ Throughout the Earth, Unanimously Adopted at Their Sessions in Augusta, Georgia, December, 1861," *The Distinctive Principles of the Presbyterian Church in the United States* (Richmond[VA]: Committee of Publication, 1870), 8.

8 *Minutes of the General Assembly of 1877*, 418-419; Thomas C, Johnson, *A History of the Southern Presbyterian Church, with Appendix*, 363-364(https://babel.hathitrust.org/cgi/pt?id=uva.x001704586&view=1up&seq=61).

자 이들을 지원하는 수많은 여성단체가 생겼다. 1870년 미국장로교회 여성해외선교사회(*Woman's Foreign Missionary Society of the Presbyterian Church*)가 조직되어9 계간으로 「여성을 위한 여성의 사역」(*Woman's Work for Woman*)을 발행하여 여성 선교사의 편지나 소식을 요약하여 소개하였다. 여성들의 이러한 선교 운동을 다나 로버트(Dana Robert)는 '여성 사역을 위한 여성 선교학'(Missiology for Woman's Work for Woman)으로 규정한다.10 이는 여성과 어린이에게 복음을 전하고 문명화 교육을 하고 병원 치료 선교 등을 행하여 사회개혁 추구와 총체적인 사회변화 선교를 목표로 한다.

이러한 상황에서 한국선교회가 1897년 10월 27일부터 11월 1일까지 데이비스가 거주하는 군산 주변의 구암 초가집에서 제6차 연례회의를 열고 한국선교회의 헌법과 규정을 채택했다. 여기에는 실행위원회의 총무인 체스터(Samuel H. Chester) 박사도 참석하였다.11 제5차 연례회의는 헌법과 규정 초안 작성을 벨 선교사에게 맡겼고 그는 이번 연례회의에서 이를 발표했다. 남자 선교사 5인(레이놀즈, 테이트, 드류, 벨, 해리슨)은 매일 아침 이를 검토한 후에 채택했다.12 군산에 거주한 전킨은 병으로 참석하지 못하였다.

크게 두 부분으로 구성된 1897년 헌법과 규정의 앞부분인 헌법(Constitution) 제2조는 투표권은 선교 현장에서 6개월 이상 복무한 모든 선교사

---

9 Robert Pierce Beaver, *American Protestant Women in World Mission: History of the First Feminist Movement in North America* (Grand Rapids[MI]: William B. Eerdmans Pub. Co., 1980, revised), 99.

10 Dana L. Robert, *American Women in Mission: A Social History of Their Thought and Practice* (Macon[GA]: Mercer University Press, 1999), 130.

11 Samuel H. Chester, *Lights and Shadows of Mission Work in the Far East: Being the Record of Observations Made During a Visit to the Southern Presbyterian Missions in Japan, China, and Korea in the Year 1897* (Richmond[VA]: The Presbyterian Committee of Publication). 한국 선교 관련 내용은 이 책의 91-133쪽에 있다.

12 W. D. Reynolds, "Sixth Annual Meeting," *The Missionary* (Feb. 1898): 82-83; P. B. Reynolds, "Korea: the Mission Meeting," *The Missionary* (Feb. 1898): 80-81.

에게, 선교사와 남성 보조 선교사에게 주어지고 여성은 제외된다. 특히 "미혼여성 선교사의 사역에 직접 영향을 미치는 결정(사안)에 대해서는, 제안된 결정을 잘 이해하도록 정보를 제공하여 그녀가 그 주제에 대한 견해를 선교회에 제출할 때까지 어떠한 조치를 해서는 안 된다"라고 규정했다.[13] 헌법 제3조는 "선교사의 생활과 봉사의 목적은 그리스도와 십자가에 달리신 이분을 이교도들에게 설교하는 것이다. 이에 따라 모든 형태의 사역은 이 목적에 복속해야 한다"라고 기술했다. 규정과 세칙(Rules and By-Laws)은 "여성들은 필히 자문받아", 즉 "선교회의 지시나 상급자의 자문과 조언에 따라야만 준회원(associate member)으로 사역을 할 수 있다"라고 규정했다.

2. 데이비스의 신앙 환경과 성장 및 교육

변호사였던 아버지(Archimedes Davis, 1811~1865)와 어머니(Mary Vance Hook Fulkerson Davis, 1820~1892) 사이에 13명의 자녀 중 12번째로 버지니아의 서남부 아빙돈에서 1862년에 태어난 리니 데이비스는 어려서 셀리나(Selina)로 불렸다. 대농장 몇 개와 주식 등 23,000달러의 큰 재산을 지닌 아버지가 남북전쟁 후유증으로 1865년에 죽자 셀리나는 자애로운 어머니 밑에서 칼뱅 전통의 신앙을 이어받아 경건한 분위기에서 자랐다. 부친은 싱킹 스프링 장로교회(Sinking Spring Presbyterian Church)의 장로로 봉사하였다.[14] 어머니는 가정주부로서 16,000달러의 재산을 가졌다.[15] 데이비스

---

13 *The Constitution, Rules and By-Laws of the Southern Presbyterian Mission in Korea* (Shanghai: American Presbyterian Mission Press, 1898). (RG 444, Box 66, Folder 1; Presbyterian Historical Society, Philadelphia, PA), 1.
https://digital.history.pcusa.org/islandora/object/islandora%3A152024?solr_nav%5Bid%5D=5b2d7952e2855ec1bf53&solr_nav%5Bpage%5D=0&solr_nav%5Boffset%5D=1#page/1/mode/1up.

는 어려서 흑인 보모가 돌보았다.

데이비스의 신앙은 칼뱅주의적 침례교 목사인 둘째 숙부(James Davis)의 영향과16 어머니의 경건한 삶과 싱킹 스프링 장로교회의 교회 생활을 통해 이루어졌다. 어려서부터 예수 그리스도에 대한 믿음을 가진 그녀는 어머니를 따라 곧잘 가난한 자와 병든 자들을 심방하면서 해외선교 비전을 키웠다. 그녀가 신앙생활을 익힌 싱킹 스프링 장로교회는 1888년 주일학교 체제를 혁신하여 초등과 4년제, 청년과 3년제, 장년과 5년제를 운영했다. 초등과 3학년의 경우, 선교 대명령, 마태복음 22장 37-39절, 요한복음 3장 16절, 찬송가(Jesus is tenderly calling), 50개의 어린이 문답 등을 가르쳤다. 한편, 이 교회의 여성 활동은 1870년부터 활성화되어 고아와 가난한 자들과 병든 자들을 심방하는 등 사회봉사했고, 해외선교도 지원하였다. 이 교회는 여성 지도자들을 다수 배출하였다. 해외선교사로는 데이비스가 처음이었다.[17]

데이비스는 스톤월잭슨여성대학(Stonewall Jackson Female Institute, 1914~1930년은 Stonewall Jackson College)을 졸업하였다. 그녀의 모교회인 싱 킹 스프링장로교회가 이 대학을 세웠다. 1868년 5월 이사회는 1등급의 여성 대학을 세우기 위하여 영어과, 음악과(기악, 성악), 프랑스어와 라틴어, 독일어 등 언어학과, 미술과(Drawing and Painting), 수예와 장식과 등을 두기로 하고, 1868년 9월 15일 개강하였다. 1914년 이 학교 본관과 학적부 등이

---

14 Rountree Stephenson compiled, *Historical Sketch of Sinking Spring Presbyterian Church at Abingdon, Virginia* 1773~1948 (Abingdon[VA]: Committee of the Sinking Spring Church, 1948), 22.

15 당시 테네시주 로저스빌의 가게에서 일한 백인 청년의 연봉은 숙식 제공에 100달러였다.

16 최은수, "미국남장로교파송 최초 선교사 리니 데이비스[의 가정사에 관한 연구," 『최은수의 교회사 논단』 (https://www.amennews.com/news/articleView.html?idxno=18033).

17 Rountree Stephenson, *Historical Sketch of Sinking Spring Presbyterian Church*, 89. Miss Margaret H. Hopper는 목포에서 1923~1940, 1953~1957년까지 활동했다. 위의 책, 86.

화재로 전소되어 데이비스의 입학과 졸업 연도는 확인하기 어렵지만 1890년 이전에 졸업했을 것으로 추정된다.[18] 1927년 졸업생(35명)인 히야트(Susan Leyburn Hyatt)라는 여성의 1926년 Yearbook은 이 학교의 교육 사명을 엿볼 수 있게 한다.[19] 이는 "교과서와 여타 자료로부터 지식을 습득하고 마음과 여러 덕목을 계발하는 데 성공한 여성들을, 삶에 있어서 자신들을 생각하고 책임감을 실천하도록 교육받은 여성들을 (세상으로) 파송하는" 것이었다. 이 학교 졸업생의 전형적인 활동은 사회에서 박애 정신으로 타인을 돕는 것이었다.

3. 한국 입국 첫 선교사 리니 데이비스
: 주미 공사 이채연의 부인과 동행 입국

스톤월잭슨대학에서 인문 교양 교육을 받은 데이비스는 해외선교 소식지 *The Missionary*를 자주 읽었다. 여기에는 주로 해외선교 현장의 소식과 선교사들의 보고가 다양하게 게재되었다. 1890년에 선교사 결심을 확고하게 세운 데이비스는 실행위원회에 "우리 주님을 최선을 다해 섬길 수 있는 현장으로 자기를 보내줄 것"을 요청했다.[20] 특히 그녀는 아프리카 선교사로 가기를 원했다. 1891년 여름 몇 주 동안 데이비스의 어머니 집에서 그녀의 병간호를 받은 선교사 지망생 존슨(Cameron Johnson)이 아프리카를 선교지로 택한 이유를 그녀에게 물었다. 그녀는 아프리카는 개인적

---

18 이 학교 출신으로 한국에서 활동한 선교사는 다음과 같다. Finley Monwell Eversole 선교사의 부인 Edna Earle Pratt(1876~1955)는 전주에서, Lena R. Fontain(1888~1981)은 전주와 군산에서, Margaret G. Martin(1892~?)은 광주(1921~1927)에서 활동했다. 인돈학술원 편, 『미국남장로회 내한선교사 편람: 1892~1987』(대전: 한남대학교 출판부, 2007).
19 "A 1926 college yearbook spills its secrets," Appalachian History.net(https://www.appalachianhistory.net/2020/11/a-1926-yearbook-spills-its-secrets.html), 5.
20 W. M. Junkin, "Mrs. W. B. Harrison," *The Missionary* (Sept. 1903), 423.

으로 가장 불편하고 희생을 많이 해야 하는 곳인데 그곳에서 봉사할 여성 선교사가 거의 없을 것이기 때문이라는 대답을 했다.[21] 그런데 실행위원회는 남장로 교에서 거의 아무도 접근하지 않은 새로운 선교 현장인 한국을 그녀에게 소개했다.[22]

한편 실행위원회는 개척선교사 7인을 파송하면서 한국선교에 대한 희망을 품었다. 1888년부터 미국주재 공사관에서 근무하는 이채연(Lee Cha Yun) 씨의 2개월 난 외아들이 죽었다. 슬픔에 겨워 이채연 씨의 부인이 남장로교 선교팀과 동행하여 귀국하려고 했고, 아빙돈의 데이비스가 살렘(Salem)까지 가서 그녀를 만났다. 이 부인은 미국에서 개종하여 기독교인이 되었다. 이를 알게 된 The Missionary의 편집인이 이를 기사화하였다.[23] 한국 황제의 친척의 귀부인이 기독교인이고, 이 부인과 함께 선교팀이 동행하여 한국에 입국한다는 것, 이로 인하여 남장로교 선교의 앞날에 유익이 있을 것을 The Missionary는 예견했다.

데이비스의 선교팀 일행은 세인트루이스에서 이 부인과 만났다. 그런데 중도에 전킨의 편도선염으로 인하여 전킨 부부와 레이놀즈 부부는 더 머물렀고, 테이트 남매와 데이비스와 이 부인은 일행이 되어 앞서 출발하여 요코하마에 10월 5일에 도착하였다. 여기에서 선교팀이 합류하기로 하였으나 데이비스와 이 부인은 7일 정오에 요코하마에서 출발하여 고베를 거쳐 17일에 제물포에 도착하였다. 마중 나온 사람들과 이 부인은 떠났고, 데이비스는 알렌 부인(Mrs. Horace N. Allen)의 안내 편지를 따라 제물포에서 자고 18일에 서울의 알렌의 집에 도착했다.

---

21 Cameron Johnson, "Recollections of Mrs. Harrison," The Missionary (Mar. 1904), 129.
22 존슨은 데이비스보다 1개월 전에 한국에 입국했다. Cameron Johnson, "Korea: My Introduction to Korea," The Missionary (Jan. 1893): 30-33.
23 Editorial, "A Distinguished Korean Convert to Christianity," The Missionary (1892), 343.

III. 해리슨 부인 선교사의 한국 선교 활동
: 여성과 어린이 사역

1. 서울에서 삶과 사역(1892~1896)

데이비스는 서울에서 미국의 외교관으로 활동하는 알렌 부총영사 (1897년 변리공사 겸 총영사)의 집에서 잠시 머물렀다. 그녀는 알렌 가족의 보호와 안내로 서울의 삶을 시작하였다. 그녀는 6인의 선교팀의 도착을 기다리는 동안 10월 20일 자 서울발 첫 기사를 *The Missionary*에 송고하였 다.24 한국어 어학 선생도 알렌이 물색하여 주었다. 12월 4일 6명의 개척선 교사가 서울에 도착하여 7명의 팀이 구성되었다. 이들은 곧 서대문 부근에 있는 알렌의 집을 구입하여 안착하였다. 이 집은 남장로교 선교사들의 생 활 중심으로 딕시(Dixi)로 불렸다. 이 집은 원래 독일 공사가 살던 집을 개조한 것으로 경내가 아주 넓었다. 데이비스는 레이놀즈 부부와 전킨 부 부가 사는 경내에서 살았고, 여기에 테이트 남매는 집을 지어 따로 살았다.

실행위원회의 요청으로 중국의 고참 선교사 스튜어트(J. L. Stuart)가 한국 을 관찰하고 일본으로 떠나기 전 4월 24일 부산에서 보고서를 보냈다. 그는 여기에 데이비스의 어린이 사역을 인상 깊게 적었다.25 점심때가 지 나면 매일 옷이 남루한 개구쟁이들이 데이비스가 사는 집 외곽문 밖에 모여 문이 열리기를 기다린다. 3시에 데이비스가 신호를 보내면 문이 열리 고 어린이들이 달려 들어와 계단을 뛰어 올라와, 한국 풍습에 따라 신발을 벗고 방으로 들어와 마루에 있는 방석에 앉는다. 이때 데이비스가 이들에 게 인사말을 하고, 한국어 선생에게 성경의 이야기를 그림을 설명하면서

---

24 [Linnie F.] Davis, "Korea," *The Missionary* (Feb. 1893): 76-77.
25 J. L. Stuart, "Korea," *The Missionary* (Aug. 1893), 315.

진행하게 한다. 어린이들은 주의 깊게 듣고 「예수 사랑하심은」(Jesus loves me, 563장)을 찬송한다. 그리고 머리를 숙여 기도하면 이 모임은 끝난다. 데이비스의 어린이 복음 전도와 예배가 주위 한국인들의 관심을 끌었다.

이러한 데이비스에게 한국인의 생활을 경험하고 복음 전도를 할 수 있는 기회가 왔다. 결혼한 부부 가정에 독신 처녀가 거주해서는 안 된다는 한국 풍습에 따라 데이비스는 1894년 봄, 북장로교 독신 여성 선교사인 도티(Susan A. Doty)의 집으로 이사 가야 했다. 여기에서 데이비스는 3가지 선교 경험을 하면서 한국인을 이해하고 사랑하는 선교사로 거듭났다.

첫째, 데이비스는 서울의 여학교를 맡은 도티의 초청에 응하여 교사로서 협력 사역을 하였다. 당시 학생 9명의 이 학교는 도티가 운영하면서 발전하였는데 데이비스가 하루 20-30명을 가르치고 협력함으로써 학교다운 모습을 갖추게 되었다. 이로 인하여 이 학교 사역은 당시 한국에서 가장 성공적인 여성 사역으로 알려졌다.[26] 이들은 성경, 신앙 진리, 읽기, 쓰기, 수예 등을 가르쳤다. 이 여학교는 미국 선교본부와 서울에서 널리 알려졌고, 1905년 연동으로 이사하여 정신여학교로 발전하였다.

둘째, 데이비스는 한국인들 속에서 선교하였다. 도티의 집은 정동 외국인 거주지의 영어권에서 2.5마일(4km)이 떨어져 있었다. 한국인들과 어울려 한국어를 말하며 살아야 하는 좋은 기회가 왔다.[27] 도티는 학생 사이에 병이 돌자 학교로 들어갔고, 데이비스는 5개월을 혼자서 살았다. 이때 그녀는 한국인들을 위한 선교사역을 확장하였다. 데이비스는 특별히 어린이 전도에 집중하였다. 그녀는 어린이들과 친해지면서 그들의 집들을 방문하고 어머니들을 만나 대화를 나누었다. 데이비스의 자상하고 겸손한 태도에 이들은 그녀와 친구가 되었다. 그녀는 이들에게 복음을 전하고 모임을

---

26 W. M. Junkin, "Mrs. W. B. Harrison," 424.
27 [Linnie F.] Davis, "Notes from Seoul," *The Missionary* (Oct. 1895), 468.

만들었다. 이러한 데이비스의 선교 전략으로 인해 매일 매일 많은 여자와 어린이가 몰려들었고,[28] 이들을 몇 채의 집에 수용하여 교육하였다. 이들은 데이비스에게 친절하고 친구처럼 대하여 그녀는 혼자였지만 두려움을 전혀 느끼지 않았다. 데이비스의 개인 보고서에 의하면, 그녀는 1894년에 한국 여성 1,693명을 만났고 80가정을 방문했고 1,000권의 전도지를 배포하였다.[29] 더 나아가 그녀의 복음 전도와 교육에 참석한 여성들은 이웃들에게 복음을 전하였다. 남자들에게도 그들의 아이들과 부인과 어머니를 통하여 기독교 서적을 보내는 등 간접적 방법으로 복음을 전하였다. 주일 저녁에는 레이놀즈 목사가 한국말로 설교를 했는데 27명이 참석한 적도 있었다. 세례를 받았던 문지기는 청일전쟁 후 콜레라가 돌자 병에 걸려 죽고 이전에 문지기였던 다른 남자는 신앙을 고백하고 세례를 받았다.

셋째, 1895년 여름 한국선교회의 선교사들(테이트 남매는 일본 체류)은 17마일(27km) 떨어진 관악산 서쪽 중턱의 불교사원 부근에 집을 세내어 5주 전부터 머물렀다.[30] 공기가 시원하여 기운을 돋우고, 시야가 터져서 경치가 아름다웠다. 여기에 복음 전도에 열중한 데이비스가 뒤늦게 합류하여 1주일 정도를 지냈다. 2m의 거리에 불교사원이 있는 자리에서 데이비스는 아침 기도회를 열었다. 여기에는 선교사들을 수발하는 한국인들을 제외하고 6명의 한국인이 참석했다. 수많은 여성이 절에 예불하기 위하여 올라왔는데 선교사들은 이들에게 말을 붙이기도 했다. 그러나 불교 승려들은 선교사들이 복음 전하는 것을 반대하지 않았고 기도하는 사람들 곁으로 와 앉아서 듣기도 하고, 일부 승려는 기독교 서적을 읽었다. 이러한 분위기에서 데이비스는 한국인들의 종교적 포용성을 이해하게 되었다.

---

28 Cameron Johnson, "Recollections of Mrs. Harrison," 129.
29 George Thompson Brown, *Mission to Korea* (Atlanta[GA]: Board of World Missions, PCUS, 1962), 33.
30 *The Korea Repository* Vol. II (Aug. 1895), 317.

데이비스는 그동안 한국선교회가 여성들에게 복음을 전할 수 있도록 집을 하나 마련해 줄 것을 기대했다. 그러나 이러한 염원은 이루어지지 않았다. 1895년 가을부터 레이놀즈가 승부재 예배를 시작했기 때문이다. 데이비스가 전도한 여성들이 주일에는 승부재 예배에 참석하여 레이놀즈의 설교를 듣고 세례를 받았다. 도티의 집에 거주하면서 이렇듯이 열심히 복음 전도를 하다가 건강이 약해진 데이비스를 염려하여 동료 선교사들은 1896년 봄 일본 여행을 떠나도록 주선했다.[31] 레이놀즈는 18명의 세례 예비자들을 문답했는데 이 중 남녀 각 1명이 세례를 받았다. 학습인 8명은 죄를 범해서 세례를 받지 못했고 이 중 몇 명은 감리교로 떠났다. 4~5명의 여성은 오는 가을에 세례받을 가능성이 있었다.[32]

2. 군산 구암 시절의 선교(1896~1898)

1896년 11월 3~6일에 서울에서 한국선교회의 제4차 연례회의가 열렸다. 전주와 군산에 선교부를 세웠고 전북 지역을 넘어 또 하나의 선교부를 개설할 계획을 세웠다. 데이비스는 군산 선교부로 배치되었다. 그녀는 군산으로 갈 준비로 10월 25일부터 잠시 벨 선교사의 집 경내에서 머물렀다. 이전에 테이트 남매가 살았던 집이었다. 연례회의가 끝난 후 11월 중순에 한국선교회는 제3 선교부 자리를 확정하기 위하여 단체로 나주로 내려갔다. 데이비스도 전킨, 테이트 남매, 해리슨, 레이놀즈, 벨 등 6명과 함께 일행이 되어 제물포를 출발했다.

데이비스 일행은 20일에 군산에 도착하였고, 계속하여 목포와 나주를

---

31 송현강, "남장로교 최초의 여성 선교사 셀리나 데이비스," 7.

32 *Annual Report of the Executive Committee of Foreign Missions of the Presbyterian Church in the United States,* 1897 (Nashville[TN]: 1897), 44; 송현강, "레이놀즈의 목회 사역,"「한국기독교와 역사」 33호 (2010), 39.

관찰하고, 광주를 거쳐 내륙을 통해 다시 군산에 이르렀다. 그녀는 전킨과 드루가 이미 자리 잡은 군산에서 육로로 4.5마일(7km), 해로로 2마일 (3.2km) 떨어진 구암(궁말)에 집을 구하였다. 작은 시골 마을인 구암에 자리 한 데이비스의 초가집은 강변 위에 있어서 경치는 아름다웠다. 생활면에 서 서울과 군산은 완전히 달랐고 사람들과 인심도 달랐다. 군산에서 예배 는 전킨의 사랑방에서 드렸다. 예배를 드릴 때 2~3가지 색깔의 깃발을 달 아서 여성 예배, 어린이 예배 등을 구별했다. 주간에는 대개 2~3번의 집회 가 있었다.33

데이비스에게 군산은 선교사역을 할 만한 곳이었다. 한 주에 5개의 성경반, 즉 여성 반 2개, 소녀 반 2개와 소년 반 1개를 운영했다. 1896년 11월에는 단 1명의 여성이 모임에 참석했으나 1897년 8월 2일 현재 20명 이상이 여성 반에 출석하였다. 여성 반 하나는 3마일 떨어진 Waymay 마을에서 모였다.34

데이비스는 이 마을을 향해 가는 도중에 만나는 여성들을 전도하여 데려가기도 했다. 이 모임에 참석하는 한 여성의 아이가 눈이 부어올라 병이 났다. 그의 남편은 질병을 내리는 악령에게 제사를 올리지 않아서 아팠다고 여인을 심하게 구박했다. 여인은 데이비스에게 자기가 신자인데 세례는 받지 못할 것 같다고 걱정을 했다. 이유는 남편이 조상 제사 참석 을 강요하기 때문이라는 것이었다. 그러나 후에 데이비스는 그가 세례를 받았다는 소식을 들었다.

그녀는 복음을 전하면서 이러한 미신적 관습을 벗어나도록 여성들을 깨우치기도 했다.35 시골 여성들은 가난에 쪼들리는 삶을 살았다. 이들 중

---

33 W. B. Harrison, "The Opening of Kunsan Station, Korea," *The Missionary* (Jan. 1918), 19.
34 [Linnie F.] Davis, *The Missionary* (Dec. 1897), 541.
35 Linnie Davis Harrison, "Getting into Korean Homes," *The Missionary* (Oct. 1899): 474-475.

글을 읽고 뜻을 이해하는 여성은 단 1명뿐이었다. 데이비스는 전주의 의료 선교사 잉골드(Mattie B. Ingold)가 간혹 그녀를 방문하면 잉골드와 함께 아픈 여성들을 찾아가곤 했다.[36] 한번은 1마일 거리의 아픈 여성을 찾아 치료하고 약을 주었다. 이러한 상황에서 여성들에게 성경을 읽고 쓰도록 가르치는 선교사를 도울 여성 도우미(조사)가 절실히 필요하였다.

1897년 11월 2일 데이비스는 해리슨(W. B. Harrison)의 오랜 구애와 청혼을 마침내 받아들였다. 1896년 2월 서울에 도착한 해리슨 선교사는 도티 집에서 사역하는 데이비스를 방문했고, 1896년 12월부터 다음 해 2월까지 군산에서 거주하며 진료 사역을 하였다. 이들은 1898년 6월 9일 목요일 오후 4시 30분에 도티의 집에서 미국 총영사의 입회와 레이놀즈 목사의 주례로 결혼식을 올렸다.[37] 여기에 젊은 여성 선교사들, 정신여학교 학생들, 특히 신부 데이비스의 친구인 이채연 서울시장과 부인, 서울주재 미국 공사 알렌과 부인 및 두 아들, 벨 선교사 부인, 북장로교 무어(S. F. Moore) 선교사 부부 등이 참석하였다. 이 신혼부부는 곧 일본으로 신혼여행을 떠나 고베에서 선교하는 존슨(Cameron Johnson)의 집에서 머물렀다. 여기에서 흘러나온 말 중에 드루 선교사가 데이비스를 평하길 '최고의 선교사'(*ne plus ultra as a missionary*)라는 찬사의 말을 했다는 것이다.[38] 이들 부부는 8월 8일에 열린 일본 아리마(Arima) 선교대회에 참석하는 등 뜻깊은 신혼여행을 보내고 8월 11일 한국에 돌아왔다.

---

36 Mattie B. Ingold/고근 역, *The Diary Of Mattie B. INGOLD*, 『마티 잉골드의 일기』 (전주: 예수병원, 2018), 51, 57.

37 "Wedding in Korea," *The Missionary* (Sept. 1898), 428.

38 Cameron Johnson, "Japan: Glimpses from Kobe Missionary Home," *The Missionary* (Oct. 1898), 464.

3. 전주에서 해리슨 부인 선교사의 활동(1899~1903)

1899년 9월 14일 제물포 스튜어트(Stewart) 호텔에서 열린 제8차 한국 선교회 연례회의에 해리슨 부인은 서울에 있었지만, 몸이 아파 불참했다. 의사들은 해리슨 부부를 하루빨리 본국으로 안식년 휴가 보낼 것을 추천했다. 헌신적인 복음 전도 사역으로 해리슨 부인의 건강이 심하게 악화되었다는 것이다. 그녀는 남편과 1899년 10월 안식년 휴가차 한국을 떠났다. 이들은 해리슨의 고향 켄터키 레바논에서 안식년을 보내고 1900년 10월 8일 캐나다 밴쿠버를 거쳐 11월 9일 제물포를 통해 한국에 재입국하였다. 해리슨 부부를 위하여 군산의 드루와 불(William F. Bull)이 마중을 나왔고, 전주에 오는 도중에 송지동의 기독교인 가정에서 머물렀다. 이들은 전주의 기독교인들과 친구들이 따뜻하게 맞아주어 고향에 온 기분을 느꼈다. 이들 부부의 전주 집은 수리가 필요하여 안식년 휴가 중인 레이놀즈의 집에서 잠시 머물렀다.

해리슨 부부는[39] 우선 전주의 교회와 기독교인들이 복음 전도에 대한 열정을 유지하고 흔들림 없이 신앙생활을 하는 것에 안심하였다. 이들은 당시 중국 북경의 의화단 사건으로 기독교 박해가 격화된 상황에서 보수적 귀족정치(conservative aristocracy)가 강하고 기존 질서의 변화를 싫어하는 전주에서 외래종교인 기독교를 신봉하는 기독교인들에게 박해가 일어나면 어쩌나 그동안 내심 염려를 했기 때문이다.[40]

1901년 상반기 전주교회 상황을 보면, 처음에는 주일 예배에 평균 50명이 참석했으나 6월에는 평균 113명이 출석했다. 남자들이 예수를 믿고

---

39 아이가 없는 부인 선교사는 남편 선교사의 선교 지역에서 여성과 어린이를 맡아 복음을 전하였다. 해리슨은 때에 따라 우리(we)라는 말을 써 선교 보고를 하였다. 이는 부부 동행을 의미한다.

40 [W. B.] Harrison, "Welcome Back to Chunju," *The Missionary* (Mar. 1901), 120.

변함으로써 문 밖 출입이 금지된 여성들과 큰 아기들과 젊은 여성들이 교회에 출석하기 시작하였다. 그리고 어린이들도 20명이 참석했다.[41] 해리슨은 주일 예배 후에 시작하는 성경반을 체계화하여 총 6반으로 나누고 이 중 2개는 학습반으로 운영하였다. 그리고 52명을 대상으로 교리문답 시험을 치렀다. 6명은 세례자, 48(38)명은 학습자 반, 6명은 학습자 유지, 2명은 옛 관습을 버리지 못하여 낙방시켰다. 10살 이하 어린이 4명이 자발적으로 문답 시험을 치르겠다고 고집을 부리기도 했다. 이러한 긍정적 변화 상황에서 상당수의 여성과 어린이들도 출석하고 시험을 보았다. 이는 여성과 어린이 담당 선교사인 해리슨 부인과 잉골드의 선교 열정이 열매를 맺었다.

1901년 7월 1일경 해리슨 선교사는 전주에 남학교를 개설했다.[42] 학교 개설에 대하여 사전에 기독교인 학부모들의 조언을 구했다. 8명의 학생이 모였다. 과목은 국문, 한문, 성경, 산술, 습자, 체조, 찬송, 지리, 도화(미술) 등이었다. 성경, 찬송, 지리를 가르친 해리슨 부인을 중심으로 교사진이 구성되어 해리슨은 산술, 한국인으로 최중진, 김필수, 김명식도 가르쳤다. 여기에 등록한 김창국 소년은 이 학교의 첫 졸업생이 되었다. 그는 해리슨의 집에서 사동으로 지내며[43] 해리슨 부인의 가르침과 지도를 받고 이 학교를 졸업하였다. 김창국의 평양 숭실학교 진학을 위해 해리슨 부인이 추천서를 썼다.

해리슨은 1900년 11월부터 1901년 9월 1일까지 전주 선교부의 통계를 보고했다.[44] 지난 10개월간 젊은 여성들과 어린이들의 참석이 두 배로 늘었

41 W. B. Harrison, "Korea, Encouragements at Chunju," *The Missionary* (Oct. 1901), 465.

42 W. B. Harrison, "Personal Report of W. B. Harrison, Nov. 10, 1900 to Sept. 1, 1901," *The Missionary* (Feb. 1902): 69-71.

43 Anabel Major Nisbet, *Day in and Day out in Korea,* 29.

44 W. B. Harrison, "General Report of Chunju Station, Nov. 10, 1900 to Sept. 1, 1901," *The Missionary* (Feb. 1902), 68.

다. 해리슨 부인의 전주 생활이 안정됨으로써 여성들에 대한 전도가 추수를 맺은 결과였다. 또한 잉골드의 의료 선교 영역이 활성화되어 이를 통한 복음 증거력이 높아진 것이었다. 그동안 해리슨 부부와 잉골드는 레이놀즈 가족과 테이트 남매가 안식년을 떠나 돌보지 못한 사역까지 맡아 2배나 열심히 일하였다.[45] 이런 상황에서 여성과 어린이 사역은 2배나 많은 결실을 얻었다.

한편, 해리슨 부부가 전주로 귀향하자 전주 남쪽 23마일(37km) 거리에 있는 매계와 태인 지역의 65세의 여성과 남성 7인이 이들을 찾아왔다. 1900년 12월 중에 세례 문답을 하자는 것이었다. 그러나 해리슨은 이들을 알기 위하여 다음 해로 문답 시험을 늦추었다. 해리슨은 주일 내내 그들과 함께 지냈다.[46] 또한 그는 캠핑 장비를 챙겨 해리슨 부인과 함께 1주간을 매계 교인들과 함께 지냈다. 이들은 기독교인으로 보이는 다양한 남자들을 만나 이야기를 듣고 이들의 사정을 알게 되었다. 이들은 스스로 집을 구입하여 교회로 삼고 겉으로는 종교인 행세를 하면서 매 주일 모여 사악한 계획들 (wicked plans)[47]을 꾸몄다. 그러나 해리슨 부부는 이들의 몸가짐에서 특별히 의심쩍은 것을 찾지 못하여 이들에게 희망을 가졌다. 이들은 성경 말씀을 따라서 진지하게 살았다. 이전에 이들은 공의(righteousness)를 위하여 동학혁명과 의병 활동에 참가하여 핍박을 받았다. 이들의 지도자는 복음 전도 열정에 있어서 사도 바울과 비교되는 최중진이었다. 해리슨 부부는 교리문답을 위하여 지원자들에게 매일 아침 설교를 했다. 이전 레이놀즈에게 교리 시험을 받았던 8명 중 5명에게 세례를 베풀었으나 3명은 성경을 읽고 삶이 변화되기를 바라며 낙방시켰다. 이번 신입 시험지원자 중 남자 18명과 여성

45 Mrs. W. B. Harrison, "In and Around Chunju," *The Missionary* (Oct. 1901), 468.
46 [W. B.] Harrison, "Korea, Encouragement at Makie, Tain County, Korea," *The Missionary* (Aug. 1901): 370-377.
47 한국선교회의 복음 전도는 오로지 영혼 구원을 위한 것인데, 최중진 일행은 봉건적 수탈과 일제의 침탈 앞에서 공의 실현의 정치활동도 행했다. 이에 해리슨은 매계교회가 사악한 활동을 한다고 했다.

10명은 학습 교인으로 합격시켰고, 교회의 성격을 모르는 남자 2명과 첩을 둔 남자 1인은 떨어뜨렸다.

IV. 데이비스 해리슨 부인 선교사의 선교적 특징
   : 동일화 선교 관점

1. 선교사의 정체성과 동일화

맥스 워렌(Max Warren)에 의하면 선교사의 정체성은 '함께하는 동일화'(identification with)를 통해 이루어진다. 동일화는 "공감하는 태도로 상대방의 삶으로 들어가는 행위(the sympathetic entering)이다."[48] 이러한 동일화는 선교사와 다른 상황에 있는 상대방과의 상호로 일어난다. 선교사는 자기 자신의 정체성을 잃지 않고 상대방과의 협력 속에서 선교적 동일화를 이룬다. 한국에서는 19세기 말부터 선교사들이 동일화를 논의하였다. 이들은 복음 전도를 위하여 한국어로 말할 수 있어야 하고, 한국어를 배우기 위한 효과적 방안이나 지침을 실행하고, 한국 문화와 한국인을 알고, 한국인을 친밀하게 접촉하여 한국인을 사랑하는 관계를 형성할 것을 강조했다.[49] 여기의 동일화는 단지 복음 전도를 위한 현지인 이해와 접촉을 위한 개념이었다. 본 필자는 여기에서 해리슨 부인의 복음 전도의 특징을 분석한다. 이를 위하여 1860~1920년대 동일화 논의를 분석한 봉크

---

48 Max Warren, "The Meaning of Identification," Gerald Anderson, ed., *The Theology of the Christian Mission* (London: SCM, 1961), 232.

49 엘리자베스 언더우드, *Challenged Identities: North American Missionaries on Korea*, 1884~1934, 변창욱 옮김, 『언더우드 후손이 쓴 한국의 선교역사, 1884~1934』 (서울: 도서출판 케노시스, 2013), 135-136.

(Jonathan J. Bonk)의 4가지 영역, 즉 언어적, 물질적·사회적, 정치적·경제적, 종교적·교육적 영역의 분석틀을 활용하되,[50] 이를 변용하여 4가지, 즉 언어적, 사회적, 정치적, 종교 교육적 영역으로 나누어 분석할 것이다.

2. 복음 전도를 위한 언어적 동일화와 사회적 동일화

데이비스는 한국어를 통달한 선교사였다. 첫째, 자유롭게 한국어를 구사하였다. 둘째, 그녀는 한국인 마을에서 한국인들과 생활하면서 언어를 습득하였다. 그녀는 서울의 서대문의 딕시 지역과 외국인 거주지를 벗어나 한국인들 속에서 살았다. 셋째, 그녀의 마음이나 태도나 행동에 한국 문화나 한국인에 대한 우월의식이 없었다. 이로 인하여 많은 한국인과 친구가 되었다. 넷째, 심성적으로 그녀는 온유하고 겸손하여 한국인을 존중하였고 그녀는 존경을 받았다. 다섯째, 그녀는 어린이와 여성의 언어, 서울의 하층 언어와 상류층의 언어를 이해했고, 전라도 구암과 전주에서 거주하면서 전라도 사람들과 어울려 복음 전도를 하였다. 여섯째, 이로 인하여 그녀는 복음 전도에 많은 결실을 맺었다.

데이비스의 사회적 동일화 선교는 다음과 같다. 첫째, 그녀는 어린이 전도에 대한 관심이 많았다. 어린이 전도를 통하여 어머니와 여성들을 접촉하고 복음을 전하였다. 더 나아가 이들을 통해 기독교 서적이나 전도지 등을 남성들에게 전달하여 간접적으로 복음을 전하였다. 둘째, 그녀는 '여성을 위한 여성 사역자'로서 수많은 한국 여성을 친구로 삼고 이들을 위해 몇 채의 집을 빌려 복음을 전하였다. 정동여학당에서 소녀들과 전주남학교에서 소년들을 가르쳤고, 구암에서는 독신 여의사 잉골드와 함께 병든

---

50 Jonathan J. Bonk, *The Theory and Practice of Missionary Identification, 1860~1920*, (Lewiston[NY]: The Edwin Mellen Press, 1989), 10-11, 261-265.

여인을 방문하여 치료하였다. 셋째, 미국 처녀인 데이비스는 한국인처럼 군산에서 7km 떨어진 작은 시골 마을 구암의 초가집에서 홀로 살았다.[51] 데이비스의 이러한 삶은 가난한 여성과 농어촌 여성과 친화력을 가지고 복음 전도의 결실을 높였다. 그녀는 시골 마을에 성경반을 조직하였다. 넷째, 데이비스에게 복음은 가난한 자나 부한 자나 누구에게나 전해져야 하는 것이었다. 누구나 그녀의 집을 방문할 수 있었고, 누구나 그녀를 초대할 수 있었다. 그녀는 특히 가난한 여인들과 개구쟁이들에게 쉽게 다가가 복음을 전하는 친화력을 가졌다.[52]

3. 정치적 동일화와 복음 전도

데이비스는 정치적 동일화를 이루어 복음 전도에 기여하였다. 이미 서술했듯이 데이비스는 미국주재 공사 이채연의 부인과 한국 입국까지 동행하여 서로 친구가 되었다. 이로 인하여 데이비스는 개인적으로 남장로교의 한국 입국 첫 선교사라는 역사적 명예를 얻었지만, 전체적으로 한국선교회에, 좁게는 전주 선교부에 정치적으로 유익을 주었다. 이채연 부부와 친구가 된 데이비스는 외교관인 알렌 공사의 집에서 잠시나마 그 가족의 일원이 되어 거주하였다. 이러한 관계 속에서 데이비스는 전킨에 의하면,[53] 정치적으로 한국선교회에 2가지 공헌을 했다.

---

51 한국 초가집의 크기는 8×8자(=2.4m×2.4m) 큰집은 8×12자였다. 지붕은 볏짚, 처마는 낮고, 4면은 진흙 벽, 출입문 1개와 작은 봉창이 1개 있었다. 천정은 낮고 문은 작고 공기 유통이 쉽지 않았다. 키가 큰 서양인이 살기에는 너무 낮고 좁고 가구를 놓을 자리는 거의 없었다. 서양인들은 밥을 방안에서 해 먹는데 화재의 위험도 많았다. 당시 군산은 어촌 마을이었고, 구암은 더 작은 마을이었다.

52 이는 서서평의 내적, 외적 동일화와 일치한다. 임희모, "서서평(Elisabeth J. Shepping, R. N.) 선교사의 성육신적 선교," 「선교와 신학」 36호 (2015): 184-189.

53 W. M. Junkin, "Mrs. W. B. Harrison," 42.

하나는 데이비스가 개척선교사 7인이 거주할 서울 선교센터를 쉽게 구입하고, 정착하도록 도왔다. 외교관 이채연 부부의 친구인 데이비스는 고종의 신임을 받는 알렌의 집에서 환대를 받았다. 이전에 독일 공사의 집을 구입하여 개조한 알렌의 서대문 부근의 집을 데이비스가 6인의 선교팀에게 소개하고, 선교팀은 이를 쉽게 구입하여 남장로교 선교사들의 서울 센터로 활용하였다. 다른 하나는 전주 완산에 테이트가 세운 주택 2채의 소유권 문제가 발생했다. 완산은 조선 왕가의 선조가 태어난 신성한 곳으로 외국인이 집을 지을 수 없는 곳인데 집을 지었다는 것이다. 전킨에 의하면, 데이비스가 이 분쟁 해결을 도왔다는 것으로 그녀가 친구인 서울시장 이채연을 통해 그의 친족인 이완용이 배려를 하게 했다는 것이다. 즉, 전주 감영(이완용)은 완산의 집 2채를 구입하고, 선교사들은 화산으로 이사하고, 그곳에 지을 집 3채 값과 이사 경비를 전주 감영이 지불하는 것이었다.54 이러한 특별 배려의 배경으로 애초에 어떻게 완산의 땅이 거래되었느냐가 중요하다. 감영 측에 의하면 땅을 구입하려는 대인들(선교사를 지칭함)을 고종이 허락하여 보낸 사람들로 생각했기 때문에 이들의 땅 구입을 거절할 수 없었다고 한다.55 어쨌든 이러한 배려를 통하여 전주 선교부는 토지와 이전 경비를 지원받아 화산을 근거지로 주민들에게 복음을 전하고 교육과 병원 선교를 시작할 수 있었다.

이와 별도로 해리슨 부부는 정치적 동일화를 통해 매계와 태인 지역의 복음 전도를 활성화시켰다. 실행위원회의 선교 정책은 영적 교회 세우기와 영혼 구원에 집중하는 선교로, 정치적 활동은 이에 방해가 되는 것으로

---

54 여기 선교부 재산권 문제는 인맥을 통해 해결된 것으로 보인다. 1888년 1월에 개설된 워싱턴 주미 공사관에는 이완용, 이채연, 알렌 등 11명이 동료로 근무했고, 후에 알렌은 주한 미국공사관으로, 이채연은 1896년 한성판윤(서울시장)으로, 이완용은 1897년 전북 관찰사로 근무했다. 전킨에 의하면, 전주 선교부(테이트, 데이비스)가 이채연과 알렌을 통해 이완용을 움직인 것으로 보인다.

55 Mrs. W. B. Harrison, "In and Around Chunju," 467-468.

인식되어 피해야 할 일이었다. 그러나 이 정책과 달리 해리슨 부부는 공의를 행하여 동학혁명과 의병운동 등 정치활동에 가담하고 핍박을 받은 최중진과 매계와 태인 교인들을 기독교의 사랑으로 포용하고 동일화함으로써 1900년 이 지역에 기독교 복음이 널리 전파되어 매계교회가 세워졌다. 해리슨 부부는 한국선교회의 영적 선교와 영적 교회 개념에 더하여 의로운 정치적 행위를 포용하는 선교와 교회 개념으로 확장하였다.

4. 복음 전도를 위한 종교 교육적 동일화

데이비스는 복음 전도를 위하여 종교적 포용성과 구원의 관점에서 종교 교육적 동일화 선교를 하였다. 첫째, 데이비스는 서울 관악산의 불교사원 주위에서 한 주간을 체류하면서 불교도들의 포용성을 인지하고, 새롭게 한국불교와 한국인을 바라보았다.[56] 둘째, 데이비스는 전라도 군산과 전주의 전통적 신앙과 종교를 접하면서 고달픈 한국인들의 현실을 되새겼다. 전주의 완산 주변에 가득한 민간종교들의 사당, 신당, 절을 찾는 여인들의 고통과 갈망을 눈여겨보았다.[57] 특히 그들은 가부장제 사회에서 남아 출산의 갈망을 절을 지어 바치는 방식으로 표출하였는데 그러나 그 종교는 여인들에게 제공해야 할 갈망을 충족하지 못하고, 희망과 구원을 주지 못하였다. 셋째, 이들이 갈망하는 구원은 오직 하나님으로부터 온다는 복음을 해리슨 부인은 강조하였다. 그녀는 구원의 복음 메시지를 전함에 있어서 한국인들에게 맞게 종교 교육적 동일화 접근을 하였다. 한국인이 이해할 수 있도록 성경을 해설하고 단권 복음서와 전단지 등을 준비하여 배포하고, 예배를 드리는 예배처는 환경에 따라 초가집이나 서울 승부재나 전

---

56 Linnie F. Davis, "Notes from Seoul," 469.
57 Mrs. W. B. Harrison, "In and Around Chunju," 465-468.

주 기와집에서 예배를 드렸다. 예배를 위하여 찬송가를 가르치고 성경의 이야기를 담은 그림을 준비하여 한국인들이 알아듣도록 설명했다. 넷째, 1901년 7월 1일에 해리슨 부부는 전주남학교의 학생들에게 기독교 지도자 배출을 교육했다. 성경의 하나님을 믿는 학부모들의 바람을 통해 교육하고자 학생들을 모집하고 가르쳤다. 김창국은 전주 지역 복음의 첫 씨앗이 되어 싹을 틔우고 성장하여 복음 전도를 재생산하고 예수님 그리스도의 복음을 널리 확산하였다.

5. 자기 희생적 삶과 통전적 동일화 선교: 제일 아름다운 선교사

여기에서는 4개 영역의 동일화를 통합하는 통전적 동일화를 언급하고 자 한다. 여기 각 영역의 4개를 합하면 삶의 거의 모든 영역을 포괄한다. 그러므로 4개 영역의 동일화 선교는 전체적으로 통전적 동일화 선교라고 말할 수 있다. 이는 곧 선교사가 전체적 삶을 통해 동일화 선교하는 것으로 전적으로 자기 희생적 삶을 살 때 가능하다. 이는 예수 그리스도가 십자가에서 보여 준 자기 희생적 섬김의 삶을 선교사가 현실적으로 몸으로 살 때 가능한 것이다.

데이비스는 이러한 자기 희생적 선교 현장인 한국의 선교사로 임명되자 매우 기뻐하였다. 원래 그녀는 불편과 희생이 무척 심한 현장을 아프리카라고 여기고 그곳 선교사로 가기를 청원하였으나 거절되었다. 그녀는 가장 힘든 선교 현장을 기꺼이 찾아가 여성들과 어린이들에게 복음을 전하고 삶의 변화를 이끌려는 책임감과 소명 의식을 가졌다.[58]

그녀는 한국에서 언어적, 사회적, 정치적, 종교 교육적 동일화 선교를 자기의 삶을 통해 행하였다. 특히 한국선교회는 선교나 교회의 영적 성격

---

58 Cameron Johnson, "Recollections of Mrs. Harrison," 129.

을 강조함으로써 사회성이나 정의감이 약했다. 해리슨 부인은 복음이 담고 있는 정의와 사회성을 포용하여 사회적·정치적 동일화를 행하여 통전적 동일화를 이루었다. 이러한 선교는 선교사의 생활방식을 통해 행해진다. 한국 문화를 존중하고 한국인을 사랑한 그녀는 온유와 겸손으로 복음을 전하였다. 한국교회 지도자들은 이러한 해리슨 부인에게 찬사를 보냈다. "(해리슨) 부인은 온유하고 겸손하여 모든 사람의 모범이라서 사람을 감동케 함이 많음으로 우리 전도국 위원들이 칭찬하기를 이는 참으로 우리 선교사 중에서 제일 아름다운 사람이라 하였다."[59]

해리슨 부인 선교사는 한국 여인들의 슬픔과 고통과 질병을 자기의 삶으로 받아들이면서 누구든지 가리지 않고 심방하고 복음을 전했다. 그녀가 어떤 경로로 발진티푸스에 감염되었는지 알려지지 않았다. 해리슨에 의하면[60] 1903년 4월경에 기독교인 조 씨가 발진티푸스 열병에 걸렸다. 감염의 위험을 알면서도 교인들이 지속 그의 방에서 기도하고 돌보았으나 결국 죽었다는 것이다. 여기 감염과 죽음의 위험을 무릅쓴 한국인 중 실제로 감염된 자가 생겼고 이 사람들을 해리슨 부인이 심방했다면, 이를 통해 그녀가 감염되었을 수도 있다. 발진티푸스에 감염된 해리슨 부인은 12일 동안 치료를 받다가 6월 20일 순직했다.[61]

59 "데비스 녀사의 기념문," 전라북로회 기념식 준비위원회 이승두·리자익·홍종필, 『전라 도선교 25주년 기념』(1917. 10., 필사본 복사판), 20.
60 W. B. Harrison, "Chunju Notes," *The Missionary* (July 1903), 327.
61 Mattie B. Ingold, *The Diary Of Mattie B. INGOLD*, 고근 역, 『마티 잉골드의 일기』, 204.

V. 결론

해리슨 부인 선교사는 한국 여성들과 어린이들과 함께 동일화 선교를 하였다. 한국어를 통달하고, 전통과 관습과 예절은 물론 당대의 생활 문화에 대한 이해를 통해 그녀는 한국인을 존경하고 사랑할 뿐만 아니라 그들로부터 사랑을 받았다. 각계각층의 한국 여성들로부터 마음을 얻어 서로 간에 친구로 지내며 복음을 전하였다. 그녀의 온유와 겸손의 미덕에 감동한 많은 한국인이 그녀와 동일화를 이루었다. 해리슨 부인 선교사와 동일화된 한국교회 지도자들은 그녀를 선교사 중에서 제일 아름다운 사람이라는 찬사를 보냈고, 동료 선교사들도 그녀를 *ne plus ultra as missionary*(최고의 선교사)로 칭송하였다. 자기 희생적 열정을 지닌 해리슨 부인은 누구나 어떠한 여성에게나 복음을 전하고 심방하였다. 이로 인하여 그녀는 발진티푸스에 감염되어 곧 순직하였다. 하나님의 사랑의 충만으로 채워진 그녀의 이러한 자기 희생적 삶에 예수 그리스도의 성육신적 은총이 아른거린다.

오늘날 한국교회의 타 문화권 선교는 많은 문제를 가지고 있다. 단일 문화권인 한국에서 살아온 한국인은 타 문화권에 적응하기가 쉽지 않다. 이로 인하여 생긴 자문화 중심의 선교 문제가 현장에서 적지 않게 발생한다. 한국인 선교사들은 자문화 중심 선교를 극복하고, 언어와 인종과 역사와 문화가 전체적으로 다른 문화권 선교를 효과적으로 행해야 한다. 이러한 의미에서 19세기 말과 20세기 초 한국에서 최고의 동일화 선교한 해리슨 부인 선교사는 중요한 안내자가 될 수 있다. 그녀는 당시 한국 여성들과 동일화의 삶을 통하여 통전적 동일화 선교했다. 어떠한 선교사라도 현지인과 친밀한 접촉 없이는 효과적인 선교를 시작할 수 없는 상황에서 해리슨 부인 선교사의 동일화 선교는 오늘날 타 문화권 선교하는 한국교회 선교사들에게 큰 의미를 준다.

2 장
전북 여성 성경 교육의 기획과 실천자
: 마요셉빈 선교사(매커첸 부인, Mrs. Josephine Hounshell
McCutchen, 1902~1940)

I. 서론

미국남장로교가 한국에 파송한 선교사 7인 중 첫 입국 선교사는 여성
인 데이비스(Miss Linnie Fulkerson Davis)인데 그날은 1892년 10월 18일이
었다. 나머지 6인은 동년 11월 3일에 입국하였다.[1] 1986년까지 입국한 남
장로교 선교사 총인원은 477명으로 이들 중 출신지가 확인된 선교사 수는
396명이다. 이 숫자의 남녀 비율을 보면 155명 대 241명으로 각각 39.1%
와 60.9%를 차지한다.[2] 부부 선교사의 경우 부인 역시 선교사로 임명을
받기 때문에 그 수만큼 여성 선교사의 수가 많아진 것이다. 여성 선교사
수가 이렇듯이 많음에도 불구하고 한국교회의 연구자들이 분석하고 연구

---

1 George Thompson Brown, *Mission to Korea* (Atlanta[Ga]: Board of World Missions,
  Presbyterian Church U. S., 1962), 23; George Thompson Brown, *Mission to Korea*, 천사
  무엘·김균태·오승재 옮김, 『한국선교 이야기: 미국남장로교 한국 선교역사(1892~1962)』
  (서울: 도서출판 동연, 2010), 44.
2 인돈학술원 편, 『미국 남장로회 내한 선교사 편람 1892~1987』 (대전: 한남대학교 출판부,
  2007), 3.

한 선교사들은 대부분이 남성들이다. 한남대학교 교목실이 엮은 책에서 언급한 선교사들의 남녀 분포를 살펴보면,[3] 총 10개 글 중 8개가 남성 선교사, 1개가 독신 여성 선교사, 나머지 1개는 테이트(L. B. Tate) 선교사와 여동생과 부인 등 3인을 묶어 분석한 것이다. 전국적으로 다양한 교파 선교사들을 다루고 있는 한국교회사학연구원이 엮은 책도 총 9명의 선교사 중 여성 선교사는 단 1명을 포함할 뿐이다.[4]

한국교회의 이러한 여성 선교사 인식과 연구 상황에서 본 글은 마요셉빈(Mrs. Josephine Hounshell McCutchen)[5]의 사역을 연구한다. 그녀의 공식적 사역은 크게 세 가지였다. 첫째, 마로덕 선교사의 선교 지역인 전주 동북부 지역에서 여성을 위한 복음 전도 사역, 둘째, 1909년에 남편 마로덕이 세우고 1923년까지 목회를 한 전주남문교회에서 여성 복음 전도 사역, 셋째, 남장로교한국선교회(이하 '선교회'로 약칭함)의 중심 거점인 전주선교부에서 여자 성경 교육을 책임져서 실시하였다. 그녀의 성경 교육은 선교회의 한국 여성들에게 큰 영향을 미쳤다.

그러나 마요셉빈의 선교에 대한 연구는 전혀 되어있지 않다. 마로덕 선교사 연구에 있어서[6] 그를 이해하도록 돕는 아내의 위치에서 간단하게

---

3 한남대학교 교목실 엮음, 『한남대학교 개교 60주년 기념 미국남장로교 선교사 열전』 (서울: 도서출판 동연), 2016.

4 한국교회사학연구원 엮음, 『내한 선교사 연구』 (서울: 대한기독교서회), 2011.

5 마요셉빈은 남장로교 선교 기관지로서 시기에 따라 명칭이 바뀐다. *The Missionary*, *The Missionary Survey*, *The Presbyterian Survey*와 *Korea Mission Field* (KMF) 등에 여러 이름으로 기고하였다. Mrs. Josephine Hounshell McCutchen, Mrs. Josephine H. McCutchen, Mrs. L. O. McCutchen, Josephine Hounshell McCutchen, Josephine H. McCutchen 및 Josephine McCutchen 등 여러 이름을 사용하였다(본 글의 참고문헌 목록을 참고하라).

6 마로덕 선교사에 대한 연구 자료는 다음과 같다. 이진구, "미국 남장로회 선교사 루터 맥커첸 (Luther Oliver McCutchen)의 한국 선교," 「한국기독교와 역사」 제37호(2012. 9. 25.): 65-92; 조용훈, "마로덕 (Luther Oliver McCutchen) 선교사의 생애와 사역," 한남대학교 교목실 엮음, 위의 책, 111-131; 주명준, 『전북의 기독교 전래』 (전주: 전주대학교 출판부, 1998), 179-195 등.

이력만 언급되었다.[7] 이처럼 마요셉빈에 대한 연구가 전무한 상황에서 본 글은 그녀의 선교 활동과 사역을 3가지로 나누어 분석한다. 첫째, 1908년 마로덕 선교사를 만나 결혼하기 이전의 남감리교 여자 선교사 하운셸(Josephine Hounshell)의 삶과 사역을 분석한다. 둘째, 마로덕 선교사의 순회 전도 지역에서 여성을 대상으로 실시한 복음 전도 사역을 다룬다. 여기에는 전주남문교회에서의 활동도 덧붙인다. 셋째, 마요셉빈의 주요 사역으로서 1909년 이후 전주에서 실시한 여자성경학원과 여러 성경학교의 교육 사역을 분석한다.

이를 위하여 본 글은 제1차 자료로 선교회의 연차회의록(1902~1940), 미국남장로교 해외선교부실행위원회에 보고한 마요셉빈의 선교 편지들, 미국남장로교의 선교 기관지인 *The Missionary* 등에 기고한 글들과 한국에서 발행된 *Korea Mission Field*(KMF)에 기고한 글들을 주로 분석한다. 그리고 한국인들에 의하여 작성된 전북노회 회의록 등과 남편 마로덕 선교사의 글들도 부분적으로 분석할 것이다. 그러나 본 글은 이들 마로덕 선교사 부부가 미국으로 영구 출국 이전의 마요셉빈의 사역을 집중적으로 분석하기 때문에 1941년 이후 미국 하와이 호놀룰루에서 한국인을 대상으로 목회한 내용에 대해서는 다루지 않는다.

---

7 조용훈, 위의 글, 115; 이진구, 위의 글, 76.

II. 호남의 역사적·종교적 상황과 하운셀 선교사의 선교 사역

1. 근대 시기 호남의 시대적 상황과 미국의 해외선교 운동

19세기와 20세기 초 조선은 식민 제국주의 국가들이 각축을 벌이는 풍전등화의 위기에 휩싸였다. 당시 통치 이데올로기로 정통유교적 가부장제를 기반으로 한 조선 사회는 여성과 민중들을 극심하게 억압하였다. 한편 1840~1842년 아편전쟁에서 패함으로써 중국이 서구의 반식민지 상황에 처한 이후 조선은 서양 세력에 대하여 수구적 쇄국 정책을 실시하면서 가톨릭을 사악한 종교(사교)로 이해하고 억압하였다. 이 시기 중국과 일본은 조선 지배를 경쟁적으로 추진하면서 서로 간에 갈등이 격화되고 있었고, 조선의 지식인들은 신구파로 나뉘어 서양 문물과 제도의 수용에 대하여 치열하게 다투고 갈등하였다. 이러한 혼란 상황에서 동학교, 증산교(태을교), 소태산의 원불교, 단군교 등 혁세 사상이 발흥하고,[8] 당시 희망을 잃은 호남인들은 토지를 잃은 소작농이나 빈농 혹은 실업자로 전락하여[9] 이들을 추종하였다.

한편 1860년대 남북전쟁이 끝난 미국의 상황은 그 이전의 것과는 상당히 달랐다. 산업화가 빠르게 진전되었고 이민자들이 대거 몰려들면서 미국의 사회경제 문제가 심각하게 대두되었다. 이민자들은 자기들의 전통적 종교와 교회를 가지고 입국하여 미국 사회는 종교적 다원사회로 들어갔다. 이러한 변화 상황에서 개신교는 전도 운동과 부흥 운동을 다시 일으

---

8 황선명, 『민중 종교 운동사』(서울: 종로서적, 1980); 황선명 외 5인, 『한국근대민중종교사상』(서울: 학민사, 1983).
9 강만길, 『일제시대 빈민생활사 연구』(서울: 창작과비평사, 1987), 70, 349.

키고, 복음에 대한 이해를 넓히고, 사회 구제와 변혁 운동을 확대하고, 해외선교 운동을 활성화했다.[10] 특히 종전 이후에도 여성들의 교회 내 공적 활동이 허락되지 않거나 여성들의 주장이 무시되었다.[11] 이러한 상황에서 활동적 여성들은 해외선교 운동에 주도적으로 참여하였다. 이들은 평신도로서 지도력을 잘 드러낼 수 있는 해외선교를 택했고, 교육 분야에서 활동이 두드러졌다.

이러한 상황에서 1884년과 그 이후 미국의 개신교 선교사들이 속속 조선에 입국하면서 1892년에 미국남장로교 선교사 7인이 서울에 도착하고, 호남 지역에서 메시아의 도를 전하려 하였다. 당시 청일전쟁으로 동학도가 핍박을 받고 일본 식민주의가 득세하는 상황에서 도성인신(道成人身)하신 예수 그리스도가 소개되었다. 1895년 이후 남장로교 선교사들이 본격적으로 호남에 진출하여 메시아 예수 그리스도와 하나님의 말씀인 성경을 민중들과 여성들에게 전도하고 확산하였다. 이들은 선교사들이 전한 기쁜 소식인 예수 그리스도의 복음을 듣고 믿고 개종하여 개인적으로 영혼 구원을 얻고 새 세상을 일구는 복음 전도에 참여하였다.[12]

2. 남감리교 여자 선교사 하운셀: 1902년 조선 입국

중국에서 선교하던 리드 목사(Rev. C. F. Reid)가 조선 주재 선교사로 파송되어 1896년 8월 남감리교조선선교회가 선교를 시작하였다. 1902년 9월

---

10 류대영, 『미국 종교사』 (파주: 도서출판 청년사, 2007), 302-415.

11 Shirley S. Garrett, "Sisters All. Feminism and the American Women's Missionary Movement," Torben Christensen and William R. Hutchison (eds.), *Missionary Ideologies in the Imperialist Era: 1880~1920* (Aarhus[Denmark]: Forlaget Aros, 1982), 221-230, 특히 221-222.

12 마로덕 선교사가 주로 활동한 금산지방의 향촌사회에 대한 정보는 다음의 책을 참조하라. 송현강, 『대전 · 충남 지역 교회사 연구』 (서울: 한국기독교역사연구소, 2004), 29-57.

남감리교의 12번째 선교사로 조선에 입국한[13] 하운셸 선교사(Miss Josephine Cordelia Hounshell, 1876. 10. 4.~1969. 8. 3., 재한 기간 1902. 9.~1940. 1.)는 미국 남부의 버지니아주 루랄 리트리트(Rural Retreat)에서 출생하였다. 인근에 있는 아빙돈(Abingdon) 소재 마르타 워싱턴 대학(Martha Washington College)을 1896년에 졸업하였다. 이 학교는 "여성적 우아함을 완전하게 드러내도록"(a perfect model of womanly excellence)[14] 여성들을 양성하는 교육기관으로, 후에 미국감리교 호수돈연회(Holston Conference)가 이를 관리하였다.

또한 하운셸은 1902년에 미주리주 캔자스시티에 있는 스캐릿 성경훈련학교(Scarritt Bible Training School)를 졸업하였다. 이 학교는 변화하는 상황에서 선교사가 성경 지식을 갖지 않고 파송되는 현실을 안타깝게 여기며 성경에 기반을 두고 국내외 현장에서 일할 신실한 기독교인을 양성할 목적으로 세워졌다. 1890년 감리교 목사인 스캐릿(Rev. Nathan Scarritt)이 토지와 1차 재원을 제공하고 감리교여성선교부가 추가 지원하여 1892년 개교하였다.[15] 이 학교는 여성 선교부가 운영한바, 해외선교에 깊이 관여한 깁슨(Miss Maria Layng Gibson)을 초대 교장으로 임명하였다. 이 학교는 성경과 기독교 영성과 지식은 물론 해외선교, 의료와 간호, 및 사회복지 등 실질적 훈련을 시켜 불운한 사람들에게 영적·육적 유익을 줄 수 있도록 교육하였다. 병원을 갖춘 이 학교는 간호사 지망생들과 선교사 지망생들이 같이 공부를 했는데, 1894년 첫 졸업생 5명을 배출하였다. 그동안 선교 현장에서 순교한 3명의 여성을 기념하는 유리창 3개를 건물 벽에

---

13 J. S. Ryang(ed.), *Southern Methodism in Korea: Thirtieth Anniversary* (Seoul: Board of: issions, Korea Annual Conference, Methodist Episcopal Church, South, 1929), 8.
14 "Martha Washington College" (https://www.ehc.edu/live/profiles/1188-martha-washington-college).
15 Maria Layng Gibson, *Memories of Scarritt* (Nashville[Tenn.]: Cokesbury Press, 1928), 15-91, 특히 17, 51, 60.

만들어 공적을 기렸다. 이 학교를 졸업하고, 조선에 1899년 9월에 입국한 선교사 캐럴(Miss Arrena Carroll)은 동년 12월 송도(개성)에 주일 학교를 시작하고 호수돈여학교로 이름 붙였다. 그녀는 1901년 11월에 원산으로 사역을 옮겼고, 1903년에는 루시(Lucy Cuninggim)여학교를 세워 초대 교장(1903~1904)으로 활동하였다.

3. 1903년 원산부흥회와 하운셀 선교사 사역(1903~1907)

하운셀은 서울에 도착하여 언어를 배우고 배화여학교 교사로 첫 사역을 시작했다. 1903년 여름에 중국의 여자 선교사인 화이트(Mary Culler White)가 하운셀과[16] 지인들을 찾아 서울을 방문하였다. 화이트는 하운셀에게 스캐릿 성경학교의 1년 선배로서 1901년 10월 중국 소주에 도착하여 활동하던 중이었다.[17] 하운셀은 화이트를 안내하여 스캐릿 성경학교의 동문인 캐럴 선교사를 만나러 원산으로 갔고, 거기에서 캐럴과 노울즈(Mary Knowles) 선교사를 만났다. 이때 화이트 선교사는 캐나다장로교 소속인 매컬리(Louise Hoard McCully, 李溜義施) 선교사와 함께 원산 지역 선교사들을 위한 사경회를 제안하였다. 매컬리 선교사는 중국에서 선교하면서 반기독교적 의화단 사건을 치르고, 원산에서 선교를 새롭게 시작하고 있었다. 원산 지역 선교사들을 위한 이 사경회는 캐럴 선교사의 집에서 8월 24일부터 30일까지 일주일간 하디(Dr. Robert A. Hardie) 의료 선교사를 강사로 초청하여 진행되었다. 의사 하디는 1900년 12월에 원산에 정착했고 남감리교 원산선교부를 세웠다.

---

16 Scarritt 졸업생들의 특징 중 하나는 동문들의 연합적 결속(bond of unity)을 강조하는 것이었다. Maria Layng Gibson, 위의 책, 87.

17 이정숙, "M. C. 화이트 선교사(Mary Culler White)의 원산 방문 재고," 「한국교회사학회지」 21권(2007): 239-264, 특히 259-260.

이 사경회와 기도회를 통하여 하디 선교사는 그동안의 영적 능력의 부족과 이로 인한 복음 전도의 부실을 고백하고, 개인적 오만에 대하여 공개적으로 회개하였다.[18] 성령의 임재와 하디 선교사의 회개가 어우러져 참석한 선교사들에게 큰 감동을 주었고, 영적 각성을 일으켰다. 이러한 회개와 각성 집회가 원산 지역에서 부흥 운동으로 발전했고, 개성 지역을 넘어 전국적으로 파급되었다.[19]

하운셀 선교사는 원산에서 지인들 및 다른 교파 선교사들과 친교하며 3주간을 지냈다. 특히 한 주간의 사경회와 성령 체험은 그녀의 삶에 지대한 변화를 일으켰다. 이전에 성령 체험을 하지 못한 하운셀은 이번 사경회에서 성령의 임재를 강하게 느꼈다.[20] 하운셀 선교사에게 있어서 원산부흥회는 성령의 능력 안에서 영적 각성, 말씀 공부, 기도와 회개, 다른 교파 선교사들과 친교와 연합, 복음 전도의 시급성 등을 크게 느끼게 한 중요한 집회였다. 서울에서 3년간 배화학교 교사로 활동한 하운셀은 1905년 9월 원산으로 배치받아 교육과 전도 사역을 실시하였고,[21] 1906년부터 1년간 원산의 루씨여학교의 교장으로 활동하였다.[22] 1908년 안식년에 미국에서 남장로교 선교사인 마로덕(1875. 2. 21.~1960. 11. 20., 재한기간 1902. 11.~1940. 1.)을 만나 결혼하였다. 이후 하운셀은 마로덕 선교사 부인으로 한국에 입국하여 1909년부터 미국남장로교선교 지역인 호남에서 선교하였다.

---

18 원산부흥회의 파급과 영향에 대해서는 다음 책을 참고하라. 박용규, 『평양대부흥 운동』 (서울: 생명의말씀사, 2004), 44-88.

19 이에 대한 영향과 의미는 다음을 참고하라. 옥성득, "첫 부흥: 원산부흥, 대부흥의 특징과 과제," 『첫 사건으로 본 초대 한국교회사』 (서울: 도서출판 짓다, 2016), 314-327.

20 "Report of Miss Hounshell," *Minutes of the Seventh Annual Meeting of the Korea Mission of the Methodist Episcopal Church* (South, 1903), 57.

21 *The Korea Review* (Sept. 1905), 356.

22 J. S. Ryang(ed), *Southern Methodism in Korea: Thirtieth Anniversary*, 123.

III. 매커첸 부인(마요셉빈)의 복음 전도 사역 (1909~1939)

1. 복음 전도 사역

선교회 연차회의록에 의하면[23] 마요셉빈의 복음 전도 사역은 3가지로 나눌 수 있다. 첫째, 마로덕 선교사의 순회전도 지역인 전주 북부 지역에서 여자 전도 사역을 1909~1923년까지 실시했다. 둘째, 1925년 이후 여자 사역 감독관(Superintendent)으로 사역했다. 마로덕 선교사가 1909년 창립하고 담임목사로 사역한 전주남문교회에서 마요셉빈은 여성들에게 성경을 가르치고, 부인조력회 등 복음 전도 사역을 실시하였다. 1930년 이후 공식적으로 주일 학교와 부인조력회를 운영하였다. 셋째, 마요셉빈은 마로덕 선교사의 부인으로서 가사 일을 도맡았고, 마로덕 선교사의 일정을 챙기는 등 사역을 도왔다.[24]

이러한 마요셉빈을 이해하기 위하여 먼저 마로덕 선교사의 사역을 살필 필요가 있다. 선교회 연차회의록에 의거, 마로덕 선교사의 공식적 업무를 간단하게 정리하면 다음과 같다.[25] 마로덕 선교사는 크게 3가지 선교를 실시했다. 첫째, 순회전도 사역이다.[26] 전주 북부 지역 특히 동북 지역에서

---

23 *Minutes of Annual Meetings of the Southern Presbyterian Mission in Korea* 1909~1940 (이를 줄여서 본 글은 *Minutes of Annual Meetings* 등으로 표기한다).

24 본국 해외선교부에 보낸 마요셉빈의 수많은 선교 보고 편지에는 가정의 일상사, 마로덕의 신상 문제 예컨대 낙상사고와 부상, 질병과 통증, 출타 등과 마로덕의 여러 선교 활동에 대한 기록이 늘 일정 부분을 차지한다(1921년 10월 10일, 1925년 12월 3일, 1928년 2월 14일, 1933년 8월 3일, 1934년 11월 28일, 1936년 11월 28일, 1937년 7월 15일, 1937년 11월 26일, 1939년 11월 24일 자의 편지).

25 *Minutes of Annual Meetings* 1909~1940.

26 전라대리회의 회의록에 의하면 1908년 이후 마로덕 선교사의 순회 전도 지역은 금산, 고산, 여산, 익산, 용담과 전주 남문 밖과 동북 지역이었다. 마로덕은 지방으로 말하면 금산

1909년 전주 북부, 동북 지역, 1911년 여산, 익산, 고산, 진안, 금산, 1920년까지 북부 지역, 1920~1937년까지 동북부, 1938년에는 동북, 북부, 남부(보이열 [Boyer] 목사가 안식년을 끝내고 귀국까지), 1939년에 이전의 사역을 지속했고, 1940년 1월 미국으로 출국당하였다. 여기에 덧붙여 전주 시내 교회 관계를 보면 1909~1915년 남문교회 설립과 행정, 1919~1923년 전주남문교회 목회, 1930~1937년에는 전주 중앙교회를 세우고 행정을 맡았다. 둘째, 1910~ 1915년 사이에 전주선교부의 남자성경학교를 책임졌다. 셋째, 1910~1920년과 1922~1923년에 평양신학교에서 강의하였다. 이러한 사역들이 중간에 끊기고 다시 연결되는 시기는 마로덕과 마요셉빈 부부 선교사가 안식년을 지낸 기간이다. 이들은 1916~1917, 1924~1925, 1931~1932년에 안식년을 보냈고, 1939년의 안식년은 1940년으로 미루다가 1940년 1월에 미국으로 영구 출국당하였다.

　　마로덕 선교사의 관할 지역에서 마요셉빈이 실시한 여성 복음 전도 사역이 1911년 선교 보고에 나타났다. 1910년 일제 식민 세력에게 주권을 잃은 민족에 대하여 100만인 구령 사업을 벌인 장감연합회 중앙위원회가 이를 각 선교회에 실시하도록 요구하였다. 선교회는 지역 5개 선교부에 이의 시행을 요구하고, 이들 선교부 산하의 각 선교사는 관할 구역에서 구령 사업을 실시하였다. 마로덕 선교사는 1909년부터 구령 사업을 준비했고,[27] 전주 지역에서 구령 사업 캠페인을 이미 끝냈다. 1910년 겨울 마로

　　지방을 맡은 것이다. 마로덕 목사 지도하에 있는 조사로는 리원필, 리경필, 최대진, 장경태, 김웅규, 김서익 등 6인인데 이들은 마로덕 목사의 지휘에 따라 원입문답을 실시하였다. 진안, 장수, 무주 3고을의 교회의 당회권을 동사목사인 김필수와 함께 마로덕이 행사했다. 구체적으로 말하면 마로덕 목사는 금산, 진산, 고산, 여산, 익산, 용담 등지와 전주남문교회의 설립과 전주 동북편 교회들의 당회권을 가진 것이다. 전라대리회: 전북편 1908~ 1909, 「호남춘추」 (1994년 11월 가을호): 40-64 특히 43, 59, 60.
27 Luther Oliver McCutchen, "Annual Report of L. T. McCutchen, 09-10," *The Korea Mission Field* (1910): 263-265.

덕과 마요셉빈은 전주에서 17마일 떨어진 시골 교회의 최대진 조사와 서장로를 지원하려고 집을 나섰다. 마요셉빈의 상기 보고문은 당시 복음 전도 상황을 다음과 같이 사실적으로 설명하고 있다.[28]

"몸이 그다지 건강하지 못한 전주의 여자기독교인 2명도 도보로 걸어서 지원 차 [우리 부부와 함께] 참여하였다. 그 읍[고산]의 교인들은 몇 명밖에 안 되었지만, 이들도 1마일이나 떨어진 시골 교회에 모였다. 적절한 집회 장소를 찾기가 어려워 새로 지은 [최대진] 조사의 집을 활용하였다. 남자들은 부엌과 땅바닥에 앉았는데 찬바람이 불고 추워서 여자들이 앉아 있는 방으로 밀고 들어왔다. 담요로 이들[남녀] 사이에 칸막이를 했지만 집회를 지속하기가 어려웠다. 그러나 축호 전도와 개인 전도를 하기 위하여 남녀 자원자들을 모았는데, 그 읍의 남녀 신자들과 시골 교회의 몇몇 남녀들이 지원하였다. 이들은 축호 전도에 가장 좋은 시기인 점심 시간을 활용하려고 점심도 거른 채 가가호호 방문하였다. 새벽 5시에 그 읍과 교회에서 각각 기도회로 열고, 10시에 전도 일꾼들이 모여 준비를 하고 둘씩 짝을 지어 예수 구원을 이야기하고 저녁 집회에 사람들을 초대하였다. 전도지를 거의 모든 집에 돌렸는데, 몇몇 여자들은 읽지 못한다고 받으려 하지 않았다. 그러나 사실은 전도지를 소지하고 있는 것에 대하여 겁을 먹었던 것이다. 비가 내려 길이 진창이 되었고 눈발과 싸워야 했다. … 그러나 수많은 불신자들이 예수님 이야기와 예수님의 사랑을 듣게 되었다. 나와 함께 일하는 여자 조사의 남편은 예수님을 믿기 전에는 수년 동안 그녀를 무척 박해했다. 그동안 그녀는 남편을 위해 기도를 했고 그는 지금 예수님을 믿고 있다. 그녀는 한때 무척 아파서

---

28 Mrs. Josephine Hounshell McCutchen, "The Kosan Meeting," *The Missionary* (March 1911): 127-128.

고생을 했지만 지금은 건강도 회복하였다. 당시 그녀는 글을 조금도 읽을 수 없어서 하나님께 늘 간절히 기도를 하면서 밤낮없이 곁에 성경책을 끼고 살았다. 지금은 글을 잘 읽을 수 있고, 성령의 가르침을 많이 받았다. 그녀의 설교를 들은 친구들과 이웃들의 집으로 나를 안내했다. 그 읍 구석구석을 두 번 세 번 방문을 했고, 다른 마을들도 찾아갔다. 많은 사람들이 복음에 대하여 전혀 알지 못했다. 몇몇 사람들은 구실을 대면서 거절하였다: "아무 것도 모르고 글도 읽을 수 없다." … "나는 푸주한으로 아들들이 몇 명이 있고 동물을 죽이고 산다. 나를 위한 것은 아니고, 나에게는 즐거움이 조금도 없다." 구실을 댄 이 여자의 얼굴이 얼마나 슬퍼보였던가. 그러나 예수님께서는 그 여자를 위해서도 그의 생명을 내주셨다고 그녀에게 말하면서 우리는 얼마나 기뻤던가. … 그녀가 들었던 그 말씀들이 그녀 자신에 대하여 곰곰이 생각을 하게 했는데, 마침내 그 여자는 진리에 대하여 많은 질문을 해댔다. 하나님의 말씀은 "빠르고 능력이 있어서" 우리는 그 말씀이 헛되이 돌아오지 않는다는 약속을 굳게 믿는다. 28명의 여자들이 그리스도를 믿겠다고 굳게 결심을 했다.

2. 시골 교회의 복음 전도 사역과 사경회(성경 교육) 실시

앞의 마요셉빈의 글은 전주에서 비교적 가까운 고산 지역에서 복음 전도한 상황을 기록한다. 선교사들의 복음 전도와 한국인 기독교 지도자, 한국 사회의 남녀의 신분적 차별, 가부장제 사회에서 여성들의 기독교인 되기의 어려움, 여자 선교사를 돕는 여자 조사의 활동, 산골의 험한 기후와 지형에서의 복음 전도, 고달픈 인생들을 구원하는 그리스도 복음의 능력과 확신 등을 담고 있다.

마요셉빈은 또한 전주에서 23마일 떨어진 산골의 서두리(Satooni)교회에서 실시한 사경회 현장을 생생하게 스케치한다.29 마요셉빈이 기차를 타고 산을 넘고 작은 배를 타고 강을 건너 만난 작은 교회에서 사경회가 진행되었다. 이 교회는 주위 여러 부락에 사는 소수의 교인이 15년 전에 지은 교회였다. 외국 여성을 처음으로 보았고, 마요셉빈이 사용하는 물건들에 무척 흥미를 느낀 사람들이 밤낮없이 구경삼아 모여들어 잠을 이룰 수가 없었다. 주일 외에 5일 동안 열린 사경회에서 30명이 열심히 진리 말씀을 공부했고, 특히 팔에 안은 아기가 발버둥을 치는데도 그 여인 둘은 글을 읽으려고 무척 노력했다. 한국인 여자 조사가 사경회를 돕고 예수님의 사랑을 강조하여 설명하였다. 저녁 집회에 불신자 여성들을 초대했는데, 많은 여성이 몰려들어 커튼을 걷어 남자 측의 자리까지 앉았다. 어떤 여인이 아픈 아이를 데리고 와서 마요셉빈을 만났다. 사연인즉 아이가 아파하기에 그 어머니가 페인트 라커를 약으로 먹였다는 것이다. 아이가 무척 고통을 느끼다가 2일 후 죽었다. 이러한 와중에도 사경회가 끝나자 교인들은 정성을 다해 마요셉빈을 위하여 잔치를 베풀었다는 것이다.

시골에서 복음 전도와 사경회, 성경공부반 운영은 깊이 연관되어 있다. 선교사가 순회로 복음 전도하면서 신자 및 교회 출석 가능자 혹은 일반 여성을 위하여 지역 사정에 맞게 4~5일 사경회를 열고 기초 교리와 신앙생활을 가르쳤다. 시골에서 주민들에게 성경 공부를 진행하면 복음 전도가 많은 열매를 맺게 된다. 사경회에서 선교사나 한국인 조사는 여자들에게 성경을 가르쳐 글을 읽고 쓸 수 있게 지도하였다. 엄격한 가부장 사회에서 짓눌려 고달픈 삶을 사는 여성들이 그리스도의 복음을 듣고 삶에 희망으로 교회에서 신앙생활을 하였다.

---

29 Josephine Hounshell McCutchen, *Letter* (dated Oct. 10, 1921), Chunju, Chosen, Asia.

3. 전주남문교회 사역과 장로교여전도회의 기도 생활

1909년 마로덕 선교사는 한국인들과 전주남문교회를 설립하고 1923년까지 목회를 했다. 복음 전도의 필요성을 느낀 마요셉빈이 남문교회에 출석하면서 1923년 부인조력회를 만들었다.[30] 전주서문교회의 신실한 여성들이 모여 일종의 선교회(missionary society)를 만들고 회비를 납부하여 제주도 여자 전도사나 중국 선교를 도왔다. 이 선교회에는 남문교회 교인들도 몇 명이 있었는데 1920년 이들이 남문교회에 선교회를 조직하였다. 그러나 몇 가지 사정이 겹쳐 남문교회 선교회의 기금이 고갈되어 여전도사는 2주 사역을 하였다.[31] 이러한 상황에서 마요셉빈과 윈 선교사(Miss Winn)가 부인조력회를 조직하려 했다. 부인조력회의 제반 사항에 대하여 고심하던 중 1923년 봄 서서평(Elisabeth J. Shepping) 선교사의 도움을 받았다.[32] 선교회여자성경학교의 강의차 방문한 서서평은 이미 1922년 남장로교 선교 지역 최초의 부인조력회를 만들었다.[33] 1923년 6월 28일 목요일 저녁 남문교회 부인조력회를 창립할 때 32명이 참석하였고, 기금은 작년 선교회의 마지막 모임보다 배나 많은 금액이 걷혔다. 마요셉빈의 부인조력회는 제4 원주회(The Circle Four)였는데 젊은 여성들로 구성되었다.

---

30 Josephine H. McCutchen, "Forward Steps," *The Missionary Survey* (Oct. 1923): 764-766.
31 나이 많은 남편을 둔 학생이었던 전도부인 서경운(So Kyeng Un)은 1926년 6월 9일에 선교회여자성경학교를 졸업하여 전주남문교회의 부인조력회 사역을 맡았다. Josephine H. McCutchen, "Korean Graduates Great Help in Work," *The Presbyterian Survey* (Nov. 1926): 681-682.
32 Josephine H. McCutchen, "Forward Steps," 765.
33 E. J. Shepping, "The History of the Auxiliary in Kwangju Territory, Korea," *The Presbyterian Survey* (Dec. 1926), 736. 이외에 부인조력회 조직과 운영에 대한 서서평 선교사의 공헌은 다음의 글을 참조하라. Lois Hawks Swinehart, "Elise Johanna Shepping," Hallie Paxson Winsborough(compiled), *Glorious Living* (Atlanta[GA]: Committee on Woman's Work, P.C.U.S. 1937), 167-184.

공식적으로 1930년 이후 마요셉빈은 남문교회에서 여성교육과 부인조력회를 운영하였다. 1933년에는 전북노회 여전도회 회장으로 활동하였다.[34] 1928년에 13명의 여성 대표가 모여 조직했는데, 5년 후 1933년 전북노회여전도회 총회에 60명의 대표와 임원, 이외에 160명의 방문객이 내왕하여 여전도회의 사업에 대한 관심과 열기가 대단하였다. 그러나 당시 세계적으로 어려운 경제 사정으로 기금이 축소되어 사업이 어렵게 되었다. 이에 대하여 회원들이 기도하고 개인적 사역과 복음 이야기 책자들의 판매를 강화하였다.

여전도회 활동의 연장선에서 마요셉빈은 1938년 『기도회 원주회 순서』라는 책자를 작성하였다.[35] 이 책은 전북여전도회, 전남여전도회, 순천여전도회 및 제주여전도회의 위원회가 편찬한 것으로 마요셉빈이 글을 썼다. 이 책의 목적은 1939년 남장로교 선교 지역 신자들의 제일 직무를 기도에 두고 모든 신자를 기도하는 사람으로 훈련하려는 것이었다. 기도는 구체적으로 각 사람의 이름을 거명하면서 하나님께 아뢰어야 한다는 것이다. 매달 마지막 주에는 부인조력회의 원주회로 모여 기도하고 회비를 납부하고, 업무를 수행하고, 친교를 했다.

기도하는 사람은 성경 말씀을 기반으로 예수 그리스도를 따라 삶을 살면서 성령의 역사를 통해 성화를 이루려는 사람이다. 마요셉빈은 예수 그리스도를 알고 믿고 따르는 신앙을 가진 사람으로서 기도하는 사람들이 되기를 바랐다. 기도하는 사람은 구원받은 자의 윤리적 삶을 살아야 한다는 것, 기도 생활을 통하여 신앙의 진보와 생활의 성화를 이룰 것을 강조했다. 그러나 구체적으로 사람들의 이름을 거명하고 자세한 내용의 기도를 강조한 이 책자는 한국 민족이 처한 사회적 · 민족적 · 역사적 상황에

---

34 Mrs. L. O. McCutchen, *Letter* (dated August 3, 1933), Chunju, Korea.

35 전북, 전남, 순천, 제주 여전도회 위원회 편찬, 『긔도회 원주회 순서』 (서울: 조선기독교서회, 1938); 박종현, "미국남장로교 여선교사의 기도회 연구," 「한국교회사학회지」 제25집 (2009): 219-246, 특히 237-244에서 재인용.

대한 기도는 전혀 언급하지 않았다.[36] 개인적 내면적 경건의 신앙생활을 강조한 마요셉빈의 신앙을 엿볼 수 있다.

IV. 마요셉빈과 선교회의 여자 성경 교육

1. 선교회의 여자 성경 교육과 마요셉빈

선교회 연차회의록에 의하면[37] 마요셉빈은 1909년에 전주 북부 지역의 여자 조사(woman helper)를 위한 성경 교육을 실시했다. 1910년부터 여자성 경학원(Women's Bible Institute)의 책임을 맡았고, 1918년부터 선교회여자성 경학교(Mission Bible School for Women)의 교장으로, 1925년에 전북초급여 자성경학교(North Chulla Junior Bible School for Women)의 제2대 교장으로 임명되어 1939년까지 사역하였다. 1937년에는 특별여자성경학원(Mission Special Bible Institute for Women) 책임을 맡았다.

여기에서 남장로교의 여자 성경 교육 체계를 간략하게 살펴볼 필요가 있다.[38] 우선 순회전도 선교사는 사역 지역이나 교회에서 복음 전도를 위 하여 주일을 제외한 4~5일인 1주간 사경회를 실시했다. 새벽에는 새벽기 도, 오전에는 사경회, 오후에는 가가호호 심방과 개인 전도를 하고, 저녁에 는 불신자를 초대하여 대중 전도 집회를 열었다. 시골의 작은 교회에서는 1학년 성경반, 보다 큰 교회에서는 2학년 성경반을 개설했다. 선교사가 개인적으로 성경을 가르쳐 여자 조사를 양성하고, 성경 교육에 도움을 받

---

36 박종현, 위의 글, 241.
37 *Minutes of the Annual Meetings* 1909~1940.
38 Anabel Major Nisbet, *Day in and Day out in Korea* (Richmond[Va]: Presbyterian Committee of Publication, 1919), 95-99.

기도 하였다.

  남장로교 선교 지역의 당시 4개 선교부가 1909년 남녀를 구분하여 연 1회 10일 성경반(Ten Days Class)과 연 1회 1달(One Month Institute) 과정인 여자성경학원(Bible Institute for Women)을 개설하였다. 이 성경 학원은 초기에는 강사 부족으로 인하여 연합으로 혹은 다른 선교부의 강사를 지원받아 진행되었다. 이 과정은 예비반, 1~4학년, 4학년 과정에는 5년간 성경 공부를 하도록 규정했다. 1918년에는 연 2개월(후에 2개월 반, 1923년부터 3개월) 3년 과정의 선교회성경학교(Mission Bible School)를 개설하였다. 이 학교는 선교회가 실시한 가장 높은 단계의 여자성경학교 역할을 하였다. 이와 별도로 1923년에는 연 6개월 2년 과정의 초급여자성경학교(Junior Bible School)를 전북 전주와 전남 광주에 각각 개설하였다. 전남의 초급여자성경학교는 1926년 후원자 이름을 따라 이일성경학교(The Neel Bible School)로, 전북의 초급여자성경학교는 1928년 후원자의 이름을 붙여 한예정성경학교(Ada Hamilton Clark Memorial Bible School)로 불렸다. 이들 각 과정은 시골 여자 학생들의 사정으로 인하여 개별적으로, 유기적으로 운영되었다. 선교회 산하 전도위원회(Evangelistic Committee)가 각 과정의 성경학원이나 성경학교 운영을 논의했고, 1928년부터 남녀로 구별한 성경학교위원회가 조직되어 교과과정과 특별과정 개설 등에 대하여 논의하였다.[39]

  이렇듯이 변화하는 성경 교육 상황에서 마요셉빈이 전주선교부의 여자성경학원과 선교회여자성경학교의 교장으로 활동하면서 선교회의 여성 지도력 교육에 크게 기여하였다. 4~5일 진행되는 시골의 여성사경회에

---

39 전주 한예정성경학교(고등과)와 평양 여자성경학교 양교 사이에 교수 교환과 교류에 대한 논의가 진행되었다(*Minutes of the Annual Meeting* 1935, 26; *Minutes of the Annual Meeting* 1938, 22, 38).

서 마요셉빈은 열성적으로 교육하였다. 마로덕의 보고에 의하면40 1909~
1910년에 그의 순회전도 지역에서 9회의 여성사경회가 열렸는데 이중 반
은 마요셉빈이 맡고, 나머지는 3명의 여자 선교사가 실시했다. 이외에 초
급성경반 4개 교실이 열렸는데 한국인 여자 조사들이 맡았다. 이러한 여
자 조사 성경 교육을 신참인 마요셉빈이 담당하였다. 때마침 여자성경학
원이 전주선교부에 개설되었다.41 이는 스캐릿 성경학교 출신인 마요셉빈
이 전주선교부에 가세함으로써 전주 남자성경학원의 개설과 함께 동시에
이루진 것이었다.42

2. 여자성경반과 여자성경학원 및 여자성경학교의 교과 운영과 발전

교과과정은 실행 주체인 각 선교부의 여건에 따라 변하였다. 1922년
개정 시골성경반, 10일 성경반, 1달 성경 학원 및 1924년 개정 선교회여자
성경학교의 것을 정리하면 다음과 같다.43

1) 시골 여자성경반(Country Classes for Women) (4~5일, 4년제)

1학년	2학년		
	1년차	2년차	3년차
마가복음 일부,	마가복음 1-6장,	산상수훈,	그리스도의 생애,

---

40 Luther Oliver McCutchen, "Annual Report of L. T. McCutchen, 09-10," 264.

41 *Minutes of the Annual Meeting* 1909, 29. 남자성경반은 1904년부터 년 10~11일 4년 과정
으로 이미 개설되어 있었다(*Minutes of the Annual Meeting* 1904, 19).

42 Mrs. L. O. McCutchen, "Mary and Ruth Chung, The First Graduates of Our
Mission's Bible School for Women, Located at Chunju, Chosen," *The Missionary
Survey* (Jan. 1921): 29-30.

43 *Minutes of the Annual Meeting* 1922, 38-40. 또한 변화하는 상황에 맞게 1934년에 교과
과정 개정이 있었고 1937년에는 특별성경학원 과정이 개설되었다.

언문(한글), 십계명, 주기도문, 성례전	성경요리문답, 창세기 1-11장	비유 중 일부, 창세기 12-26장	팔레스타인 지리, 사도행전 1-7장, 창세기 26-49 [50]장

2) 일반 여자성경반(General Bible Class for Women) (10일, 9년제)

예비반		1학년	2학년	3학년
소아 요리문답, 신자의 도리, 읽기, 쓰기		그리스도의 생애, 창세기, 성경요리문답, 위생과 찬양	누가복음, 출애굽기, 사도행전 1-12장, 위생과 찬양	사도행전 13-28장, 예언자의 삶 이야기, 요한복음, 위생과 찬양
4 학 년	1년차	소요리문답 1-38번, 구약 역사와 성서 지리 (민수기·사울), 고린도전서		
	2년차	소요리문답 39-81, 고린도후서, 구약 역사와 성서 지리 (사울-왕국분열)		
	3년차	소요리문답 82-107, 데살로니가전서, 구약 역사와 지리 (왕국분열-포로기)		
	4년차	소예언자들, 갈라디아서, 구약 역사와 성서 지리 (포로귀환-그리스도의 탄생)		
	5년차	교리 신조들, 목회서신서, 히브리서		

3) 여자성경학원(Bible Institute for Women) (연 1달, 5년제)

1학년	누가복음, 창세기, 신약성경과 지리, 위생, 글쓰기와 찬양
2학년	요한복음, 출애굽기, 개인 사역, 성경과 각 책들, 글쓰기와 찬양
3학년	사도행전, 구약에 예견된 그리스도, 소요리문답, 글쓰기와 찬양
4학년	고린도전후서, 성령 연구, 이스라엘의 역사, 시편과 잠언의 일부, 글쓰기와 찬양
5학년	에베소서, 교회 역사, 교육학, 글쓰기와 찬양

4) 선교회여자성경학교(Mission Bible School for Women)
(연 3개월, 3년제)[44]

1학년	2학년	3학년
1. 교과과목 구약 역사, 로마서, 요한 1-2-3서, 여호수아, 수 학, 음성학, 레위기, 마 가복음의 그리스도 연구 2. 집에서 독서 신명기, 아모스, 스바냐, 갈라디아서 3. 실습 주일 학교, 개인 사역 (이론과 실습)	1. 교과과목 히브리서, 이사야서, 베 드로전후서, 교회사(초 기~종교개혁), 성서 지 리, 창세기 연구, 성경 주제 연구 2. 집에서 독서 디모데전후서, 아가서, 에스겔, 나훔, 하박국, 오바댜. 3. 실습 주일 학교, 개인 사역 (이론과 실습)	1. 교과과목 데살로니가전후서, 요 한계시록, 호세아, 요엘, 학개, 말라기, 다니엘, 교회사(종교개혁~현 대), 선교학, 교육학, 심 리학, 교회 헌법, 예레미 야서 2. 집에서 독서 전도서, 애가, 스가랴, 미가, 디도서, 유다서 3. 실습 주일 학교, 개인 사역 (이론과 실습)

5) 초급여자성경학교(Junior Bible School for Women)
: 전주 한예정 성경학교와 광주 이일성경학교[45]
(연 6개월 2년제, 후에 3년제)[46]

이 학교의 설립과 발전에 대하여 자세하게 설명할 필요가 있다. 선교

---

44 *Minutes of the Annual Meeting* 1924, 57.

45 이 학교의 초기부터 1961년까지 역사에 대해서는 다음의 자료를 참고하라. "Ada Hamilton Clark," *The Korea Mission Field* (1923): 37-38; Mrs. Josephine H. McCutchen, "Bible School Development in Southern Presbyterian Mission Territory," *The Korea Mission Field* (1932): 83-84; "The Neel Bible School," *The Korea Mission Field* (1930), 121; Cora Antrim Wayland, "The Development of Institutions of Higher Education of the Korea Mission, Presbyterian Church, U. S.," (Athens[Ga]: University of George, Dissertation, 1972); 이순례, 『한일신학대학 70년사』 (전주: 한일신학대학 출판부, 1994).

46 이 두 학교의 학제와 교과의 세밀한 연구가 필요하다. 여기에서는 주된 변화만 기술한다.

회가 1923년 연차회의에서 기존 성경학원이나 성경학교와 별도로 9월 초부터 3월 초까지 연 6개월 2년제의 초급여자성경학교를 전북 전주와 전남 광주에 1개교씩 개설하기로 결정하였다. 또한 이 초급성경학교의 목적이 선교회여자성경학교 진학을 위한 예비적 성격을 가졌기 때문에 교과과정을 선교회여자성경학교의 것과 겹치지 않게 구성할 것과 전주선교부와 광주선교부가 각각 교장을 임명하도록 했다.[47] 초대 교장(1923~1925)으로 테이트 선교사 부인(Mrs. Mattie Ingold Tate)을 임명하여 1923년 9월 4일 전주초급성경학교를 개교하였고, 2대 교장은 마요셉빈이 맡았다.

또한 선교회는 1922년 서서평 선교사가 사적으로 세운 학교를 광주초급여자성경학교로 1924년 인준했고,[48] 1926년 이일성경학교로 불렀다.[49] 선교회는 1925년부터 이 학교의 세속적 초등학교 4년 교육을 3년 과정으로 단축하여 운영하는 과학과(보통과)와 연 6개월 3년제 성경과를 허락하였다. 1928년에는 이를 확인하였다.[50] 1932년 선교회는 자금이나 강사 등 지원을 선교회에 요청하지 않는다는 조건으로 이일성경학교가 실시하려는 연 9개월 학제를 허락하였고 이에 따라 1933년부터 이일성경학교는 일반 정규학교의 학제를 운영하였다.[51]

6) 한예정성경학교 본과와 고등과 운영

마요셉빈은 한예정성경학교에 1933년 2개 과를 만들었다.[52] 본과(Lower Department)와 고등과(Higher Department)를 두었다. 본과는 연 3개월 3학

---

47 *Minutes of the Annual Meeting* 1923, 43.

48 *Minutes of the Annual Meeting* 1924, 44.

49 "The Neel Bible School," *The Korea Mission Field* (1930), 121.

50 *Minutes of the Annual Meetings* 1925, 26, 37; 1928, 27.

51 *Minutes of the Annual Meetings* 1932, 12, 20; 1933, 21.

52 *Minutes of the Annual Meetings* 1933, 32-33; 1934, 41-42; 1935, 27-28.

기 2년제로 기간을 단축하고, 교과 내용은 보다 알차게 꾸리며, 교육 수준을 높여 운영하였다. 고등과는 연 9개월 3학기 2년제로 1933년 4월부터 시작하였으나 1934년에는 3년제로 바뀌었다. 고등과 입학은 미션계 고등학교 출신으로 한예정성경학교 본과를 졸업한 여성, 일반 학교 교육을 받은 자로서 성경학원을 졸업한 만 40세 이하의 여성들에게만 자격이 주어졌다. 고등과는 성경과 각권, 성경 교리 및 기초 신학과 선교 역사 이외에 교회에서 실제 필요한 기도, 주일 학교, 사경회, 부인조력회, 합창과 악기, 헌법과 규칙, 일반학문으로 사회학, 비기독교 종교학, 고고학, 험증학(Evidences of Christianity) 등의 과목을 개설하였다. 마요셉빈은 선교회 내 최고 수준의 여성 지도력 양성의 꿈을 꾸면서 평양의 여자고등성경학교와 교류를 시도하였다.[53]

7) 선교회특별여자성경학원(Mission Special Bible Institute for Women) (연 3개월, 3년제)

선교회는 1달 성경학원 졸업자를 위하여 연 3개월 3년제 특별과정을 1937년 마요셉빈에게 맡겼다.[54] 성경을 공부시켜 유능한 여성 지도력을 양성할 목적을 갖는 이 과정은 1학기는 3월 18일~4월 30일, 2학기는 5월 2일~6월 15일로 나누었다. 커리큘럼은 1학년: 신명기, 디모데전후서, 디도서, 아모스, 부인조력회(헌법과 규정), 2학년: 스가랴, 빌립보서, 골로새서, 교회행정, 부인조력회(노회), 3학년: 에스겔, 요한, 청기기직, 부인조력회(총회, 위원회) 등이다.

---

53 *Minutes of the Annual Meetings* 1935, 26.
54 *Minutes of the Annual Meeting* 1937, 19.

3. 여성 성경 교육 선교사 마요셉빈의 사역

1) 마요셉빈의 여성 교육: 여성들이 구원과 희망을 교육 받다

마요셉빈은 한국 여성들의 갈망과 필요를 알고 있었다. 그녀는 오랜 가부장제 사회에서 한국 여성들이 시어머니의 노예로서 가정 숭배를 하면서 억눌린 삶을 산다고 생각했다. 이러한 상황에서 기득권층은 여성 교육이나 약자의 훈련은 필요하지 않다고 여겼다. 그러나 이러한 가부장 사회에 복음과 문명이 유입됨으로 불우한 여성들의 삶이 사랑과 자유를 실현하는 삶으로 변해야 한다는 것이다.[55] 첫째, 여성들은 구세주 예수와 사랑과 자유의 복음을 알아야 한다는 것, 둘째, 읽고 쓰고 생각하게 하는 학교 교육을 받아 성경이 말하는 자유의 삶을 살고 고귀한 여성이 되어 이웃을 봉사해야 한다는 것, 셋째, 문자 교육 외에 가정을 꾸리는 훈련을 받아야 하고, 넷째, 가정에 작은 산업을 일으켜 살림에 도움을 줄 수 있어야 한다는 것이다.

여성 교육이 이렇듯이 필요한 상황에서 마요셉빈은 여자 성경 교육에 헌신하였다. 1909년 전주 여자성경학원 개설에 기여하였다.[56] 이 학원에는 교회 세례교인 25명당 대표 격인 1인이 입학하여 52명이 등록하였다. 학생 전원이 1학년 과정을 필수로 수강하였고, 학기 말에는 모두 필기시험을 봐야 했다. 도시에서 8명, 군산선교부에서 6명, 시골에서 37명, 기타 1인 총 52명이 등록했다. 모든 학생은 자기들의 식량으로 끼니를 해결해야 했다. 이들은 그리스도의 구원을 깨닫고 성령 충만한 영적 삶을 누리며 동료 여성들과 서로 친교하며 우정을 나누었다.

1914년 6월 전주 여자성경학원의 첫 수료자 8명이 수료증을 받았다.

---

55 Josephine Hounshell McCutchen, "The Education and Training Best Suited to Fit the Korean Women for Her Real Sphere," *The Korea Mission Field* (Jan. 1915): 14-15.
56 Mrs. Josephine Hounshell McCutchen, "Woman's Bible Institute," *The Missionary* (July, 1910): 354-355.

이 중 몇 명은 필기시험이 너무 어려워 울기도 했는데, 나이가 많은 3명은 57, 58, 60세였다. 1914년 전주 여자성경학원 제5기 수업은 65~70명이 참석하여 개강하였다.[57] 강사들이 부족하여 금년에는(1914년) 전남 지역 여자성경학원을 분리하여 운영하지 못하고 학생들을 전주로 보내 공부를 시켰다. 전남에서 22명(제주 전도부인 1명 포함), 전북은 작년에 비해 11명이 증가하여 5개 선교부에서 모두 88명이 등록했다. 한국인 교사들은 글쓰기를 도왔다. 이들은 모두 하나님의 진리를 깨닫는데 열심히 했고, 복음 지식을 진지하게 이해했다. 이렇듯이 복음을 접한 수많은 여성이 구원의 확신과 새로운 삶에 대한 희망을 품으며 깊은 영적 삶을 살게 되었다.[58]

2) 마요셉빈의 제자들 : [59] 정마리아, 정룻, 서경운, 김명숙

전주선교회여자성경학교가 1918년 4월 18일에 첫 개강을 하고 1920년 첫 졸업생(diploma) 2명을 배출하였다.[60] 정마리아(Mary Chung)와 정룻 (Ruth Chung), 이 두 여학생은 14년 전(1906년)에 마로덕 선교사로부터 복음을 접하고 후에 테이트 여자 선교사(Miss Tate)에게 성경을 공부했고, 3년 후 1909년부터 마요셉빈이 강의한 여자성경학원에 입학하여 5년 과정 (certificate)을 마쳤다. 1918년에 선교회여자성경학교에 입학하여 1920년

---

57 Josephine McCutchen, "The Chunju Womens' Bible Institute," *The Korea Mission Field* (June, 1914): 165-166.

58 Mrs. L. O. McCutchen, "The Word Giveth Light," *The Missionary Survey* (Oct. 1915): 741-743.

59 여자 학생들은 매회에 시골4일반 4~30명, 10일성경반 200~400명, 1달성경학원 100명 이하, 초급성경학교 50~80명, 선교회성경학교 20~25명이 등록하지만, 졸업생은 많지 않았다. Willie G. Greene, "Bible Institutes for Korean Women," *The Presbyterian Survey* (Dec. 1930): 733-735. 이들 모두를 마요셉빈이 직접 가르치지는 않았다. 여기 4명은 마요셉빈이 거명한 사람 중에서 본 필자가 임의로 선정하였다.

60 Mrs. L. O. McCutchen, "Mary and Ruth Chung, The First Graduates of Our Mission's Bible School for Women, Located at Chunju, Chosen," *The Missionary Survey* (Jan. 1921): 29-30.

에 3년 과정(diploma)을 마쳤다. 나이가 적지 않은 각각 56살과 45살인 이 학생들이 복음을 처음 접했을 때는 글을 읽지도 쓰지도 못했는데, 성경 공부를 하면서 이들의 삶에 엄청난 변화가 일어났다. 이전에는 가정적으로 둘 다 불행이 엄습한 삶을 살았다. 한 학생은 아이를 낳지 못하여 남편이 첩을 얻었고, 다른 학생은 장애아를 가진 과부였다. 학생으로서 쌀 조달이 어려워 선교사들의 도움으로 미국 후원자의 지원을 받기도 하고, 학생 여자 조사로 활동도 하였다. 이러한 어려운 상황에서 2개월 혹은 3개월의 수업을 몇 년간 지속하였다. 당시 가정을 가진 여자들은 가정을 위하여 모든 것을 희생해야 했는데, 가정을 비우고 긴 세월 공부를 한다는 것은 매우 어려운 일이었다. 그러나 하나님의 은혜와 성령의 능력 안에서 메시아 그리스도의 복음을 믿고 공부에 대한 열정으로 끊임없이 기도하고 노력한 결과가 결실을 맺었다. 정마리아는 개인 전도에 소질을 지녀 전도부인이 되었고, 정릇은 좋은 교사 자질을 지녀 성경 교사가 되었다.

선교회여자성경학교의 제7기 졸업생 10명이 1926년 6월 9일 졸업하였다. 이중 가장 나이가 많은 졸업생은 53살로 서경운(So Kyeng Un) 전도사였다.[61] 3년 전 남문교회에서 시무한 서 전도사는 남편을 부양하면서 성경학교를 다녔다. 그동안 남문교회 선교회가 서 전도사 사례금을 지불했는데, 마요셉빈이 이 선교회를 인수할 때 몇 가지 일이 겹쳐 기금이 급격히 줄었다. 그러자 서 전도사에게 평상급료의 반을 줄이면서 일의 양도 반으로 줄여 월 2주 활동을 했다. 그러나 이듬해 7월 정상 고용이 되어 삶의 안정을 찾고 성경학교 출석을 지속하고 졸업을 하였다. 서 전도사는 남문교회 부인조력회의 간부로 일하며 마요셉빈을 도왔다.

제7기 졸업생인 김명숙(Kim Myeng Sook, 1896~1979)은 제주도 출신으로

---

61 Josephine H. McCutchen, "Korean Graduates Great Help in Work," *The Presbyterian Survey* (Nov. 1926): 681-682.

열정적으로 공부한 학생이었다. 학기 말에 다니엘서 공부를 끝낼 때 몸이 약하여 병원에 입원하여 수술을 받았다. 일주일 후 앉아있기도 어려운 상태에서 시험을 치렀는데 98점을 받았다. 또한 성대모사를 잘하여 유명한 여배우가 될 것이라는 말도 있었다.[62] 제주도로 귀향하여 제주노회여전도회연합회 회장을 역임하고 애국부인회 활동과 의정활동도 했다.[63]

3) 마요셉빈: 이일성경학교의 서서평 선교사와 만나다

1880년생인 서서평은 1876년생인 마요셉빈보다 4살이 적다. 마요셉빈은 실용 간호, 사회복지 및 해외선교를 가르치는 캔자스시티의 스캐릿 성경학교를 졸업하고, 1902년에 한국에 도착하여 서울과 원산을 거쳐 1909년 전주로 왔다. 서서평은 뉴욕에서 간호사 자격을 갖추고 선교 학교인 화이트성경교사훈련학교(오늘날 뉴욕신학대학원)를 졸업하고, 1912년 한국에 입국하여 광주, 군산, 서울을 거쳐 광주에 머무르며 전주를 자주 왕래하였다.[64]

선교회 선교사회에서 1912년부터 서서평과 마요셉빈이 서로 만났다. 또한 1914년 9월부터 1917년 8월까지 군산 구암병원에서 사역한 서서평은 전주 여자성경학원을 왕래했다.[65] 당시 군산선교부에는 자체 성경학원 건물이 없었기 때문에 성경 공부는 대부분 전주에서 합동으로 진행되었다. 이러한 이유로 서서평은 전주선교부의 10일성경반과 1달성경반에서 성경을 가르치며 책임자인 마요셉빈을 만났다.

마요셉빈과 서서평은 3가지 면에서 서로 긴밀하게 논의하였다. 첫째, 1923년 이후 선교사회의 여성성경위원회의 전북과 전남의 대표로 각각

---

62 Josephine H. McCutchen, *Ibid.*, 682.

63 최순신, "김명숙 권사," 대한예수교장로회제주노회 편, 『제주교회 인물사 1』 (제주시: 평화출판사, 2013), 123-131.

64 임희모, 『서서평, 예수를 살다』 (서울: 도서출판 케노시스, 2018, 개정증보판 3쇄).

65 백춘성, 『천국에서 만납시다』 (서울: 대한간호협회출판부, 1996), 57.

활동하면서 선교회여자성경학교와 초급여자성경학교의 교육 관련 논의를 했다. 둘째, 서서평은 광주선교부의 여자성경반 책임자였고, 마요섭빈은 전주선교부 1달성경학원과 전주 소재의 선교회여자성경학교의 교장으로 각각 활동하였다. 셋째, 선교회 연차회의 전도부에서 각 선교부의 성경교육 강사를 확정하고 실시할 때 강사와 책임자로 서로 만났다.

1922년 2월 24일부터 3월 6일까지 마요섭빈이 광주선교부에서 여성 10일성경반 강의를 할 때 서서평은 광주선교부 여성성경반 책임자였기 때문에 둘이 만났다.[66] 그리고 마요섭빈은 1918년 이후 전주 소재 선교회 여자성경학교의 교장으로 활동하였는데, 연차회의록에 의하면 서서평은 1923년부터 광주선교부의 대표로서 전주의 선교회여자성경학교의 3개월 과정의 상반기 강의를 계속하여 맡았다. 실질적으로 선교회여자성경학교는 둘이서 논의하고 운영을 했다. 이러한 만남과 대화에서 1923년 전주 남문교회의 부인조력회를 마요섭빈이 조직하려 했을 때 서서평이 부인조력회의 조직과 규정에 대하여 조언하기도 했다.

1925년부터는 한예정성경학교와 이일성경학교의 교육을 위하여 자주 만났다. 그러나 서서평은 1925년에 가난한 여성들과 나이가 들어 정규 학교 입학이 어려운 여성들을 위한 초등학교 과정의 과학과(보통과)를 만들어 여성들 삶의 질을 높이면서 동시에 이일성경학교 교육의 질적 수준을 높였다. 반면 마요섭빈은 한예정성경학교의 2년제 본과 과정을 유지하면서 2년제 고등과를 만들어 교회의 여성 고급 지도력을 양성하고자 헌신하였다.[67]

---

66 *Minutes of the Annual Meeting* 1921, 39, 45.
67 이 두 사람의 사역이나 신앙의 특징을 비교하면 신앙적 관심과 실천 방식에 있어서 차이가 있다. 마요섭빈은 교회나 성경학교 범주에서 개인적 내면적 경건적 신앙을 강조한 반면 서서평은 교회 밖의 사회적 책임도 포용하는 통전적 신앙을 강조한다. 임희모, 『서서평, 예수를 살다』, 163-196.

V. 결론

마요셉빈 선교사는 1902년 한국에 미국 남감리교 선교사로 입국하였으나 1908년 남장로교 선교사인 마로덕을 만나 결혼하였다. 마요셉빈은 1909년부터 남장로교 선교사로서 호남의 전주에 터를 잡고 영구 출국 때까지 주로 여성들에게 선교하였다. 전주 북동부 지역에서 순회 전도를 하면서 사경회를 열고, 전주남문교회에서 부인조력회를 지도하며 복음을 전했다.

무엇보다도 마요셉빈은 여자 성경 교육에 헌신하였다. 1909년부터 여자성경학원, 1918년부터 선교회여자성경학교, 1925년부터 한예정성경학교, 1937년부터 특별여자성경학원 등에서 책임자나 교장으로 헌신하였다. 마요셉빈의 성경 교육적 영향은 전주를 넘어 남장로교 선교 지역의 모든 여성에게 확산되었다. 이들이 하나님의 말씀이며 진리인 성경을 깨닫고, 예수 그리스도의 가르침을 따라 살며, 성령의 능력으로 기도 생활에 힘쓰도록 열심히 가르치고 도왔다.

마요셉빈이 특히 15년간 열정적으로 교장으로 헌신한 한예정성경학교는 1940년 폐교의 아픔을 겪었으나 1947년 성경 교육을 재개하였다. 선교회의 선교 정책에 따라 한예정성경학교는 서서평이 창립한 광주의 이일성경학교와 합병하여 1961년 전주에서 발전적으로 한일여자성경학원(The Hanil Women's Bible Institute)으로 태어났다. 이 학원의 초대 교장은 1960년 한예정성경학교의 교장이던 고인애(Miss Cora Antrim Wayland) 선교사가[68] 맡아 1974년까지 학원을 운영하였다. 1956년부터 이일성경학교 교사였던 강택현 목사가 1961년 합병 당시 이일성경학교 학생 20여 명과 합류하

---

[68] Cora Antrim Wayland, "The Development of Institutions of Higher Education of the Korea Mission, Presbyterian Church, U. S.," (Athens: University of George [Dissertation], 1972), 107-137, 229-248, 357-378.

여 교수로 봉직하다가 고인애 교장의 뒤를 이어 1974년부터 1992년까지 학장으로 활동하였다. 1992년 김용복 박사가 학장으로 취임하였고, 1995년 종합대학교로 승격하여 오늘에 이르고 있다.

3 장
식민주의 시대 정치적 동일화 선교 비교 연구
: 슬레서(Mary Slessor, 1847~1915)와
서서평(E. J. Shepping, 1912~1934)

I. 서론

1912년 3월 19일 한국에 입국한 미국남장로교 독신 여성 선교사 셰핑(서서평, Elisabeth J. Shepping, 1880~1934, 재한기간: 1912~1934)이 1934년 6월 26일에 서거하자 그녀의 동료 선교사들이 그녀를 추모하는 글에서 그녀를 '한국의 메리 슬레서'(the Mary Slessor of Korea)로 칭하였다.[1] 슬레서(1848~1915, 재 나이지리아 기간: 1876~1915)는 대영제국의 식민지인 아프리카 나이지리아의 동남부 칼라바(Calabar), 오코용(Okoyong), 에눙크리크(Enyong Creek) 지역에서 활동한 독신 여성 선교사였다. 1923년 조선야소교서회가 『슬네서 메리젼』이라는 책을 출판하여 슬레서를 한국에 소개하였다.[2] 이 책의 저자

---

[1] Mrs. M. E. Knox and Mrs. E. E. Talmage, "Appreciation," *The Korea Mission Field* (Oct. 1934), 218. 본 글은 셰핑과 서서평을 혼용하여 기술한다. 대개 슬레서와 그녀를 나란히 비교할 때, 한국 입국 전 독일과 미국에서 살았던 그녀를 셰핑으로 표기한다. 한국 입국 후 스스로 한국인으로 자처한 시기의 그녀는 서서평으로 표기한다.

[2] *The Life of Mary Slessor*, trans. Miss Lula Miller and Mr. Kim Tai Chin, 『슬네서 메리젼』, 역술인 미국인 미라, 조선인 김태진 (경성: 조선야소교서회, 1923).

는 명기되지 않았지만, 책의 주인공인 슬레서는 스코틀랜드연합장로교회 (United Presbyterian Church of Scotland, 1900년부터 United Free Church of Scotland)의 선교사였다. 그런데 이 책을 감리교 여성 선교사 룰라 밀러(Lula A. Miller)와 한국인 김태진이 번역하였다. 이들은 아프리카 현지인으로 동화되어 여성의 지위 향상, 사회 계몽과 사회 악습 철폐 등을 추진한 슬레서를 한국에 소개하여 한국교회가 여성 계몽과 사회개혁에 헌신하도록 자극하였다.

슬레서가 1923년 한국에 소개되기 11년 전에 입국한 셔핑은 한국어와 한국 문화를 체득하고 간호사로 활동하였다. 1920년부터 광주의 동부 지역을 순회 전도하면서 한국 여성들의 열악한 삶을 체화했다. 이후 그녀는 한국 여성과 자신을 동일화하여 1923년부터 복음 전도, 위생 교육, 사회구제, 여성성경반, 이일성경학교 교장, 부인조력회 조직, 조선간호부회 창립과 활동, 여성 산업 활동 선교, 여성절제회, 공창 폐지 운동 등 다양한 사회 선교를 주도적으로 행하였다.

본 글은 이러한 슬레서와 셔핑을 정치적 동일화 선교라는 관점에서 비교 분석한다. 19세기 후반과 20세기 초 식민주의가 지배하던 시기 세계 차원의 선교대회들은 물론 한국주재 선교사들도 동일화(Identification)라는 주제를 강조하여 논의했다. 동일화란 선교사들이 동정적 마음으로 원주민의 생활 속으로 들어가는 것을 뜻한다.[3] 이러한 동일화는 선교사와 원주민이라는 두 존재가 상호 구별되는 가운데 선교사와 원주민 간의 이해와 친밀을 통해 복음을 전하려는 행동으로써 전략적 성격을 갖는다. 이러한 동일화는 효과적인 복음 전도를 위한 것이었다.[4] 봉크(Jonathan J. Bonk)

---

3 Max Warren, "The Meaning of Identification," Gerald Anderson ed., *The Theology of the Christian Mission* (London: SCM, 1961), 232.

4 엘리자베스 언더우드/변창욱, *Challenged Identities: North American Missionaries on Korea, 1884~1934*, 『언더우드 후손이 쓴 한국의 선교역사, 1884-1934』 (서울: 도서출판 케노시스, 2013), 128-129.

는 1860~1920년대에 열린 선교대회에서 논의된 아프리카와 중국 관련 동일화 선교를 언어적, 물질적·사회적, 정치적·경제적, 종교적·교육적 영역으로 나누어 분석하였다.[5] 슬레서와 셰핑은 이들 3영역의 동일화는 현상적으로 거의 같은 수준에서 행했다. 그러나 정치적 영역에서 이들은 다른 접근을 했다. 슬레서는 1892년부터 영국의 첫 번째 여성 행정관 (Magistrate)으로서 식민 당국과 원주민 사이에서 직접 중재자 역할을 했다. 셰핑은 일제강점기 당시 한국의 시민단체와 활동함으로써 정치적 영향력을 드러냈다.

이들의 정치적 동일화 선교를 연구하기 위하여 본 글은 영국과 일본의 식민 정책, 각 선교회의 선교 정책, 선교사의 개인적 배경과 사역을 서술하고, 이들의 정치적 동일화 선교를 분석하고 비교한다. 끝으로 오늘날 한국 교회의 타 문화권 선교 현장에서 적용할 수 있는 동일화 선교의 가능성과 한계 그리고 오늘날 이의 진전된 형태인 성육신적 선교를 간략히 논의한다.

II. 메리 슬레서의 정치적 동일화 선교

1. 19세기 후반과 20세기 초 아프리카 나이지리아 칼라바 지역 선교 상황

아프리카 나이지리아 남동부의 칼라바 지역에는 에픽인(Efik)이 거주하였다. 16세기부터 300년간 '살아 있는 도구'(living tools)로 여겨진 아프리카인들을 무역상품으로 수출하여 부를 축적한 에픽인들은 원로 중심의 전통사회를 허물고 권력을 장악하여 니제르 델타(Niger Delta)를 중심으로

---

5 Jonathan J. Bonk, *The Theory and Practice of Missionary Identification, 1860~1920* (Lewiston[NY]: The Edwin Mellen Press, 1989), 10-11, 261-265.

남부 나이지리아의 곳곳에 도시국가를 형성하였다.6 동남부 끝에 위치한 올드 칼라바(Old Calabar)도 그중 하나였다.7 1807년 영국이 노예 무역을 금지하자 칼라바 상인들은 크로스강(Cross River) 지역의 야자유, 고무, 상아, 적색 목재 등을 교역했다.8 이들은 포르투갈인, 화란인, 영국인 및 프랑스인과 접촉 교역하여 서구의 문명화를 맛보았다.

슬레서가 선교 비전을 품었던 시기의 아프리카 선교 상황을 이해할 필요가 있다. 당시 스코틀랜드 거리는 리빙스턴(David Livingstone, 1813~1873) 이야기로 떠들썩했다.9 아프리카에서 활동한 선교사 리빙스턴은 그녀에게 큰 영향을 미쳤다. 그녀가 성장한 던디(Dundee)와 리빙스턴의 고향 블랜타이어(Blantyre)는 134킬로미터(직선 102km)의 거리에 위치하여 지리적으로 가까웠다. 또한 리빙스턴은 한때 방직 공장에서 일한 가난한 노동자로 야간학교를 다녔고 28살에 선교 현장으로 떠났다. 그녀 역시 방직 공장 노동자로 야간학교를 다녔고 28살에 아프리카로 떠나는 등 같은 이력을 지녔다. 선교사로서 탐험가, 개척자였던 그는 3가지를 강조하였다. 첫째, 동아프리카 노예 무역의 잔인성을 알리는 것, 둘째, 아프리카인들의 물질적 번영과 영적 갱생을 위하여 기독교 선교에 헌신, 셋째, 세계 시장이 요구하는 원료 생산, 기술 진보와 기계 활용 등으로 노예 무역을 근절하고, 합법적 상업을 아프리카에서 자극하는 것이었다.10 그는 기독교(Christianity), 문명

---

6 Bill Freund, *The Making of Contemporary Africa: The Development of African Society since 1800* (London: The Macmillan Press Ltd, 1984), 54.

7 E. A. Ayandele, *The Missionary Impact on Modern Nigeria 1842~1914: A Political and Social Analysis* (Essex[UK]: Longman House, 1966), 3.

8 Ralph A. Austin, *African Economic History: Internal Development and External Dependency* (Portsmouth[NH]: Heinemann Educational Books Inc., 1987), 85-87.

9 Andrew F. Walls, "David Livingston 1813~1873: Awakening the Western World to Africa," Gerald A. Anderson et al. eds., *Mission Legacy: Biographical Studies of Leaders of the Modern Missionary Movement* (Maryknoll[NY]: Orbis Books, 1994), 140-147.

10 Dorothy O. Helly, *Livingstone's Legacy: Horace Waller and Victorian Myth making*

화(Civilization), 상업(Commerce)을 결합한 3C를 행하여 아프리카 이교도들을 기독교인화하려 하였다. 그의 아프리카 탐험과 개척 활동은 그가 의도한 것은 아니었지만 결국 유럽 제국주의와 식민주의를 아프리카로 안내하는 역할을 하였다.[11]

1870년대 증기선과 철도를 통해 내륙 깊숙이 진출한 영국과 프랑스의 무역업자들은 1880년대 초 서아프리카 분할을 시작하였다. 이러한 상황에서 독일은 베를린에서 서구 열강들의 회의를 열고 아프리카의 분할을 논의하였다. 이들은 회의 석상에서 종이에 선을 그어 아프리카를 분할했고, 실제로 1900년까지 아프리카의 거의 모든 땅을 점령하고 보호령으로 확정하였다.

18~19세기 유럽의 선교사들은 이러한 상황에서 계몽주의적 문명화 선교를 하였다.[12] 당시 아프리카인의 현실이 너무 가난하고 비참하게 보이자 이들은 기독교화, 즉 문명화를 시도하였다. 이를 위하여 이들은 먼저 원주민들을 그들의 전통적 삶의 근거지인 마을과 사회를 떠나게 하고 교육하려 하였다. 이를 위하여 선교사들은 문명화된 삶의 준거점으로 선교 마을을 만들었다. 선교사들은 원주민들이 이 마을을 보면서 자기들이 지금까지 믿고 의지한 신앙과 종교가 아무 의미가 없는 미신이었음을 깨닫고 이를 버리고 사회적 악습도 중단하고, 마침내 기독교 신앙을 수용하여 개종하고 세례를 받고 교회 생활할 것으로 여겼다.

이러한 선교 전략을 지닌 스코틀랜드 선교사들이 1846년 칼라바의 듀크

(Athens[OH]: Ohio University Press, 1987), 223.

11 이에 대한 반론이 일어났다. 리빙스턴은 아프리카를 탐험한 것이 아니라 아프리카인들을 발견하였다는 것이다. 이들은 노예로 길들여지는 존재가 아니라 약자를 위하여 지도력을 갖춘 승리자라는 것, 그의 노력으로 사후 1960년에 아프리카 노예 무역은 완전히 근절되어 그는 아프리카인들의 발전과 독립의 선구자 역할을 했다고 한다. James I. Macnair, *Livingstone the Liberator: A Study of a Dynamic Personality* (London: Collins Clear-Type Press, 1949), 361-364.

12 Harvey J. Sindima, *Drums of Redemption: An Introduction to African Christianity* (Westport[CT]: Greenwood Press, 1994), 106-108.

타운(Duke Town)에 도착하였다. 아프리카에서 잡혀간 노예들이 이주민 사회를 구성한 서인도제도의 자메이카에서 스코틀랜드연합장로교의 선교사로 활동한 와델(Hope Masterton Waddell) 목사와 일행이 높은 언덕의 듀크 타운에 교회, 학교, 진료소, 선교사 저택들과 숙소, 물류 창고 등 하얀 건축물들이 들어선 선교 마을을 조성하였다.[13] 슬레서가 1876년에 도착했을 때 이 마을에는 4명의 안수 받은 목사 선교사들과 아내들, 8명의 백인 교사들, 18명의 아프리카 활동가, 안수받은 아프리카 목사 1인, 서인도제도에서 이전에 노예로 살았던 아프리카 여인 1명이 활동했다. 여기에는 개종한 에픽 기독교인이 1851년 200명, 1875년 1,671명으로 증가했다.[14] 칼라바에는 23개의 복음 전도처(outstation)를 둔 5개의 선교부(station)가 있었다. 정치적으로 에픽인들은 영국인화되었고, 칼라바는 영국 식민지의 중심지가 되었다.

2. 선교 준비와 칼라바와 오코용 남부 지역의 선교 사역

메리 슬레서는 1848년 12월 애버딘에서 7남매 중 둘째로 태어났다. 알코올 중독자인 아버지를 따라 그의 가족과 메리는 1859년 방직 공장이 있는 던디로 이주하였다. 방직 공장의 직조공으로 일하는 어머니를 따라 메리도 11살 때부터 공장에 다녔다. 그러나 이들은 늘 가난하여 빈민가를 벗어나지 못하였다. 그러나 신실하여 해외선교에 열정을 지닌 어머니는 아들들에게 선교사가 되기를 바랐으나 이들은 죽었다. 이에 메리는 어머니의 꿈을 이루려 하였다. 메리는 방직 공장의 야간학교에 다니며 당시 저명인사들의 책을 수없이 읽었다. 특히 성경을 진지하게 읽고 하나님을

---

13 Elisabeth Robertson, *Mary Slessor: The Barefoot Missionary* (Edinburgh: NMS Enterprises Limited, 2008, revised and updated edition), 12-15.

14 E. A. Ayandele, *The Missionary Impact on Modern Nigeria, 1842~1914*, 26.

섬기고 헌신할 것을 다짐했다. 토요일에는 또래 소년들과 달리기 경주하고 나무타기를 했다. 위샤트(Wishart)교회에 소속하여 주일 학교 교사로 활동했고, 퀸 거리 선교회(Queen Street Mission)에 속하여 길거리에서 선교했다. 1873년 리빙스턴의 죽음을 계기로 그녀는 선교사가 되기로 결심하였다. 그녀는 마침내 1875년 칼라바 선교회에 선교사로 지원을 하였다. 영어 실력을 향상시키고 성경 지식을 늘리는 조건으로 면접 시험에 합격했고, 별도로 응접실 예절도 배웠다.[15] 에든버러 해외선교부에서 3개월의 선교사 업무 교육을 끝내고 교육선교사로 파송을 받았다. 그녀는 1876년 8월 5일에 출발하여 빅토리아풍의 여성 선교사의 모습으로 9월 11일 선교 본부가 있는 칼라바의 듀크 타운[16]에 도착했다.

슬레서는 듀크 타운에서 무엇보다 언어를 익히는 일에 집중하면서 현지 주민들의 신앙과 종교, 사회적 관계, 관습과 풍습을 익혔다. 그녀가 맡은 일은 학교와 주일 학교에서 어린 소년들을 가르치고, 진료소에서 일하고, 유럽인들과 원주민 무역업자들 사이에서 생긴 확대 가족들을 심방하는 일이었다. 원주민들은 일부다처제와 노예제를 유지하며 남녀 누구나 술에 찌들어 살았다. 쌍둥이 갓난아이 살해, 추장 사망 시 부인들과 노예들의 생매장 풍습 등 여성들을 억압하는 이들의 전통적 악습을 중단시켜 여성들의 사회적 지위를 향상하는 일을[17] 그녀의 선교적 과제로 삼았다. 이를 위하여 그녀는 먼저 영국식의 생활 방식을 깨뜨렸다. 그녀는 영국식

---

15 Elisabeth Robertson, *Mary Slessor*, 9-10.

16 1650년에 기초가 놓인 이 도시국가는 대서양 노예 무역의 중심지였다. 노예는 유럽의 상품과 교환되었다. 1725~1750년 17,000명, 1772~1775년 62,000명 등이 대서양을 통해 수출되었다. 이 도시국가의 왕이 영국의 1807년 노예무역금지법에 서명하였으나 1841년까지 스페인 상인을 통해 노예 무역이 행해졌다. https://en.wikipedia.org/wiki/Duke_Town.

17 Oluwakemi A. Adesina and Elijah Obina, "Invoking Gender: The Thoughts, Mission and Theology of Mary Slessor in Southern Nigeria," Afe Adogame and Andrew Lawrence (eds), *Africa in Scotland, Scotland in Africa* (Leiden: Brill, 2014), 210-220.

의 모자를 벗고 맨발로 정글을 다녔다. 차를 마시는 것 외의 모든 것은 원주민식의 삶을 살았다.[18] 칼라바에서 지낸 지 3년이 채 안 되어 기후와 풍토 및 독충들로 인해 발생한 열병에 걸렸고 향수병까지 겹쳤다. 이로 인하여 그녀는 1879년에 첫 안식년 휴가를 얻어 스코틀랜드에서 1년이 좀 넘은 기간을 보내고 다시 듀크 타운으로 돌아왔다. 1881년 슬레서는 듀크 타운에서 칼라바강 상류 2~3마일 거리에 있는 올드 타운(Old Town)으로 임지를 배정받았다. 그녀는 보다 자유롭게 복음을 전하고 교육하며 아픈 자들에게 약을 분배하였다. 정글을 돌아다니며 책임 맡은 전도처들을 돌며 그녀는 주일마다 설교하고 만나는 사람마다 구세주 예수를 전하였고, 쌍둥이로 태어났거나 버려진 갓난아이들이 살해되기 전에 이들을 구하느라 바빴다. 1882년부터 그녀는 강을 따라 탐험을 하기 시작했다. 낯선 마을들을 찾아가 주민들을 만나 그들의 애환을 들었다. 이들 가운데서 며칠씩 자기도 하고, 가져간 약으로 아픈 사람들을 치료하고, 가끔 설교도 했다. 원주민들은 그들의 말을 잘하고 열린 마음으로 그들을 대하는 그녀를 따뜻하게 맞이하였고, 추장들의 요구로 더 깊숙한 곳의 오지 마을로 들어갔다. 수 마일 떨어진 곳에서도 사람들이 존경의 마음을 가지고 '백인 어머니'(the white Ma)를 보기 위하여 찾아왔다. 그녀는 이들에게 약을 주고 함께 일하고 아침과 저녁에 예배를 드렸다.

　　1883년 또다시 말라리아 열병에 걸려 슬레서는 안식년 휴가를 얻어 스코틀랜드로 귀국하면서 갓난아이를 안고 갔다. 이란성 쌍둥이 중 먼저 태어난 아이는 살해되었고 여자아이는 죽임 직전에 살아남았다. 위샤트 기념 주일 학교에서 유아세례를 받은 여아는 그녀의 여동생 이름을 따라 제니(Janie)로 불렸다. 그녀가 방문한 교회마다 제니는 주의를 끌었다. 첫 양녀로 삼은 제니는 건강하여 슬레서가 죽을 때까지 30년 이상을 같이

---

18 Jeanette Hardage, "The Legacy of Mary Slessor," *IBMR*, Vol. 26 Nr. 4 (Oct. 2002), 179.

살았다. 언제나 그녀의 집에는 아프리카 갓난아이들과 어린아이들이 있었는데 그녀는 6명의 여자애와 2명의 남자애를 입양하여 키웠다. 그녀는 안식년을 연기하여 2년 반을 보내고 1886년에 현장으로 돌아왔다.

이번에 슬레서는 크리크타운(Creek Town)으로 배치되었다. 그녀는 연봉을 아껴 어머니와 두 자매에게 송금했는데 이들은 1886년에 죽었다. 그녀는 이제 슬픔을 털고 거리낌 없이 오코용의 내륙으로 들어가려 했다. 이 지역은 남자 선교사들이 몇 차례 들어가려 했으나 좌절되었다. 술에 찌들어 총을 들고 위협하고 식인 풍습, 독약을 묻힌 열매를 먹여 시험하기, 해골 앞에서 맹세하기, 추장 등이 죽으면 부인과 노예를 생매장하는 장례문화가 성행했다. 그러나 크리크타운의 왕 에요 7세(King Eyo VII)는 선교회에서 교육을 받은 기독교인으로 술을 자제했고, 부인을 1명만 둔 문명화된 인물이었다. 슬레서의 내륙 진출을 극구 말린 칼라바 선교위원회가 마침내 1888년 6월 내륙 진출을 허락하였다. 그녀는 오코용의 에켄지(Ekenge)에서 추장 에뎀(Edem)과 그의 여동생 마 에메(Ma Eme)에게서 땅을 얻어 집을 짓고 이를 선교센터로 삼았다. 15년 동안 그녀는 악습으로 희생될 갓난아이와 여성과 노예들을 구출하였다.

3. 정치적 동일화 선교: 오코용 북부, 아로추쿠 및 오눙 계곡 선교

1886년 영국은 듀크 타운에 '오일강 보호령'(Oil Rivers Protectorate)의 영사관을 설치하였고, 1893년 '니제르 연해안 보호령'(Niger Coast Protectorate)으로 개명하였다. 이는 1900년 영국 왕으로부터 특권적 지위를 부여받아 무역한 '왕립 니제르 회사'(Royal Niger Company)와 합병되어 1900~1914년까지 '남부나이지리아보호령'(Southern Nigeria Protectorate, 수도: Lagos)으로 존재했다. 이 남부보호령과 '북부나이지리아보호령'(Northern Nigeria

Protectorate)이 병합되어 1914년 영국 식민지 나이지리아로 명명되었다. 나이지리아의 초대 총독 루가드(Frederick J. D. Lugard)는 슬레서가 죽기 2년 전 1913년에 그녀의 활동에 깊은 인상을 받고 요로를 통해 영국 왕에게 훈장(Honorary Associate of the Order of the Hospital of St. John of Jerusalem in England)을 그녀에게 하사하도록 추천했다. 그녀는 1892년부터 영국 식민 당국의 부영사(Vice-Consul)로, 1905년부터 부회장(Vice-President)으로 원주민들에게 행정과 재판했다.

슬레서가 1891년 안식년으로 떠나 있는 동안 칼라바 지역에 정치적 변동이 일어났다. '오일강 보호령' 시기에는 느슨하게 행정이 진행되었는데 영국은 이를 '니제르 연해안 보호령'으로 개명하고, 지역 행정권을 양도받고, 맥도널드(Claude Macdonald) 소령을 새 총영사로 임명하였다. 높은 언덕의 듀크 타운에 최신 기관총으로 무장한 300명의 군인을 주둔시키고 도로와 하수도를 정비했다. 병원과 우체국을 설치하고 증기선들을 배치하여 칼라바 강과 크리크 강을 순찰하고, 분쟁이 일어난 오코용 지역을 제외한 각 지역에 부영사를 임명하였다.

슬레서가 안식년에서 돌아오자 총영사는 오코용 지역 부족들을 성공적으로 길들인 그녀를 방문하고 이 분쟁을 해결하려 하였다. 그녀는 오코용의 부족이 영국의 법제를 아직 받아들일 준비가 되어 있지 않다는 것, 자기가 이 분쟁을 중재할 수 있는 이유는 그녀가 이 부족과 친밀하기 때문이라고 단순하게 말했다.[19] 이 말을 하면서 그녀는 이것이 무슨 뜻을 의미하는지 전혀 깨닫지 못하였다. 이에 총영사가 그녀에게 부영사직을 제안하자 그녀는 깜짝 놀랐다. 그러나 그녀는 결국 이를 수락하고 총독부의 관리(명예직으로 간주하여 연봉 1파운드)가 되었다. 그녀는 정부 관료와 선교사라는 두 직책을 맡는 것이 이교도들을 개종시켜 하나님을 믿게 하는 데

---

19 Elisabeth Robertson, *Mary Slessor*, 66.

도움이 된다고 생각했다. 특히 원주민사회에 만연한 사회적 악습을 타파하는 일과 밀림에 도로망을 구축하는 일에 영국의 공권력의 도움이 필요하다고 생각했다. 이러한 이유로 그녀는 대영제국의 통치 참여와 선교사의 문명화 사역은 마찰을 빚는다고 생각하지 않았다.[20] 영국의 관리가 되어 오코용의 에켄지 선교 현장으로 슬레서가 돌아오자 원주민들은 그녀를 따뜻하게 맞이했다. 이들은 그녀로 인해 영국에 대한 공포를 더 이상 느낄 필요가 없다고 생각하면서 그녀의 부영사직 활동을 기대하였다.

오코용에서 행한 슬레서의 재판을 처음으로 눈여겨본 맥스웰(T. D. Maxwell, 경찰 업무 담당 관료, 후에 지역 최고법원장)은 흥미로운 참관기를 썼다. 그녀는 영국식이 아니라 자유롭게 절차를 만들고 재판을 주재하였다. 그는 나이지리아에서 여러 재판을 둘러보았지만, 그녀가 주재하는 재판이 '정의의 뜰'(Court of Justice)이라는 용어에 가장 어울리는 재판이었고, 그가 따를 좋은 선례라고 평했다. 판결은 다음과 같다.

"A가 B에게 소액의 부채를 받으려고 소송을 냈다. B는 돈을 빚졌다고 인정했고, 재판관(슬레서)은 이에 따라 그에게 부채를 갚을 것을 명령했다. 그리고 그녀는 다음과 같이 덧붙였다: A는 불량배다. 그는 그의 어머니를 수치스럽게 대했고, 그의 아이들에게 소홀했고, 일전에 그는 그의 여러 부인 중 한 명을 필요 이상으로 아주 지독하게 때렸다. 그래, 그 여인은 B의 여동생이었다. 그의 농장은 불명예스럽다. 그는 깨끗하게 씻지를 않는다. 그런데 한 달 전에 교섭하여 그는 C의 염소를 가졌다. 아, 물론 A가 훔치지 않았으니까 죄를 지은 것은 아니다. 죄는 아니지, 그렇지? 언

---

20 J. H. Proctor, "Serving God and the Empire: Mary Slessor in South-Eastern Nigeria, 1876-1915," *Journal of Religion in Africa*, XXX, 1 (Leiden: Brill NV, 2000), 46.

제나 그렇듯이 이러한 사건은 만족스럽도록 해결되지 않는다. 이때 마침 이 사람(A)은 별나게 번드르르한 옷을 입고 나타났다. 그에 비해 B는 검소하여 존경을 받고 있었다. 그래서 모든 사람들이 출석한 자리에서 B는 A에게 큰 소리가 나도록 매질을 한 후에 빚진 돈을 갚아야 할 것이다."[21]

이 판결에 의하면 슬레서는 공동체를 건전하게 만드는 재판을 했다. 영국의 재판관으로서 그녀는 법리를 따져 채무자가 채권자에게 부채를 갚도록 판결을 내렸다. 그러나 그녀는 채권자의 불성실과 폭력을 지적하고 존경을 받는 채무자가 불성실한 채권자를 응징하도록 하여 건강한 공동체가 되도록 정의로운 판결을 했다.

오코용 지역에서도 원주민 부족 간 내분과 갈등이 자주 일어났다. 슬레서가 부영사 직책을 수행한 7년간의 보고에 의하면 "기습공격, 약탈, 노예 도둑질은 거의 사라졌다. 어느 지역에서 어느 누가 오더라도 당장 무역하고 오락을 즐길 수 있고, 원하는 곳에서 머무를 수 있다. 그의 가족이나 재산도 칼라바 주민처럼 안전하게 지킬 수 있게 되었다. 가장 취약한 지역에 사는 사람들도 한 번도 폭행을 당한 적이 없다는 것."[22] 또한 여러 사회적 악습도 중지되었고, 쌍둥이 살해 풍습 중단은 희망 속에서 변화가 일고 있다는 것이었다.

아로추쿠(Arochuku)는 아로인들(Aros)의 생활 중심지로서 공포의 신탁(Long Juju)과 심판을 내리는 최고신(Chuku)의 성스러운 신당이 있었다. 이들은 이웃 종족을 습격하여 식인 풍습을 행하고 노예로 잡아서 원거리 무역을 했는데, 특히 델타 지역에 있는 보니(Bonny, Ubani) 항구에서 거래

---

21 Elisabeth Robertson, Mary Slessor, 68.

22 W. P. Livingstone, *Mary Slessor of Calabar: Pioneer Missionary* (New York: George H. Doran Company, N. D.: Original, 1915), 159.

하였다. 이들의 신탁 신당은 1900~1901년 영국군의 정복으로 완전히 파괴되었다.[23] 이 지역에 대한 군대 원정은 일찍이 1898년 장로교선교회가 논의했고, 1900년 영국군이 3방향으로 분산하여 아로추쿠를 공격하여 신당을 파괴하고 신탁 악습을 근절하였다. 여기에 선교회의 증기선들도 동원되었고, 의사 레트레이(Dr. Peter Rattray)는 군종 겸 의료 선교사로 참전했다. 1902년 아담스 선교사(Dr. T. B. Adams)는 공식적으로 이곳에서 설교를 시작했고,[24] '오코용의 백인 여왕'으로 이름난 슬레서도 문명화 선교하였다. 그녀는 아로인 추장들이 고등판무관의 요구사항을 행할 수 있도록 조언을 하였고, 그에게 우호적인 태도가 되게끔 도왔다. 아로인들은 이 지역에서 안전하게 정착하여 살 수 있었다.[25]

슬레서는 크로스강의 서안과 에뇽 크리크(Enyong Creek)가 만나는 이투(Itu)로 1904년에 옮겼다. 이 지역은 이비비오인(Ibibio)들이 거주하는데 그녀는 여기에 본부를 두고 사역을 하였다. 그녀는 이투에서 25마일 떨어진 이콧 오봉(Ikot Obong) 지역재판소의 부회장(Vice President)으로 사역했다. 그녀는 이곳의 지역 판무관직을 맡은 파트리즈(Charles Partridge)와 친구로서 오랫동안 지냈는데 여러 가지를 논의하는 서신을 교환하였다. 이 서신들에는 그녀의 사역은 물론 여러 사람과의 관계를 드러내는 단서도 들어있다. 오봉(Obong, 우두머리)을 중심으로 사회를 구성하고 정치를 하는 이비비오인들에게 그녀는 교육과 의료 사역을 통해 문명화 선교를 하였다. 특히 의료 사역으로 의약품을 배포하고 질병을 치료하여 미신적 신앙에서 벗어나게 하였다. 또한 전통적인 사회적 악습을 폐지하고 사회변혁을 이루었다.

---

23 1896년부터 영국의 '니제르 해안 보호령'(Niger Coast Protectorate)은 나이지리아의 남부에서 시작하여 중부와 북부의 이그보랜드(Igboland)와 동북부의 아로(Aro)를 정복하였다. Elizabeth Isichei, *A History of the Igbo People* (London: The MacMillan Press, 1976), 126-130.

24 E. A. Ayandele, *The Missionary Impact on Modern Nigeria 1842-1914,* 113-114.

25 J. H. Proctor, "Serving God and the Empire," 51.

슬레서의 정치적 동일화 선교는 이중적 활동을 통해 이루어졌다. 첫째, 그녀는 기독교 문명화 사역으로 선교를 시작하였다. 문명화 선교는 성경과 영어 교육, 약 분배를 통한 질병 치료와 간호, 생명을 빼앗는 악습 폐지, 영아와 쌍둥이 아이 구하기, 추장 장례에서 행하는 여자와 노예의 생매장 풍습으로부터 생명 구하기, 독약 마시기 시험과 흑마술 등의 미신으로부터 생명 구하기 등이었다. 둘째, 그녀의 문명화 선교 현장의 사회적 악습은 하루 이틀에 뿌리가 뽑힐 것은 아니었다. 또한 밀림의 생활 조건은 무척 낙후한 상태에 있었다. 이에 그녀는 식민 당국의 힘이 필요함을 깨달았다. 1892년부터 그녀는 식민 정부의 부영사와 부회장직을 맡아 행정과 재판을 통하여 식민 정부와 원주민 사이의 중개자 역할을 하였다. 원주민 문화와 삶에 익숙한 슬레서는 영국의 법과 제도 시행을 원주민들의 입장에서 적용하였다. 셋째, 그녀는 식민 관료로서 문명화 선교와 선교회 선교사로서 복음 전도, 이 양자를 결합한 선교를 추구하였다. 그러나 복음 전도 사역의 열매는 크지 않았다. 성인 6명과 어린이 11명에게 세례를 베풀었다. 이들은 그녀의 가족들이었다. 교회는 1개를 세웠다. 넷째, 그녀의 문명화 선교는 결국 여성의 지위 향상을 위한 선교가 되었고, 후임 선교사들의 복음 전도를 위한 기초를 놓는 사역이 되었다.

III. 엘리자베스 셰핑의 동일화 선교
: 일제강점기 시기 한국 선교

1. 일제의 한국 식민정책과 미국 선교사들의 선교 정책

1868년 일본은 명치유신을 시작함과 동시에 제국주의적 정한론(征韓論)을 논의하였고[26] 1876년 한일 불평등조약을 맺었다. 일본제국주의(일제)는

한국에 대한 정복 야욕을 구체적으로 드러내며 내정간섭을 자행했고 1895
년 청일전쟁과 1905년 러일전쟁에서 승리하고 미국의 지원으로 1905년
을사늑약을 체결하고 1910년 한국정복을 완성하였다. 일제는 부패하고 무
능력한 조선왕조를 교체했다고 자기 옹호적 주장을 하면서 한편으로 한국
의 발전과 번영을 내세우며, 다른 한편 한국 민중을 억압하고 착취하였다.
이러한 상황에서 1884년 미국북장로교 선교사와 1892년 미국남장로교 선
교사들이 각각 한국에 입국하여 선교를 시작했고, 셰핑은 1912년 일제강
점기로 전락한 한국에 간호 선교사로 입국하였다.

일제의 미국 선교사들에 대한 정책은 아시아와 세계 상황의 변화에 따
라 달라졌다.[27] 1894~1905년은 청일전쟁과 러일전쟁 및 을사늑약 체결의
시기로 미국과 일본이 우호 협력 관계를 맺었다. 일제는 외교를 통해 선교
사들을 견제하는 정책을 취했다. 1906~1910년 정미7조약과 한일병합이 일
어난 시기의 미일 관계는 우호적 협력 시기로 일제통감부는 선교사들을
회유하고 이용하였다. 1911~1919년은 제1차 세계대전과 기미독립운동의
시기로 제국주의자들은 동아시아 이권을 놓고 각축하는 상황에서 총독부
는 선교사의 활동을 억압하고 제한하였다. 일제의 만주 침략과 1935년 평
양 신사참배 강요 시기인 1920~1935년은 미국과 일제가 서로 대립하고
갈등하였다. 이 시기 일제의 선교사 정책은 회유와 분열을 책동하였다.

한국인을 억압하고 수탈하는 일제 식민 상황에서 미국장로교선교회들
은 한국교회에 정교분리 정책을 강조하였다. 영적 구원과 영적 교회 설립
을 강조하고 교회를 보호한다는 미명으로 선교사들은 비정치적 정교분리
를 입장을 표방하고 한국교회에 이를 강요하였다. 한편 일제 통감부는

---

26 나카츠카 아키라(中塚明)/김승일, 『근대 한국과 일본』 (서울: 범우사, 1995), 33-35.
27 김승태, "한말·일제 침략기 일제와 선교사의 관계연구 1894~1910," 『한말·일제강점기
　　선교사 연구』 (서울: 한국기독교역사연구소, 2006), 38-76.

1908년에 교육칙령을 통해 사립학교의 설치, 운영, 회계, 교과용 도서 검정 등을 규정하였다.[28] 이를 기본으로 일제는 필요에 따라 규정을 보강하면서 사립학교 교육과 민족 교육을 억제하고, 교과용 도서 검정을 통해 특히 성경 교육을 문제 삼아 선교사와 교회를 통제하였다.

조선총독부는 조선(한국)에서 산업 정책을 시행하여 가난한 한국인의 경제적 사회적 삶을 개선하려 한다고 주장했다.[29] 예를 들면 1918년 당시 우체국저축은행의 한국 전체 총액은 1천만 엔인데, 이의 4/5가 일본인 거주자 30만 명의 것이고 1/5의 금액은 전체 한국인 1,400만 명의 것으로써 이는 극도로 가난한 한국인들의 경제적 현실을 보여 준다는 것이었다. 가난의 이유를 낡고 부패한 조선왕조의 잘못된 통치와 무능으로 규정하고 이를 극복하기 위하여 총독부가 여러 산업 정책을 실시한다고 주장했다. 그러나 일제는 이미 1904년부터 한국을 침탈했고 1910년부터 수탈적 토지조사사업을 실시하여 한국 인구의 대다수를 차지하는 농민들을 소작농으로 전락시켜 한국인들을 심한 가난 상황으로 내몰았다.[30] 반면 선교사들은 가난한 한국인들과 여성들을 위하여 학교를 세우고 교육하였다. 특히 이들은 학교 내에 자조부(self-support department)를 두고, 학생들이 산업 활동을 통해 학비를 벌게 하고 졸업 후 자립할 수 있도록 산업과 직업 교육했다.[31]

---

28 T. H. Yun, "Translation of the Private School Law Known as Edict No. 62." *KMF* (Jan. 1909): 2-7.

29 Isoh Yamagata, "Industrial Policy of the Government-General of Chosen," *KMF* (Jan. 1918): 13-15.

30 강만길, 『일제시대 貧民生活史 연구』 (서울: 창작과비평사, 1987).

31 임희모, "미국남장로교 한국선교회의 산업 활동 선교 연구(1907~1937)," 『한국교회 역사복원 논총』 Vol. 2 (2021), 11-54.

2. 엘리자베스 셰핑의 생애와 선교 활동

슬레서보다 32년 후 1880년 9월 26일 독일 비스바덴에서 허드렛일을 하던 처녀(Anna M. Schepping)를 어머니로 하여 태어난 요한나 셰핑(Johanna Elisabeth Schepping)은 가난한 가톨릭교도인 외할머니의 보호를 받으며 발머로트(Wallmerod)라는 척박한 산골 마을에서 성장하였다. 미국으로 1883년 이민을 떠난 어머니를 찾아 주소를 들고 대서양을 건너 미국에 입국한 11살의 소녀는 1891년 엘리자베스 셰핑(Elisabeth Johanna Shepping)으로 정체성이 바뀌었다. 그녀는 이민자의 도시 뉴욕에서 제화공 의붓아버지 슈나이더(Joseph Schneider)의 집에서 기거하며 영어를 배우고 미국 대도시의 이민자 문화에 적응했고, 21살 무렵 간호사가 되어 개신교로 개종하였다. 홀로서기 간호사로 생업을 유지한 셰핑은 예수 그리스도를 만난 이후 성경교사훈련학교(Bible Teachers Training School)에 입학하여 성경과 선교(국내 복음 전도, 해외선교)를 공부하였다(1904~1911). 동시에 뉴욕 거리에서 빈민으로 떠도는 이탈리아 이민자들에게 사회봉사 선교를 하였다.[32] 그리고 한국 선교사로 1912년 3월 19일 목포를 통해 한국에 입국하였다. 셰핑의 어린이-사춘기-청년 시절의 문화 충격의 삶을 극복한 성장의 내력이 한국에서 활동한 선교사 서서평의 사역 속에 고스란히 녹아들었다. 한국 입국부터 1934년 6월 26일 임종까지 22년 3개월의 순교자적 생애를 산 서서평 선교사의 업적을 이례적으로 '남장로교 한국선교회'의 이름으로 다음과 같이 공식적 기록을 남겼다.[33]

---

32 임희모, 『서서평 선교사의 통전적 영혼구원 선교』 (서울: 동연, 2020), 23-63.
33 Southern Presbyterian Mission, "In Memory of Elisabeth Johanna Shepping," *Minutes of the Forty-Fourth Annual Meeting of the Southern Presbyterian Mission in Korea 1935*, 55.

서서평 선교사는 일관성 있는 열정과 개척자 정신을 가지고 3곳의 병원에서 유능한 간호사로, 넓은 들과 산악 지역 곳곳을 돌아다닌 순회 전도자로, 부인조력회의 조직자와 디렉터로, 이일성경학교의 창립자와 가르치는 교장으로, 구제받지 못한 자들, 약한 자들, 병든 자들, 억압받는 자들, 특권을 빼앗긴 자들과 작은 어린이들의 친구가 되어 주님을 섬겼습니다. 서서평 선교사는 이렇게 주님을 섬기듯이 복음 전도, 의료 사역, 교육 사역과 사회 선교라는 4가지의 큰 선교 영역에서 한국인들을 섬겼습니다. 서서평 선교사의 불굴의 정신은 그녀가 앓던 육신의 고통으로부터 풀려났지만 그녀의 사역은 지속되고 있습니다. 그녀는 넓고 견고한 토대를 놓았고, 자신의 발자취를 따를 지도자들을 훈련했으며, 다시 오실 때까지 주님을 위하여 멈추지 않고 작용할 영적인 에너지를 일깨워 놓았기 때문입니다. 바울처럼 서서평 선교사도 "나는, 모든 사람에게 모든 모양의 인물이 되었습니다. 그것은, 내가 어떻게 해서든지, 그들 가운데서 몇 사람이라도 구원하려는 것입니다"(고전 9:22)라고 말했을 것입니다.

서서평 선교사는 바울 사도의 복음 전도 열정을 가지고, 한국의 가난하고 억압받는 사람들과 여성들과 함께 하나님 나라를 이루기 위하여 십자가에서 죽고 부활한 예수 그리스도를 따라 성육신적, 순교자적 섬김의 제자도 선교하였다.[34]

3. 정치적 동일화 선교

동일화란 앞서 논의한 대로 선교사가 현지인과 친밀한 관계를 통하여

---

34 임희모, "하나님 나라를 세우는 한국교회의 성육신적 제자도 선교," 「선교신학」 Vol. 63 (2021): 221-262.

복음을 전하려는 활동이다. 이러한 의미에서 선교사 서서평은 한국인들의 언어와 문화를 익히고, 1920년대 초부터 가난한 여성들과 경제적인 삶을 나누고, 사회적으로 변혁을 꾀하였다. 영혼 구원과 영적 교회 설립을 강조한 남장로교의 선교 정책은 한국 선교 현장에서 변용되었다. 서서평은 1924년 이후 한국선교회를 대표하여 혹은 개인적으로 사회 선교를 함으로써 그녀는 복음 전도와 사회 선교를 병행하는 진정한 통전 선교를 하였다. 남장로교 선교사로서 그리고 식민지 피지배인인 한국인과 동일화를 이루어야 하는 이중적 성격을 지닌 서서평은 정치적 차원에서 한국인을 억압하는 조선총독부와 어떤 관계였을까? 미국 선교사인 그녀는 우선 한국선교회의 정교분리 정책을 따라야 했다. 또한 고통받는 한국인들과 동일화를 이루어야 하는 선교사 서서평은 일제 치하에서 억압받는 한국인을 위하여 앞장서 해방의 기치를 높이 들어야만 하는가? 여기에서 서서평은 일제에 저항보다는 가난과 억압과 차별 속에서 사는 한국 여성들과 삶을 나누고 그들을 섬겼다. 서서평은 그녀에게 주어진 선교 과제들을 행하였다. 이러한 관점에서 그녀의 정치적 동일화 선교를 이해할 수 있다. 여기에서 4가지 사례를 논의한다.

첫째, 일제 총독부의 교육정책과 관련된다. 서서평이 조선간호부회 회장으로서 캐나다 몬트리올에서 개최된 국제간호협회(ICN) 가입 추진과 관련하여 처음이자 마지막 안식년(1929. 9.~1930. 8.)을 보내는 동안 일제는 이일학교를 폐쇄하였다. 이에 서서평은 과거 이일학교의 교육 내력을 가지고 학교 재개를 위하여 총독부를 방문했다. 총독부는 그녀에게 15~40세 사이의 여성을 모집하여 4년제 교육하는 정규사립학교 설립을 허락하였고, 그녀는 동년 10월 7일에 공식적으로 다시 학교의 문을 열었다. 학기 말에 성경과 학생은 18명이었고, 보통과는 22명이었다. 보통과는 정부의 지도를 받지만 종교 교육을 하는 성경과는 감독을 받지 않았다. 1931년 3월 16일 성경과

2명은 사립광주이일학교를 제5회로 그리고 보통과 학생 5명은 정규 학교로 인가되어 설립된 사립광주이일학교의 제1회 졸업생이 되었다.[35]

1932년 총독부 관료들이 학생들에게 실질적인 실과 과목을 교육한 이일학교를 택하여 시찰차 방문했다. 지난여름에는 사립학교 교장들도 이 학교를 방문한 적이 있었다. 관료들은 시찰 후에 평하기를[36] 이일학교가 나이 든 소녀들과 결혼한 여성들을 받아 교육했듯이 소년들을 위한 이러한 학교도 있으면 좋겠다는 것, 이는 학교에서 학생들이 공부뿐만 아니라 손으로 일하는 것을 익히는 실과 교육을 하기 때문이라는 것이었다. 사실 이일학교는 직조 · 누에부(The weaving and silk worm department)를 설치하여 뽕나무를 길러 실을 뽑아 비단 제품을 만들어 미국으로 수출하였고, 1932년에도 수익을 올렸다. 서서평은 비단 산업 등 실질적인 실과 교육하였고, 효율적인 입시 정책을 실시하는 등 모범적으로 교육행정을 이끌었다.

둘째, 일제에 저항하는 3 · 1 운동과 민족운동에 대한 서서평의 태도는 다양하다. 그녀는 이 운동에 적극적으로 참여하기보다는 필요에 따라 관련자들에게 도움을 주었다. 우선 광주 지역에서 주도적으로 일제에 저항해왔던 최흥종을 도왔다. 그는 3 · 1 운동을 이끄는 서울 지도자들의 모임에 합류하기 위하여 상경했다가 남대문 부근에서 경찰에 붙잡혔고 서대문 형무소에서 옥고를 치렀다. 평소 그와 오누이로 지낸 서서평이 그를 방문하고 읽을 책으로 영문 성경과 서적들을 차입해 주었다.[37] 그러나 세간에 알려진 것과 다르게 세브란스 간호부 양성소 근무 시절 그녀의 3 · 1 운동

---

35 Miss Elisabeth J. Shepping, R. N. Principal of Neel Bible School, *Letter, Kwangju, Korea, Asia* 1(Dated June 3, 1931); 백춘성, 『천국에서 만납시다』 (서울: 대한간호협회 출판부, 1896), 앞부분에 실린 졸업사진들.

36 Elisabeth J. Shepping, *Annual Report of Elisabeth J. Shepping - 1932[~1933]* (Received at Nashville, Tennessee, September 15).

37 백춘성, "최흥종 목사와 서서평," 사단법인 오방기념사업회, 『화광동진의 삶: 오방 최흥종 선생 기념문집』 (광주: 광주YMCA, 2000), 182-183.

관련 활동은 눈에 띄지 않는다.[38] 한편 서서평은 1929년 광주 수피아여학교를 졸업한 재원으로 정의감과 민족의식이 투철한 조아라 선생을 이일학교 교사(1929~1931)로 채용하였다. 조아라는 1929년 민족운동을 위한 비밀결사 백청단을 조직하여 회원 간 은지환을 낌으로써 동지를 확인할 수 있게 했다. 후에 이 운동의 주모자로 밝혀져 경찰에 붙잡힌 조아라는 1개월의 옥고를 치르고 강제 사직 되었다.[39] 서서평은 가난하고 억압받는 여성들을 위한 선교를 했지만, 반일민족운동을 적극적으로 주도하지는 않았다.

셋째, 서서평은 조선간호부회의 1923년 창립부터 1933년 5월까지 회장으로 활동하였다. 이 기간에 조선간호부회는 한국 간호부의 질적 수준을 국제 수준으로 올리기 위하여 국제간호협회(ICN) 가입을 위하여 노력하였다. 조선간호부회는 1924년부터 논의를 시작하고 준비하여 1929년에 이 협회 가입을 청원하였다. 이를 인지한 일본간호협회도 국제간호협회 가입을 청원하였다. 이에 국제간호협회는 일국일회(一國一會) 회원 규정으로 인하여 조선이 일본의 식민지라는 인식하에 조선간호부회의 독자적

---

38 3가지 근거가 있다. 첫째, 서서평은 3·1 독립운동이 발발한 전후 기간인 2월 6일부터 4월 10일까지 10주간의 주일 학교 교사 교육에 지도 강사로 활동했다. 여기에는 200명이 참가하여 주 1회 저녁 7시 30분부터 8시 45분까지 교육을 받았다. 서서평은 중등반을 맡았고 보조자 3명이 그녀를 도왔다. H. T. Owens, "A Successful Sunday School Teacher Training Institute in Seoul," *The Korea Mission Field* (April 1919), 87. 둘째, 3·1 운동에 참여한 세브란스 간호부 양성소 학생들의 뒤처리를 서서평이 맡지 않았다. 1919~1920년 간호부양성소의 등록 학생은 1~3년 총 30명이었다. 거의 모든 학생이 3·1 운동에 참여하였고, 이 중 9명이 체포되어 감옥을 살았다. 구속된 학생들과 일시 구류된 학생들은 에스텝(K. M. Esteb) 선교사가 책임을 맡았다. 셋째, 서서평은 간호부양성소의 근무 2년 임기가 만료되어 동년 10월 광주선교 현장으로 복귀하였다. Severance Hospital and Medical College, *Annual Report of Severance Union Medical College, April 1, 1919~March 31, 1920* (Dated July 21, 1920), 4. 서서평이 3·1 운동 참여 때문에 광주로 내려왔다는 양창삼의 주장은 합리성이 없다. 양창삼, 『조선을 섬김 행복』(서울: Serving the People, 2012), 125-126.
39 박창훈, "광주의 현대화와 기독교: 소심당(素心堂) 조아라(曺亞羅)를 중심으로," 「한국교회사학회지」 제53집(2019): 138-139(123-160).

가입은 허락하지 않았다. 그동안 조선간호부회의 간호교육과 업적을 인정하면서도 국제간호협회는 "조선과 일본의 청원을 다 1933년 파리에 열닐[열릴] 차기 대회로 유안(留案)식히는[시키는] 동시에 조선과 일본의 양 간호부단체가 각자의 독립성을 보유하는 일(一) 연합회를 조직하야[조직하여] 국제간호부회[국제간호협회]에 참가하라는 권고안을 통과시켰다."[40] 이러한 권고에 따라 조선간호부회는 독자적인 운영과 사업을 하려는 강한 의지로 1932년 장시간의 논의를 하였다. 그러나 식민지 조선의 한계를 절실히 느끼면서 조선간호부회를 조선간호부협회로 개칭하고, 1933년 일본간호부협회와 함께 일본제국간호부협회에 가입하였다. 이 간호부협회는 동년 국제간호협회에 가입하였다.[41]

넷째, 서서평은 일제가 식민 체제 유지를 위하여 실시한 공창제도의 폐지 운동을 벌였다. 그녀는 조선간호부회 회장으로서 1924년 제2회 조선간호부회 총회에서 세브란스병원의 피부비뇨기과 의사인 오긍선을 초청하여 공창 폐지 강연을 듣고 모든 회원이 공창폐지기성회에 가입하는 결의를 했다.[42] 오긍선은 3가지 이유로 공창제 폐지를 주장했다.[43] 도덕상 비도덕적인 정조 매매와 방탕을 가르치고, 인도상 인신매매와 윤락녀의 노예화를 일으키고, 위생상 매독, 임질 등 화류병과 여러 병을 일으킨다는 것이다. 한편 서서평은 1924년부터 한국선교회의 사회선교사로 긴급 상황에 있는 소녀들을 구출하기 위하여 타 교단과 연합하여 서울에 갱생원(쉼터)을 만들었다. 그녀는 성매매 여성, 노예로 팔리는 여성 등을 구출하여

---

40 수일사(秀日斯, Esther L. Shields), "13장. 조선간호사(朝鮮看護史)," 라비니아 도크, 이사벨 스튜어트(Lavina L. Dock and Stewart Isabel M.)/조정환, 『간호사』(A Short History of Nursing) (서울: 조선간호부회, 1933; 민속원, 1984), 299-300.

41 대한간호협회, 『대한간호협회 70년사(1923-1992)』(서울: 대한간호협회, 1997), 43.

42 "주3 조선간호부회보," 백춘성, 『천국에서 만납시다』, 232.

43 해관 오긍선 선생 기념사업회, 『한국 근대의학의 선구자 해관 오긍선』(서울: 역사공간, 2020), 125-131.

갱생원으로 보냈다. 몇 명은 성공회로 갔고, 나머지 여성들은 이일학교에 등록하거나 결혼을 하였다.[44]

　서서평의 정치적 동일화 선교는 일제하 교육정책, 3·1 민족운동, 국제 간호협회의 일국일회 원칙에 따라 조선간호부회의 독자적 활동 유지 노력, 일제가 공인한 공창제도에 대한 폐지 운동에서 나타난다. 그녀는 시민 사회단체 운동과 시민계몽 운동으로 공창제 폐지를 주장했고 성매매자 구출과 갱생원 정착을 추진했다. 서서평은 전면에 나서서 반일 운동을 하지는 않았다. 그러나 그녀는 일제강점기하에서 억압받고 수탈당하고 가난하고 불우한 한국인들을 돕고 나누며 섬기는 삶을 자기 희생적으로 선교했다. 그녀는 조선총독부가 아니라 일반 시민사회단체와 협력하여 정치적 동일화를 이루었다. 일제 치하에서 여성 지위와 인권 향상, 여성 계몽과 교육, 경제적 삶과 보건 위생의 질적 향상 및 복음 전도했다.

IV. 비교: 슬레서와 셰핑의 선교 활동과 정치적 동일화 선교

구분	메리 슬레서 (1848~1876~1915)	엘리자베스 셰핑 (1880~1912~1934)	비교
태생	스코틀랜드 애버딘 출생, 던디 빈민가 생활	독일 비스바덴 출생, 이민자로 뉴욕 성장	경제적 vs 문화적

---

44 Elise J. Shepping, *Annual Report of Miss Elise J. Shepping, Kwangju, Korea* (Received at Nashville, Tennessee, September, 1928); Elise J. Shepping, *Report of Miss Elisabeth J. Shepping, R. N. Principal of Neel Bible School, Kwangju, Korea, Asia* (Received at Nashville, Tennessee, July 26, 1929); 백춘성, "윤락여성 구제," 『천국에서 만납시다』, 120-122.

구분	메리 슬레서 (1848~1876~1915)	엘리자베스 셰핑 (1880~1912~1934)	비고
신앙· 선교, 교육	방직 공장 여직공, 공장의 야 간학교, 주일 학교 교사, 길거 리 선교, 리빙스턴의 영향	정규 간호사, 개종, 성경교사 훈련학교, 뉴욕사범대학, 이민 자 봉사, 노숙자 길거리 선교	자유 장로교 vs 장로교
선교지	영국 식민지 나이지리아 칼라바(에픽)-오코용(익 보)-에뇽(이비비오, 아로), 연합장로교	일제강점기 한국(광주, 군산, 서울), 남장로교, 정교분리, 영혼 구원, 영적교회 설립	말라리아 vs 스프루
선교 활동	교육+약배급+순회 전도, 문 명화와 사회 악습타파, 고아와 모든 사람의 어머니, 개척자, 식민 당국과 원주민의 중개 자, 식민지 관료(연봉1파운드 부영사, 지역재판소 부소장)	병원 간호와 간호부 양성, 조 선간호부 회장, 순회 전도, 교 육 선교, 사회 선교, 사회변혁, 이일성경학교장, 여전도회 운 동, 전국연합회 총무·부회장, 여성 자립과 산업 활동 선교	휴가·안식년: 4회(6년) vs 1회(1년)
선교 방법	언어·문화 동일화, 문명화 (교육·약배급·환자 돌봄), 복음 전도, 8명 고아 입양, 식 민 정부 중개	언어·문화동일화, 14명 고아 입양, 불우 여성과 여학생 교 육, 자기 희생적 성육신적 삶	슬레서· 가족생활비 송금
정치적 동일화	사회 악습 타파, 여성 지위, 원 주민과 식민 권력의 중간다리 역할, 원주민을 위한 입법과 행정-부영사, 지역재판소의 재 판관, 선교회와 마찰: 정치적 문명화 vs 복음 전도 → 복음 전도 선교를 위한 개척자 역할	조선간호부회 창립과 국제간 호협회 가입 분투(현, 대한간 호협회), 금주 금연·공창 폐 지 운동, 여성 계몽, 이일학교 교육: 일반과·산업과, 여성 자립·자활 산업·직업교육, 애국시민사회단체와 협력 사 역 → 통전적 선교	관료적· 사법적 참여 vs 비판적· 독립적 활동
유산과 기념 사업	Hon. Order of St. John of Jerusalem, Maltese Cross (명예훈장), 스코틀랜드(던 디, 애버딘)-거리, 공공시설, 뮤지엄, 은행지폐(10파운드), 나이지리아 칼라바(PCN교 회), 기념재단, 기념관, 기술 실업대학	대한민국 국민훈장 동백장 (1969), 대한간호협회, 서울 (광주)-사단법인 서서평기 념사업회, 광주-광주제일교회, 백운교회, 거리명, 묘역, 전주- 일장신대학교, 기념비, 선교 20주년 기념비, 서서평연구 회, 서서평상 시상	국가적, 지자체적 사업 vs 개인적, 교회적 사업

슬레서와 셰핑의 정치적 동일화 선교를 4가지 관점에서 간략히 비교한다. 이들은 생명 파괴와 죽임을 일으키는 사회적 악습 철폐와 사회변혁 및 여성 지위 향상 선교와 관련된다.

첫째, 아프리카 사회와 전근대 시기 한국 사회의 세계관의 차이가 있다. 문화인류학자 히버트(Paul G. Hiebert)는 세상을 바라보는 관점인 세계관은 기능상 궁극적 질문, 예컨대 '어떻게 우리가 악이나 생명 파괴를 설명하는가?'에 대답하는 그럴듯한 구조라는 것이다.[45] 이러한 의미에서 아프리카 오코용이나 에눙 크리크 사회의 세계관과 한국의 세계관의 차이를 살필 수 있다. 히버트는 아프리카는 소규모의 구전 사회(small-scale oral societies)로 이해한다. 그에 의하면 이 세계관은 활기차고 역동적인 사회를 구성하는데, 인간과 세계와 보이지 않는 힘(신, 마법)을 구분할 수 없는 유기적이고 총체적인(organic and holistic) 성격을 갖는다.[46] 여기에서 가장 큰 영향을 미치는 힘, 즉 마법이나 주술이 지배하면서 반생명적, 반사회적 행위를 자행한다. 그런데 여기 부족마다 다른 세계관과 다른 힘을 믿고 있기에 부족 간에 전쟁, 침략과 약탈, 살인과 노예화 등을 일으킨다. 이러한 사회에서 온존된 전통적 악습을 끊는 길은 외부의 어떤 힘이 이 사회를 지배하는 신적·마법적 기능을 중지시키거나 파괴함으로써 가능하다. 이러한 의미에서 슬레서가 영국의 부영사 직책을 활용하여 오코용과 에눙 및 아로추크 사회의 중심적 힘을 공격하고 문명화시킨 선교를 이해할 수 있다.

반면에 전근대의 한국 사회는 히버트에 의하면 '구전과 문자 문화를 가진 농부의 세계관'을 갖는다. 여기에서 그는 인도와 이슬람과 중국의 믿음 체계를 대별한다.[47] 이들은 문자를 가짐으로써 역사로 남기고 기억

---

45 Paul G. Hiebert, *Transforming Worldviews: an Anthropological Understanding of How People Change* (Grands Rapids[MI]: Baker Academic, 2008), 29.
46 위의 책, 105-122; 임희모, 『아프리카 독립교회와 토착화 선교』 (파주: 한국학술정보, 2007), 42-45.

을 전승하여 사회변화를 추진한다. 미국 선교사가 한국에 선교 학교를 세우고 일제가 식민학교를 세우면서 문자를 통해 교육을 진행하자 한국 사회는 크게 변화하였다. 셰핑은 교육을 통한 정치적 동일화 선교로 실용적 교육 선교를 하였다.

둘째, 선교 현장의 식민 세력에 대한 접근에 있어서 차이가 있다. 오코용과 에농 크리크에서 진행된 실질적 식민 시대(1890~1915)에 슬레서는 정치적 동일화 선교를 하였다. 그녀는 1892년 대영제국의 부영사와 1905년 재판관으로서 원주민들과 식민 권력 사이에서 중개자로 활동하였다. 한편 일제강점기 초기에 셰핑의 초기 사역(1912~1919)은 간호사로서 병원 간호, 복음 전도, 사회적 간호, 성경 교육과 주일 학교 교사로 강습했다. 그녀는 후반기(1920~1934)에 정치적 동일화 선교를 하면서 한국의 시민사회단체들과 협력하여 일제의 식민정책에 대한 비판적 정치적 대응으로 공창 폐지 운동을 벌였다.

셋째, 교회의 선교 정책에서 차이가 난다. 슬레서는 국가종교인 스코틀랜드교회에서 분리한 스코틀랜드연합장로교회의 선교사로서 원주민들을 위한 복음 전도를 강조해야 했다. 그러나 그녀는 교단의 선교 정책과 달리 원주민들의 전통적 악습을 근절하기 위하여 대영제국의 권력을 활용할 필요성을 느끼고 정부의 관료가 되어 문명화 선교했다. 선교회의 일부 관계자들이 지적했듯이 복음 전도에 대한 집중이 너무 약하였다.[48] 그러나 셰핑은 정교분리를 강조한 남장로교회의 선교 정책을 따라 성경과 교리를 강조하는 한편 복음적이고 사회 실천적 · 정치적 동일화 선교와 통전적인 선교했다.

넷째, 선교사 개인의 배경과 선교 활동에서 차이가 있다. 슬레서는 기독교와 상업과 문명화의 선교를 강조한 리빙스턴의 영향을 크게 받았다. 개인

---

47 Paul G. Hiebert, *Transforming Worldviews*, 123-139.
48 J. H. Proctor, "Serving God and the Empire," 58-59; Geoffrey Johnston, *Of God and Maxim Guns: Presbyterianism in Nigeria, 1846~1966* (Ontario: Wilfrid Laurier University Press, 1988), 258.

적으로 그녀는 복음 전도보다는 식민 당국의 재판관으로서 문명화 선교를 우선시하였다. 반면 셰핑은 서양인들이 한국인을 대하는 우월적 오리엔탈리즘을 가지지 않았다.[49] 그녀는 일제 식민 권력의 수탈 속에서 가난하고 차별 당하는 여성들과 자기를 동일시하는 등 자기 겸손과 자기 희생의 선교를 하였다. 애국적 민족적 한국인들은 이러한 셰핑을 곱디고운 눈으로 바라보았다. 그러나 그녀는 반일반제의 기치를 높이 들지는 않았다. 이러한 의미에서 이종록은 그녀가 비제국주의적 선교를 했다고 한다.[50] 이는 제국주의라는 좁은 창을 통해 셰핑의 일면을 바라보는 소극적인 시각이다.

여기에서 그녀의 선교를 적극적이고 능동적으로 담아내는 좀 더 큰 틀이 필요하다. 그녀는 성육신으로 선교했다. 성육신은 유일한 사건으로 "말씀이 육신이 되어 우리 가운데 사셨다"(요 1:14). 이 사건은 하나님이 자기 희생을 통해 특정한 역사적 문화적 정치적 시공간 속의 예수 안으로 육화된 것이다. 이 예수는 죄에 빠져 비참해진 인간들 사이에서 하나님의 자기 비움의 사랑을 드러내면서 십자가에서 죽고 부활하였다(빌 2:6-8). 이러한 예수 그리스도를 믿고 따르는 제자로서 셰핑은 정치적으로 억압받는 일제강점기 한국에서 문화적으로 한국인이 되어 예수의 모범을 따라 자기 비움과 자기 희생적 사랑을 행하여 그리스도의 구원 사역과 하나님의 성육신적 선교에 참여하고 동역하였다.[51]

---

49 한강희, "내한선교사들은 정말로 오리엔탈리스트였나?: 엘리자베스 셰핑의 성육신적 인식론과 포스트오리엔탈리즘," 「선교와 신학」 46 (2018): 421-450.

50 이종록, "무명옷에 고무신·보리밥에 된장국: 서서평의 비제국주의적 정신이 갖는 시대적 의미에 대한 연구," 서서평 연구회 편, 『다양한 얼굴을 지닌 서서평 선교사』 (서서평 연구 논문 3집, 2016), 85-114.

51 Ross Langmead, *The Word Made Flesh: Towards an Incarnational Missiology* (Dallas: University Press, 2004), 3-34, 48-58.

V. 결론

식민주의 시대에 아프리카 나이지리아 동남 지방의 에코용과 에농 골짜기에서 선교한 슬레서와 한국에서 선교한 셰핑은 현지 주민들로부터 존경을 받았다. 이들은 정치적 동일화 선교를 하였으나 접근에 있어서 차이를 드러냈다. 전자는 1892년부터 영국의 부영사로서 원주민과 동일화를 이루어 원주민을 대상으로 재판을 하여 사회 악습 근절 등 문명화 선교했다. 후자는 가난한 소녀와 여성들과 정치적 동일화를 이루어 성경 교육, 조선간호부회 활동, 여성 산업 활동, 공창 폐지 운동 등을 시민사회단체들과 더불어 행하여 정치적 영향력을 드러냈다.

한편 오늘날 한국교회의 타 문화권 선교사들의 상당수는 원주민 사회가 사회개혁과 삶의 질 향상 등 정치적 접근을 요구하고 있음에도 불구하고 일방적으로 영혼 구원과 영적 교회 설립에 치중하고 있다. 이러한 영적 선교의 한계를 극복하고 보다 현지인 친화적 삶의 질 향상을 도모하는 사회적 정치적 동일화 선교할 필요가 있다. 슬레서의 정치적 동일화 선교는 오늘날 21세기에 구시대적 식민 권력이 없는 상황에서 구태여 이를 대비하여 적용하기가 저어된다. 그러나 20세기 초에 행한 셰핑의 정치적 동일화 선교는 현지 주민들을 위하여 의미 있게 적용할 수 있다. 이는 가난하고 억압받는 주민들과 정치적으로 동일화되어 인권과 복지와 여성의 지위 향상을 위한 사회 변혁적 선교를 추동하고 복음 전도하는 통전적 선교하게 한다.[52]

슬레서와 셰핑이 활동한 19~20세기 초에 강조하여 논의된 동일화 선교는 타 문화권 선교사들의 선교 초기에 중요한 의미다. 이 동일화 접근은

---

[52] 임희모, "서서평 선교사의 생명 살림의 하나님 나라 선교: 섬김의 영성과 주변부인들의 변혁 선교," 「대학과 선교」 46 (2020. 12.): 173-203.

현지인과 접촉점을 마련하고 효과적인 복음 전도를 위한 전략적 장치이다. 이 전략을 통해 선교사가 현지에서 초기 단계를 거치면 더욱 심도 있는 선교적 실천이 필요하다. 이를 위한 논의 중의 하나가 성육신적 선교인데 이는 20세기 말부터 논의가 본격화되었다.[53] 성육신적 선교는 위에서 간략히 언급한바 여기에서 부연하면, 선교사가 문화적, 사회경제적, 정치적 관점에서 현지인으로 성육신하여 예수의 선교 방식을 따라 하나님 나라 복음을 구현하기 위하여 말씀을 선포하고 행함으로써 하나님의 성육신적 선교에 참여한다. 한국인으로 문화적으로 성육신한 서서평이 예수의 선교 패턴을 따라 그리스도의 사역하고 하나님 나라 복음을 구체적으로 행하여 예수 그리스도를 증언하였다.[54] 당시 제주도와 광주의 시민사회는 이러한 서서평을 '지나칠 정도의 한국인'으로 칭하고,[55] 그녀의 성육신적 선교를 통해 예수 그리스도를 주로 믿어 구원의 삶을 살았다.

오늘날 타 문화권 선교 현장에 파송 받은 선교사의 사역 초기에는 동일화 선교 접근이 필요하다. 이에 따라 선교사가 현지 문화 상황에 익숙하여 사역이 숙달되고 심화되면 동일화 선교 수준을 넘어 보다 성숙하고 효과적인 성육신적 선교를 해야 한다. 여기에서 예수 그리스도의 참된 제자가 되어 선교한 서서평 선교사의 성육신적 선교가 하나의 방향을 제시할 수 있다. 한국교회는 국내와 타 문화권 및 전 지구적 공동체의 선교 현장에서 예수 그리스도의 하나님 나라 복음을 선포하고 행동하도록 이끄는 동일화 선교와 성육신적 선교를 할 필요가 있다.

---

53 Darrell L. Guder, *The Incarnation and the Church's Witness* (Harrisburg[PA]: Trinity Press International, 1999).
54 임희모, 『서서평, 예수를 살다』 (서울: 도서출판 케노시스, 2018, 개정증보), 103-120.
55 백춘성, 『천국에서 만납시다』, 32-33.

4 장
섬김의 영성으로 주변부 사람들과 함께하는 변혁 선교
: 서서평 선교사(Elisabeth Johanna Shepping, 1912~1934)

I. 서론

오늘날 코로나19 바이러스가 전 세계에서 생명을 위협하며 유령이 되어 떠돌고 있다. 여기에 온난화와 기후변화, 홍수, 환경 난민과 가뭄, 사막화, 물 부족, 수많은 생명체의 죽음도 일어난다. 만성적인 권력의 부패, 개발도상국의 사회경제적 가난이 발생한다. 코로나19 팬데믹의 생명 위협과 죽음이 일어나는 한국에서 이러한 생명 죽임의 현상이 일상적으로 일어난다.

생명 죽임과 죽음의 현장에서 선교 신학은 두 갈래로 논의되고 있다. 하나는 생명 죽임의 상황을 인식하고 주변부의 사람들 중심으로 변혁적 선교를 강조하는 에큐메니컬 선교, 다른 하나는 개인의 내면적 영성을 통하여 현장 상황을 인식하고 급진적 제자도로 십자가적 화해를 추구하는 로잔운동이다.

본 글은 1912년에 내한하여 가난하고 차별받고 억압받는 주변부 여성들에게 예수 그리스도의 복음을 전한 서서평(Elisabeth J. Shepping) 선교사의 생명 살림의 하나님 나라 선교를 연구한다. 그리고 그의 선교가 오늘날 주변부에서 어떻게 이루어지는가를 논의한다.

이를 위하여 본 글은 먼저 1900~1930년대 한국 여성들의 삶을 분석한다. 여기에서는 한국 여성의 상황을 기록한 선교사 혹은 서양인의 자료를 활용한다. 뒤이어 서서평 선교사의 선교 영성의 자리, 즉 "성공이 아니라 섬김"(Not Success but Service)[1]이 형성된 자리를 살핀다. 이 영성이 추동한 그의 선교를 분석하고 선교적 특징을 도출한다. 그의 선교가 오늘날 WCC 에큐메니컬 선교 문건인 "함께 생명을 향하여"[2](Together Towards Life, 이하TTL)의 주변부 현장 변혁적 선교와 로잔복음화위원회 운동(이하, 로잔운동)의 선교 문건인 "케이프타운 서약"[3](TheCapetown Commitment, 이하CTC)의 개인 영성적 접근의 제자도 선교와 어떻게 관련되는가를 분석한다. 여기에서는 두 신학 문건의 통전이 아니라 두 신학을 접한 선교사(활동가)에게서 개인적 영성과 변혁적 실천이 수렴되는 실천적 통전성을 논한다.

II. 생명 죽임 상황: 개화기와 일제강점기 시기 조선 여성의 삶

1. 개화기(1876~1910)의 조선 여성의 생활 문화

헐버트(Homer B. Hulbert)가 편집자로 활동한 *The Korea Review*는 1901~1902년 5회에 걸쳐 조선 여인의 사회적 신분을 소개하였다.[4] 여기에서 본 글은 여성에 대한 선교 관점에서 가부장적 남성 중심의 일상생활에

---

1 John S. Nisbet, "Not Success But Service," *Letter to Mr. Green* (July 3, 1934).
2 World Council of Churches, T*ogether Toward Life: Mission and Evangelization in Changing Landscapes - A New WCC Affirmation on Mission and Evangelism* (Geneva, 2012).
3 Lausanne Movement, *The Cape Town Commitment* (lausanne.org/content/ctcommitment).
4 "The Status of Woman in Korea," *The Korea Review* Vol. I (1901), 530.

서 발생한 여성 격리 관습, 여성들의 직업, 결혼과 이혼 등 사회적 관습과 남녀불평등을 간략히 검토한다.

우선 일상생활에서 신분이 높을수록 여성의 격리 상태가 가혹해졌다. 양반집의 딸은 10~12살까지는 자유롭게 지내지만, 그 이후 삶은 격리되어 집안에서만 지내야 했다. 중인 계급의 여인은 얼굴을 가리는 장옷을 걸치고 거리를 다닐 수 있지만, 하층 여인은 장옷을 입을 수 없는 그룹으로 자유롭게 노동하였다. 이에 대한 선교 실천의 예를 들면 중국 주재 미국 선교사들이 상류 계급 여성에 대한 엄격한 격리를 중인 계급의 수준으로 완화하려 하였다.[5]

여성의 직업으로는 신분 고하를 막론하고 누구나 어머니(motherhood)가 되어야 했다.[6] 유교 사회에서 여성은 아이 특히 남자아이를 낳아야 하고, 그렇지 못할 경우 이혼의 사유가 된다. 여인은 누구나 신분과 사정에 맞는 결혼을 해야 하고, 18~20살이 넘어 결혼하지 못한 여성은 공적인 스캔들 속에서 살았다. 양반집 여성은 천자문을 공부하고 삼강행실을 지켜 부모 공양, 가족 부양 및 가정을 유지해야 했다. 이를 위하여 이들은 뽕나무와 관련된 명주 농사와 산업, 과수원, 꿀벌 치기, 친척 집에서 아이들의 가정교사, 남편의 짚신을 만들었다. 중인 여성은 의녀, 빗 만들기, 자수, 옷 수선, 머리핀, 담뱃대 제조, (제주도) 해녀, 비구니, 짚신이나 어망 등을 만들었다. 하층민 여성은 사회적으로 내버려진 자들로서 기생이나 관기, 중매쟁이, 무당, 곡예, 점쟁이, 여종, 여자 백정 등으로 삶을 살았다.

이혼에 있어서 여자는 불평등을 심하게 겪었다. 어떤 이유로든 부인 입장에서는 남편에게 별거나 이혼을 제기할 수 없었다. 아내가 제기한 불

---

5 James S. Dennis, *Christian Missions and Social Progress: A Sociological Study of Foreign Missions* Vol. II. (New York: Fleming H. Revell Company, 1899), 258-259.

6 "The Status of Woman in Korea," *The Korea Review* Vol. II (1902): 1-7.

의에 대하여 남편이 반증할 수 없을 때 그는 혼수 비용만을 부인에게 지불하였다. 상류층에서 이혼은 흔치 않았다. 그러나 일반 평민층에서는 혼례식을 치를 필요도 없이 둘이 합의하면 결혼이 성립되었다. 이러한 분위기에서 하층민들 사이에 난혼 혹은 잡혼이 가능하여 1년에 6번도 결혼하고 이혼을 하였다. 이러한 상황에서 이혼은 쉽게 이루어졌다.

불평등한 남녀 관계에서 상류층 여인은 하층민과 결혼할 수 없고, 첩이 될 수 없다. 상층 남자는 천한 신분의 여인을 첩으로 삼았고, 첩의 아들은 상속권이 없고 아이들은 어머니의 신분을 취하였다.

유교적 가부장제 사회인 1910~1930년대에도 이러한 결혼과 이혼 제도와 문화 속에서 여성들은 가혹하게 억압을 받았다. 특히 이혼당하거나 쫓겨난 여성들은 성매매 여성, 이혼녀, 미망인, 과부 등으로 낙인찍혀 차별받고 심하면 부도덕한 여성으로 매도되고 주변화되었다. 이러한 생명 죽임 속에서 여성들이 생명 살림의 예수 복음에 노출되었다.

2. 1910~1920년대 일제강점기 체제와 여성의 사회경제적 생활

일제강점기 시대에 식민지 자본주의가 한국에 도입되었다. 한국 여성들의 삶은 심하게 억압과 수탈과 착취와 탄압을 받아 더욱 궁핍해졌다. 일본 제국주의가 한국인들을 식민지 백성으로 인식하여 정치적으로 억압했다. 조선의 봉건적 관습에 익숙해진 여성들은 일제의 제국주의 억압 문화에 이중적으로 억눌림을 당하였다. 경제적으로 식민지 봉건제적 지주제와 자본제가 관철되는 여성 노동자들은 가혹할 정도로 착취를 당하였다.

여성 노동자의 대부분은 농업 분야에서 활동하였다. 1930년 당시 지주 3.5%와 자작농 17.0%를 제외한 79.5%는 소작농이었다. 당시 일본 남자 임금지수를 1.00으로 볼 때, 일본 여성은 0.63, 한국 남자는 0.53, 한국 여성은 0.31이었다.[7] 일제 식민자본주의는 한국 남성과 한국 여성을 인격까지 값싸게 여겨 이들의 노동력을 심하게 착취하였다. 브루너 박사(Edmund de Schweinitz Brunner, Ph. D.)가 조선예수교연합공의회(KNCC: Korean National Christian Council)의 도움을 받아 1926년에 2개월, 1927년에 1개월 동안 한국농촌을 방문하고, 농촌과 교회에 대한 사회경제적 상황을 조사하였다.[8] 이는 한국 농촌에 대한 최초의 학문적 연구였다. 그는 1928년 세계선교협의회(International Missionary Council)의 예루살렘 대회에서 이를 발표하였다. 우선 남녀 비율을 살펴보면 다음과 같다.

<표 1> 지방별 22마을의 인구의 남녀 비율과 교인들의 남녀 비율[9]

지방별	인구		교인	
	남(%)	여(%)	남(%)	여(%)
북부 지방(평안도, 함경도)	51.0	49.0	45.5	54.5
중부 지방(황해도, 경기도, 강원도)	53.3	46.7	42.9	57.1
남부 지방(전라도, 충청도, 경상도)	49.2	50.8	39.6	59.4

<표 1>의 인구수는 조선총독부가 만든 1927년 한국 전체의 통계이고, 교인 수는 성인 남녀로서 각 표본 교회들의 기록을 수합한 것이다.

KNCC의 1927년 자료에 의하면 한국의 전체 기독교인(95% 이상이 장로

---

7 한국여성연구회, 『여성학 강의: 한국여성 현실의 이해』 (서울: 도서출판 동녘, 1996 개정), 149.
8 전택부, 『한국에큐메니컬운동사』 (서울: 한국기독교교회협의회, 1979), 102.
9 Edmund de Schweinitz Brunner, *Rural Korea: The Christian Mission in Relation to Rural Problems - A Preliminary Survey of Economic, Social, and Religious Conditions* (New York: International Missionary Council, 1928), 53. 여기 연구 대상인 마을들은 KNCC가 연구 특성에 따라 대표성을 갖는 마을을 선정한 것으로, 한국의 북부 4개도(道) 10마을 5,725명, 중부 3개도 12마을 7,915명, 남부 6개도 13마을 10,413명이다. 이는 전체 한국의 13개도 35마을 24,053명을 대상으로 연구하였다(*Ibid.*, 15-16).

교와 감리교) 225,386명의 73%인 164,532명이 농촌 교인으로 농촌 인구의 1%에 해당한다. 도시 교인은 60,854명으로 도시 인구의 1.7%를 차지한다.[10]

<표 1>의 통계를 해석한 브루너는 서양의 교회와 마찬가지로 한국교회에서도 여성 수가 많다는 것, 북부 지방의 남자 교인이 상대적으로 많은 것을 눈여겨보았다. 일제강점기 자본주의 체제에서 한국 기독교인의 73%가 농촌 교인으로 수탈과 착취를 당하여 피폐한 삶을 살았다. 특히 봉건제적 사회문화에서 차별을 당하는 여성들은 한층 더 고난의 삶을 살았다.

<표 2> 한 마을의 60명의 교인 가정의
평균 수입과 지출 및 부채[11]

수입		지출		
항목	금액(엔)	항목	금액(엔)	퍼센티지
영수증 합계 부채	209 59	음식 식대	120	44.8
		의복	30	11.2
		이자	30	11.2
		연료	25	9.3
		세금	15	5.6
		종자, 비료 등	10	3.7
		교회헌금	8	3.0
		수선, 교육, 여행비	30	11.2
268			268	100

<표 2>에 나타난 1927년 한국 농촌 마을의 기독교인 1가정의 1년 생계비는 268엔이다. 수입부에는 여성과 어린이 노동도 포함하여 가마니 짜기, 짚신 만들기, 새끼 꼬기 등 부수입도 포함되었다. 순수입 209엔으로

---

10 *Ibid.*, 48-49.
11 *Ibid.*, 15, 28.

살기가 어려워 59엔의 빚을 내어 1년 생계를 유지하였다.

브루너의 보고에 의하면 거의 모든 농촌 가계가 빚을 지고 고율의 이자를 지불하였다. 당시 한국의 지방별 수입과 지출 및 부채 상황은 다음과 같다. 그는 우선 한국 전체를 3지방으로 나누어 농촌 지역의 가계 상황을 보고했다. 북부 지방(평안남북도, 함경남북도)은 145가정 중 2/5가 연이율 30%에 빚 60엔을 지불하면서 살았다. 중부 지방(황해도, 경기도, 강원도)의 농업 가계의 4/5가 연 48%의 이율에 100엔의 빚을 지고 있었다. 남부 지방(전라남북도, 충청남북도, 경상남북도)의 경우 137가정 중 111가정이 평균적으로 연리 36%의 이자를 지불하는 빚을 졌다. 이러한 빚 외에 고율의 수탈적 세금을 납부해야 했다.[12] 농민을 수탈하는 세금 징수는 전국적으로 1917년 2,700만 엔에서 1926년 7,766만 엔으로 수직 상승했다. 거의 3배인 288%의 상승이 일어났다. 이러한 수탈 체제에서 농촌 가정의 삶은 파탄을 맞을 수밖에 없었다. 수많은 농민이 걸인으로 전락했고,[13] 만주나 연해주로 이민하거나 야반도주했다.

3. 1910~1920년대 전라도의 여성 억압적 가부장제 문화
: 여성 선교사들의 경험

여기에서 서서평 선교사와 동시대에 활동한 선교사로서 1911년에 내한한 서로득 부인(Mrs. Lois Hawks Swinehart) 선교사와 1912년에 국한 도마리아(Mary L. Dodson) 선교사가 한국 여성들의 삶에 대하여 기록한 내용의 일부분을 분석한다.

먼저 서로득 부인에 의하면, 이교도 국가인 한국의 여인들은 남자아이

---

12 *Ibid.*, 27-29.
13 강만길, 『일제시대 빈민생활사 연구』(서울: 창작과비평사, 1987), 107-114.

를 낳아야 하는 존재였다. 남아를 생산하지 못하면 여인은 정상적인 사람 취급을 당하지 못하고 현실적으로 심하게 비참해졌다.[14] 남편은 분명 둘째 부인을 얻고 이를 통해 남아를 낳게 되면 첫 부인은 십중팔구 집에서 쫓겨 난다. 잘된 경우 그 부인은 필요악적 존재가 되어 그 집 주인인 남편의 동정을 받기도 하지만 남편은 그에게 말을 붙이지 않는다. 만약 그녀가 대중이 모인 가운데 그 남편 앞에 나타나면 그 남편은 씻을 수 없는 망신 을 당하게 된다는 것이다.

이렇듯이 불우하고 고달픈 삶을 산 여인들을 서로득 부인은 광주 선교 현장에서 적잖게 만났다. 그는 이 부인들과 가난한 소녀들을 위하여 광주에 여자산업학교를 만들어 운영했다. 그는 이들을 입학시켜 자수나 뜨개질을 가르치고 훈련하여 제품을 만들어 미국에 수출하였다. 서로득 부인은 판매 대금을 고스란히 분배하여 이들이 생계를 유지하고 자립하도록 도왔다.

또한 전남 지역의 순회 전도 선교사로 배치받은 도마리아 선교사는 광주에 도착한 지 며칠 지나지 않은 날 일기(1912. 9. 24.)를 썼다.

광주에는 남학교와 여학교가 있는데 한국인들은 남자아이들은 학교에 잘 보내지만, 여자아이들은 보내지 않는다. 처음에는 선교사 부인들이 2~3 명의 소녀를 가르치기 시작했는데 지금은 많은 학부모가 딸도 학교에 보 내고, 이들은 돈 대신에 쌀을 가져온다. 여학생들이 가져온 쌀을 측정해서 공동 항아리에 넣고 밥을 해 먹었다. 이런 식으로 하루 3끼 밥을 먹고 이들 은 숙식을 해결하며 학교에 다녔다.[15]

다른 일기(1920년 11월 22일)에서 도마리아는 전도부인과 함께 어느 교 회를 방문했다.[16] 이 교회의 남자들은 대부분이 젊은이들이었다. 그러나

---

14 Mrs. M. L. Swinehart, "Kwangju Girl's Industrial School," *The Missionary Survey* (Oct. 1916): 752-753.

15 Mary L. Dodson, *Half a Lifetime in Korea,* 정경미 역, 『나의 사랑 한국, 한국인』 (대전: 도서출판 분지, 2013), 25-26.

이들은 밤에 부인의 바깥출입을 허락하지 않았다. 도마리아 선교사와 전도 부인은 이들 중 상당수를 밤에 불러냈지만, 부인들이 많이 출석하지 않았다. 남편들이 부인들의 밤 외출을 금하였기 때문인데 이런 낡은 사상에서 벗어날 때까지 기다릴 수밖에 없다는 것이었다. 그러나 도마리아 선교사는 전도 부인을 이 마을에 보내 잠시라도 계몽할 계획을 세웠다. 도마리아는 복음 전도가 진행되면서 여성들의 삶이 차츰 진보하는 상황을 일기에 담았다. 남자아이에 비하여 차별받는 여자아이들이 학교에 다니게 되고 밤출입이 불가한 여성들이 밤에 공부하게 될 날을 기대하였다.

III. 서서평 선교사의 섬김의 영성과 주변부 변혁 선교
: 생명 살림의 하나님 나라 선교

1. 선교사 서서평의 주변부성과 자발적 주변부 사람으로 선교하기

선교사 서서평의 주변부성은 전 생애를 통해 관철되었다. 사후에 받은 주변부적 영광까지 합하면 그의 주변부성은 4시기로 구분할 수 있다.

출생과 성장기, 청년기와 자립기, 선교사 파송과 활동기, 및 사후 영광의 시기이다. 출생기와 성장기의 주변부성은 요한나(Johanna Elisabeth Schepping)[17] 라는 소녀에게 외부에서 가해진 것으로 그는 불가항력으로 상처받아 생명의 발현이 제대로 이루어지지 않을 위기에 있었다.

이 시기를 지나면서 청년기와 자립기의 주변부성은 엘리자베스(Elisabeth

---

16 앞의 책, 34.
17 서서평의 이름을 각 시기에 따라 달리 기술한다. 독일에서의 어린 시절 이름은 요한나, 미국에선 엘리자베스(엘리제), 한국 선교 초기 셰핑(쉐핑), 이후 '서서평'으로 기술한다.

Johanna Shepping)라는 이름과 함께 나타났다. 미국 입국으로 시작된 이 시기에 그는 혼란을 느꼈지만, 차츰 이를 주체적으로 수용하고 종교적으로 변용하여 개종과 결단을 통해 새 삶을 추구하였다. 간호사 엘리제(엘리자베스의 애칭, Elise)가 선교 학교에서 성경을 배우고 사범대학에서 교육학을 배워 선교사 준비를 하였다.

주변부성을 해소하는 데 있어서 고향이나 가정은 중요하다. 그러나 그에게 제1의 고향인 독일은 가정의 결속을 허락하지 않았다. 어머니 Anna는 Schneider와 결혼하여 Anna Schneider가 되었고 이 혼인 관계를 독일 관청에 알려 엘리제를 입적하려 하였다. 그러나 안나가 편지로만 이를 알리고 본인 입회를 하지 못하여 혼인 관계는 난외 주기에 머물렀다. 이에 따라 엘리제는 슈나이더의 가족에 편입되지 못하고 호적상 남남인 가정에서 불편한 동거를 하였다. 1923년에 안나는 뒤늦게 독일을 방문했지만, 한국에 있는 셰핑과는 무관하였다. 이러한 이유로 서서평은 여권이 마련되지 못하여 안식년 휴가가 2회나 좌절되었다. 또한 제2의 고향인 미국에 의지할 쉼터나 거처는 없었다. 미국 연락처는 이복동생 리디아(Lydia)의 집으로 34 Tylor Avenue, West New Brighton, Staten Island, New York이었다.[18] 1929년 18년 만에 만난 어머니는 한국의 빈민들의 어머니가 된 개신교 선교사인 딸 서서평의 행색을 보며 "거지(乞人)가 되여[에]버린 네가 나의 딸이라고 하면 모양이 챙피[창피]하니 내 눈에 보이지 말고 어서 가라"고 쫓아냈다.[19] 1929년 서서평은 어머니로부터 또다시 버림을 받았다.

이러한 상황에서 한국 선교사 셰핑은 일제강점기에 의한 수탈적 사회 경제적 상황과 차별적 종교 문화적 상황을 이해하고, 주위의 주변부성을

---

18 Elise J. Shepping, *Report of Miss Elisabeth. J. Shepping, R. N., Principal of Neel Bible School, Kwangju, Korea, Asia* (Received July 26, 1929).
19 "米國實家와는 絶緣狀態: 郭愛禮 女史 談," 「동아일보」 1934. 6. 28.

흡수하고 주변인들을 자신과 동일화하여 자발적 주변부성을 살았다.

이제 셰핑은 서서평이라는 제4의 이름으로 자발적으로 주위의 타의적 주변부성을 깨뜨리고 자발적 주변부성을 확산하였다. 이러한 자발적 주변부성은 반대급부로 고통을 수반하는데, 이 고통은 그리스도의 십자가적 고통과 궤를 같이 했다. 고통의 십자가를 거친 후 이 십자가는 영광으로 나타난다.

미국남장로교 한국선교회(이하 한국선교회)는 소속 선교사에게 연봉을 지급하였다. 다른 독신 선교사와 같이 서서평은 1912년 600달러, 1919년 700달러, 1921년 900달러를 받았다. 이후 연봉 인상은 더 이상 없었다. 이 연봉은 선교사들에게 선교 현장에서 풍요와 여유를 즐길 수 있게 하였다. 선교사들은 개인적으로 혹은 단체로 방학이나 명절이 되면 중국, 일본 혹은 한국의 다른 지역 등 길게는 6주간이나 여행을 하였다.[20] 그러나 1920년대 후반과 1930년대 연봉 900달러는 서서평을 초라하고 인색하게 만들었다. 서서평은 고아들과 과부들과 더불어 살며 이일여자학교의 가난한 학생들에게 장학금을 지급해야 했기 때문이다. 이러한 서서평에 대하여 일부 선교사들은 선교사를 망신시킨다고 비난했다.[21] 서서평은 자발적으로 주변부에 속하여 주변의 주변인들이 인간의 품위와 정체성을 지키며 자립할 수 있도록 도왔다.

2. 자발적 주변부성의 영성: 성공이 아니라 섬김[22]

서서평은 자발적 주변부 사람이 되어 주변부 여성들과 함께 생명 살림

---

20 Mary L. Dodson, *Half a Lifetime in Korea*, 54-56.

21 백춘성, 『천국에서 만납시다』 (서울: 대한간호협회 출판부, 1996, 개정증보판), 125.

22 이 글에서 영성(Spirituality, Spiritualität)이란 인간과 하나님의 관계에서 특히 인간적 측면에서 영 안에서 혹은 영을 따라 사는 선교적 삶을 말한다. W. Bühlman, "Spiritualität," Karl Müller und Theo Sundermeier (Hrsg.), *Lexikon Missions-Theologischer Grundbegriffe* (Berlin: Dietrich Reimer Verlag, 1987), 444-447 특히 444.

의 하나님 나라 선교를 하였다. 그는 여기에서 섬김의 영성을 확립했다. '성공이 아니라 섬김'(Not Success but Service)[23]의 영성이다. 이를 좌우명으로 삼은 서서평은 그의 생활과 휴식 공간인 거실의 벽에 섬김의 영성을 붙여놓고 늘 자기성찰과 자기검열을 하였다. 그러나 이 좌우명은 그가 생을 마감하고 관 속에 누워있기까지 외부에 알려지지 않았다. 1934년 7월 3일 한국선교회의 총무로서 목포선교부 소속인 니스벳(J. S.Nisbet) 선교사가 문상차 방문하여 이를 발견하고 노트에 기록하고 친구에게 편지로 알렸다.

니스벳 선교사는 "She[Elise] labored for mind, not money; for love, not land; for hearts, not houses"[24](서서평은 마음을 얻으려 했지, 돈을 벌려고 하지 않았다. 또한 그는 사랑을 위해 일했지, 땅을 얻기 위해 일하지 않았다. 그는 영혼들을 얻기 위해 수고했지, 큰 집을 갖기 위해 수고하지 않았다)라는 말을 수첩에 기록하였다. 니스벳은 여기에서 2가지를 상기했다. 먼저 그는 이 좌우명에서 섬기러 오신 인자 예수(막 10:45)와 죄인을 구원하려고 십자가에서 죽으신 그리스도(롬 5:8-10)를 연상하였다. 또한 그 자신도 성공이냐 섬김이냐를 놓고 고민하였다. 그는 기독교인이 일상생활에서 갖는 욕망 곧 넓은 대지 위에 큰 집을 짓고 사는 돈 많은 부자가 성공한 삶인가? 고아와 과부와 나그네를 영접하고 마음과 사랑과 애정을 다하여 섬기는 일이 성공한 삶인가? 이에 대하여 서서평은 후자의 섬김의 삶을 택했다.

또한 니스벳은 당시 큰 저택을 탐하는 선교사들에 대하여 일갈을 한 것으로 이해된다. 당시 가정을 가진 선교사는 2,300달러의 저택을 짓고 살았다.[25]

---

23 John S. Nisbet, "Not Success But Service," *Letter to Mr. Green* (July 3, 1934).
24 *Ibid.*
25 1층의 넓이는 1,920ft^2(약 54평)으로 대지는 약 150평이 넘었고, 독신자는 대략 20평 대지 면적 포함 최대 50평 정도의 변형된 한국식 집을 지어야 했다. *Minutes of the Eighteenth Annual Meeting SPMK* 1909, 45.

어느 선교사는 자기의 저택 사진을 자랑삼아 선교지에 기고하였다.[26] 이러한 저택을 짓기 위해 큰 땅이 필요했다. 반면 서서평의 독신 선교사 집은 700달러에 짓고, 건평 20평 정도, 대지는 약 50평 정도였다. 서서평의 임종 시 그의 집은 손길이 미치지 못하여 찌그러져 있었다.[27] 이를 니스벳은 목격했다.

독신 선교사가 거주하는 생활 공간인 집은 '반서구식 한국 가옥'(semiforeign Korean house)[28] 형태였다. 이는 기와 혹은 함석지붕에 벽돌로 겉치장되어, 즉 겉은 벽돌로 그러나 속은 진흙으로 채워진 1층 혹은 1.5층 집이다. 서서평의 집도 포치를 포함하여 약 20평 정도의 반서구식 한국 집이었다. 그는 이 집에서 모두 13명의 양딸과 1명의 양자 요셉과 더불어 살았다. 이들 중 몇은 서서평이 시집을 보내기도 했다. 그리고 양잠이나 자수나 바느질로 생업을 유지하던 소녀들과 과부들과 불운의 여성들, 많을 때는 최고 38명의 여성이 서서평과 같이 살거나 어울리거나 자주 왕래하며 살았다. 이러한 상황에서 서서평의 생활 공간인 집과 거실이 무척 분주했을 것이란 상상은 쉽게 할 수 있다.

또한 대다수 선교사와 달리 서서평은 1915년에 스프루(Sprue)에 감염되었다. 그는 이 병으로 인하여 먹은 음식의 양도 적었지만 이를 소화시키지 못하여 언제나 배고프고 허기지고 쉽게 피곤을 느껴 자주 침대에서 드러누웠다. 서로득 선교사 부인과 제주도 선교 여행을 갔을 때 서서평은 너무나 지치고 기력이 쇠진하여 침상에 누워서 학생들을 가르쳤고,[29] "임종 전 4달 동안 아파 누워있을 때 서서평은 학생들을 자기의 집으로 불러

26 Robert Coit, "A Note of Cheer from Kwangju," *The Missionary Survey* (Oct. 1912), 909.
27 "찌그러진 그[서서평]의 집," 「동아일보」 1934. 6. 28.
28 Mrs. Anabel Major Nisbet, *Day In and Day Out in Korea* (Richmond[Va]: Presbyterian Committee of Publication, 1919), 35-36.
29 Hallie Paxon Winsborough Compiled, Sarah Lee Vinton Timmons Edited, *Glorious Living: Informal Sketches of Seven Women Missionaries of the Presbyterian Chucrh, U. S.* (Atlanta[Ga]: Committee on Woman's Work Presbyterian Church, U. S. 1937), 156

[거실의] 침상에서 가르쳤다."[30] 이렇듯이 서서평의 삶의 상당 부분이 집과 거실과 침상에서 이루어졌다. 주변부 사람들과 더불어 살면서 이들을 가르치고 자립시키기 위하여 서서평은 성공이 아니라 섬김의 영성을 실천하며 살았다. 이 섬김의 영성은 서서평의 생활 공간인 거실에서 시작되어 주변인들을 자립하게 하여 여성의 인격과 주체성을 살리는 선교를 이끌었다.

3. 주변부 사람들에 대한 선교와 협력적 하나님 나라 선교

여기에서는 어떻게 주변부 여성들이 각종 기관이나 단체에서 서서평에게 교육을 받고 자립적이고 주체적인 여성으로 변하였고, 이들이 어떻게 서서평의 선교 사역에 동참하게 되었는가를 분석한다. 서서평은 실질적이고 영적인(practical and spiritual) 여성 지도력을 계발하기 위해 부단히 노력하였다.[31]

우선 여성들은 서서평을 만나 성경 공부를 통해 신나는 세상을 체험하였다. 그는 귀납법적(inductive method) 방법을 통해 성경 본문의 의미를 과학적으로 이해하고 적용하고 실천으로 이끌었다.[32] 서서평은 1921년부터 광주선교부 여성성경반의 책임을 맡아 전남과 전북의 여성들을 교육하고 훈련시켰다.[33]그가 성경을 가르치는 농촌의 가난하고 억압받는 여성들은 아침 일찍이 와서 하루 종일 무리를 지어 성경을 읽고 쓰고 찬양하는 등 밤 12시가 넘고 1시가 되어도 귀가할 줄을 몰랐다.[34] 현실에 바탕을

---

30 백춘성, 『천국에서 만납시다』, 71; George Thompson Brown, *Mission to Korea* (Atlanta[Ga]: Board of World Missions, PCUS, 1962), 121.

31 Maie Borden Knox, "An Interview," *Korea Mission Field* (1925), 215.

32 Charles Richard Eberhardt, T*he Bible in the Making of Ministers: The Scriptural Basis of Theological Education: The Lifework of Wilbert Webster White* (New York: Association Press, 1949), 119-120.

33 *Minutes of the Thirtieth Annual Meeting of the SPMK* 1921, 45.

둔 서서평은 주변부의 과부나 고아 등 가난하고 힘든 자를 구원하는 성경 읽기와 적용을 강조했다.[35] 이들은 가정에 얽매인 삶에서 일시적으로 벗어나 해방감을 즐기며 새로운 세상과 삶에 대한 희망을 나누고 대화하고 신나게 노래할 수 있는 세상을 경험하였다.

또한 서서평은 주변부 사람들의 자립을 위하여 학교나 기관 혹은 단체를 만들어 이들을 교육하고 훈련하였다. 이를 통해 서서평은 생명 살림 선교했다. 주변부 출신으로 주변부 삶에 익숙한 서서평 선교사는 일제강점기 체제와 전통적인 가부장제 사회에서 억압과 수탈로 인해 생긴 주변부 사람들, 예를 들면 빈민, 청상과부, 이혼당한 여자, 사회적 약자들, 사회적으로 버려진 부랑자, 거지, 성매매 여성, 나병 환자 등을 구제하였다. 더 나아가 그는 학교와 단체와 기관 등을 조직하고 활성화하여 불우 여성들을 교육하고 훈련하여 주체성을 가지고 자립적으로 생계를 유지케 하였다. 이들은 병원의 간호사로, 전도부인, 학교 교사, 여전도회 간사 등 교회의 여성 지도자로, 자수나 양잠 등 산업노동자로, 각종 사회구제기관의 설립자와 봉사자로 구체제를 허물고 새로운 생명 살림의 사회 발전에 기여하였다.[36]

이러한 서서평은 통전적으로 영혼 구원 선교했다. 한국선교회의 선교사로서 서서평은 남장로교의 선교 정책이 강조한 영육 이원론적 영혼 구원에 집중하였지만, 이를 확대하여 총체적 인간 구원을 도모하였다.[37]더 나아가 서서평은 예수 그리스도가 선포한 하나님 나라의 복음을 증언하였다. 이 복음은 총체적 인간 구원뿐만 아니라 이 인간(네페시, 창 2:7)을 둘러

---

34 Elise J. Shepping, *Letter: Kwangju, Chosen, Korea* (March 16, 1921), 1.

35 서서평, "바울의 모본," 백춘성, 『천국에서 만납시다』, 47-52, 특히 49-51.

36 백춘성, 『천국에서 만납시다』, 152-156.

37 Elise J. Shepping, *Report of Miss Elisabeth J. Shepping, R. N., Principal of Neel Bible School, Kwangju, Korea, Asia* (Received July 26, 1929).

싼 사회와 자연과 생태환경과의 관계의 회복을 강조한다.[38] 이러한 복음을 전도한 서서평은 불의하게 인간과 생명을 위협하고 죽이는 생명 죽임의 구조를 혁파하고 새로운 사회의식을 불러일으켜 기존 억압 체제를 허무는 생명을 섬기며 선교했다. 그는 사회성과 생태 환경성을 갖는 인간이라는 생명체를 온전히 섬기고 살리는 생명 봉사적 선교한바, 오늘날 보편화된 총체적이고 통전적인 하나님 나라 선교와 맥락을 같이 한다.[39]

주변부 사람들의 생명을 살리는 선교는 협력적 선교를 통하여 일어났다. 서서평 선교사는 개척자적 정신을 통해 다양한 분야로 선교했다. 4곳(광주 제중원과 나병원, 군산 예수병원, 세브란스병원)의 병원에서 유능한 간호사로, 광주 동부의 넓은 구역에서 복음을 전도하는 순회 전도자로, 부인조력회(여전도회)의 조직자와 지도자로, 이일여자성경 학교의 창립자와 교장으로, 구원받지 못할 자, 약한 자, 병든 자, 억압받는 자, 대우받지 못한 자와 어린이들의 친구로서 살았다. 선교의 주요 영역 4분야, 즉 복음 전도, 의료, 교육, 사회 분야에서 불굴의 영성으로 한국인을 섬겼다.[40] 서서평의 이러한 다양한 계층의 사람들에 대한 생명 봉사적 선교는 여러 동역자와 기관들의 협력을 통해 이루어졌다. 우선 섬김의 대상인 여러 사회적 약자가 서서평에게 되갚는 상호적 사랑과 협력,[41] 한국선교회 동료들의 신뢰와 지원을 통해 서서평의 선교가 형성되었다. 또한 기관이나 단체로는 4개의 병원과 조선간호부회, 전남노회와 전국의 여전도회와 회원들, 서울 에큐메니컬 여성갱생기관, 광주의 계유구락부를 중심한 15개 시민사회단체 등

---

38 김균진, 『생명의 신학: 인간의 생명에 대한 기독교 신학의 이해』 (서울: 연세대학교 출판부, 2007), 257-340.

39 임희모, 『서서평 선교사의 통전적 영혼구원 선교』 (서울: 동연, 2020), 124-140.

40 The Southern Presbyterian Mission, "In Memory of Elisabeth Johanna Shepping," *Minutes of the Forty Fourth Annual Meeting of SPMK* 1935, 55.

41 이란·지상선, "이웃 사랑과 자기 사랑의 관점에서 바라본 서서평에 대한 기호학적 분석," 186.

의 협력이 그의 생명 봉사적, 생명 살림의 선교를 실현시켰다.

서서평은 주변부 사람을 사랑하는 하나님에 대한 믿음을 통해 '성공이 아니라 섬김'의 영성을 가지고 이들을 섬기고 사랑했다. 서서평 선교의 원천은 하나님의 사랑이었다. 하나님 사랑은 그의 믿음을 통해 고아처럼 성장한 그에게 넉넉하게 부어지고 가득 채워졌다. 사랑의 충만을 서서평에게 베푼 하나님은 삼위일체 하나님이다. 이 하나님은 무조건적인 타자 사랑을 자기 아들인 예수 그리스도의 십자가 사건에서 보여 주었다. 아들 예수의 십자가를 통한 타자의 구원은 성령을 통해 매개되고 이해된다.

예수 그리스도의 영인 성령이 십자가의 사랑과 하나님의 이타적 사랑을 그에게 또한 그의 사랑의 대상자에게 깨닫게 하였다. 이러한 삼위일체 하나님의 사랑을 통해 서서평은 힘없고 가난한 부녀자들에게 사랑을 베풀었다. 사랑의 원천인 하나님을 믿은 서서평은 성숙한 자기애를 통해 사랑의 섬김을 한국인과 나누었다.[42]

서서평은 교회 안에서나 교회 밖 세상에서 언행일치의 삶을 살았다. 교회에서나 세상에서나 예수님의 말씀을 따라 섬김의 삶을 사는 자는 생활 신앙인이다. 생활 신앙인으로서 서서평은 나사렛 예수의 자기 희생적 사랑을 자기의 영성을 통해 수용하고 사회적 희생자들에게 섬김의 삶을 살았다. 이러한 삶을 통하여 서서평은 '성공이 아니라 섬김'을 영성으로 체득하였다. 그는 자기 자신의 욕심을 채우기보다 이들 여성을 우선하고 이들을 섬겼다. 이러한 섬김의 삶은 십자가에 달리신 예수 그리스도를 순종하는 생활신앙으로 드러났다.

여기에서 서서평 선교사의 선교적 전략을 분석할 수 있다. 서서평은 성경 교육을 통해 주변부 사람들에게 나사렛 예수의 하나님 나라 복음을 전하고 새로운 세상에 대한 비전과 실천을 강조했다. 또한 그가 재생한

---

42 앞의 논문, 189-191.

예수라는 별명을 얻었듯이 성령의 은총과 능력 안에서 예수를 생활 신앙으로 드러냈다. 서서평은 주변부 사람들을 섬기고 더불어 살면서 이들을 사회변혁의 주체로 세우고 동력화하였고, 기독교 단체와 일반 시민단체들과 협력하여 생명 살림 선교했다. 그는 사랑의 하나님에 대한 진정한 믿음을 통해 자신을 사랑으로 충만케 했고, 이로 인하여 자기 비움의 섬김의 영성을 실천하였다. 끝으로 서서평은 사회 변혁적 실천성과 개인적 섬김의 영성을 통하여 개인 영혼 구원을 넘어 생명 죽임의 사회구조를 변혁하여 하나님의 생명 살림의 통치에 동역 선교했다.

IV. 서서평 선교사의 주변부 선교와 21세기 주변부 선교 신학

1. 현대 선교신학에서 주변부 선교
: 현장 실천성과 그리스도인의 영성의 결합

주지하다시피 오늘날 선교 신학은 두 갈래로 진화하면서 수렴되고 있다. 1952년 '하나님의 선교'(*missio dei*) 신학이 논의된 이후 1968년 세계교회협의회(WCC) 웁살라 총회는 '인간화로서 선교'(Mission as Humanization)를 전개하였다. 그 후 '정의 평화 창조질서의 보전'(JPIC) 논의로 이어지다가 오늘날 "함께 생명을 향하여"(TTL)라는 선교 문건을 생산하였다. WCC는 2007년 '정의롭고 포용적인 공동체'(Just and Inclusive Communities) 논의를 시작하였고, TTL은 전폭적으로 이를 수용하여 주변부 선교를 강조한다.

복음주의자들은 '인간화로서 선교'에 대하여 거세게 반발하였다. 이들은 '복음화'(Evangelization)로서 선교를 강조하고 1974년 로잔복음화위원회(이하 로잔운동)를 조직하고 로잔 언약(Lausanne Covenant)을 생산했다. 로잔운동은 1989년 마닐라 선언을 거쳐 2010년 케이프타운 서약을 통하여 그리스도인의 생활적 영성과 복음적 행동을 강조한다.

한편 WCC는 1975년 나이로비 총회를 통해 온전한 복음의 통전성을 강조한 연장선에서 로잔운동의 선교적 경향을 수렴하여 1982년 "선교와 전도: 에큐메니컬 확언"(ME: Mission and Evangelism - An Ecumenical Affirmation) 문건을 생산했다. 2012년 WCC가 승인한 TTL은 1982년 ME 문건을 확장하여 발전시켰고, 이에 따라 로잔운동의 복음화 선교를 수용하였다(80-92항). 한편 로잔운동도 1989년 마닐라 선언에 이어 2010년 CTC 문건에서 창조 세계, 가난과 정의, 평화와 화해 등을 논의하였다.

이렇듯이 2가지 선교 흐름이 상호 이해와 협력을 통하여 신학을 수렴하고 선교 실천을 큰 차원에서 느슨하게 결합하였다.[43]

본 글은 여기에서 이러한 현장 중심의 에큐메니컬 교회적 변혁 선교와 전 세계에 산재한 예수 그리스도 교회의 교인들(members of the worldwide Church of Jesus Christ)의 개인적 영성적 접근의 선교를 통전하는 선교를 분석하고자 한다. 여기 2가지 선교개념의 발전과 수렴에 주목하면서 TTL과 CTC 문건의 주요 부분을 분석한다.

2. 주변부 사람들의 주체적 변혁 실천
  : TTL의 현장 중심 선교와 서서평의 변혁 선교

WCC는 2012년 "함께 생명을 향하여"(TTL)라는 새로운 선교와 전도 문건을 만들었다. 이는 ME(선교와 전도) 문건이 발표된 이후 30년의 변화된

---

43 박보경, "로잔운동에 나타나는 화해로서의 선교," 한국로잔연구교수회 편, 『로잔운동의 선교동향』 (서울: 도서출판 리체레, 2016), 194-220.

선교 상황에서 주변부의 사람들 특히 인종차별의 희생자, 토착원주민, 달릿 계층의 사람들, 차별 받는 장애자에 대한 정의롭고 포용적인 공동체 형성을 강조하였다.44 WCC는 모든 사람과 생명체들이 창조주 하나님이 시여하시는 만물의 생명 충만을 누리며 살아야 한다는 명제 아래 TTL을 생산했다. 이 문건 36-54항(총 112항)은 주변부 사람들을 해방하는 예수 그리스도의 선교에 대하여 성령의 확증(눅 4:18)을 강조한다.

이러한 주변부 상황의 선교는 주변화된 사람들이 선교 대리자로서(6항) 자신들이 성령의 능력으로 중심 역할을 하여 생명 죽임의 상황을 변혁하고 정의와 포용을 이룬다. 이러한 주변부 선교 관점만이 그동안 진행된 권력 중심부 중심의 주변부 해방 접근을 깨뜨릴 수 있다. 권력 중심부의 주변부 해방 선교는 이 주변부적 사람을 수혜자로 종속시켜 선교의 주체로 만들지 않음으로써 권력 중심부가 관성적으로 변함없이 온존되어 주변부를 지배하고 있다.

새로운 주변부 중심 선교는 새로운 선교 구조 형성을 통해 진행된다. 우선 신학적으로 생명의 창조자, 구속자, 유지자인 삼위일체 하나님 특히 성령이 수여하는 생명 살림의 선교는 주변부 역할을 통해 권력 중심부의 억압하고 차별하는 구조에 대한 변혁 선교를 추동한다(1-3항). 이러한 신학적 바탕 위에서 주변부의 사람들이 교육 등을 통하여 스스로 각성하고 의식화된 주체성을 갖는다. 이 주체화된 주변부 사람들은 상층부를 지향하지 않고 주변부에 남아 기존 차별당하는 주변부의 변혁을 주도하는 존재가 된다(38항). 또한 주변부 선교는 가부장적 사회 등 불의한 제도에 대한 투쟁과 저항으로 나타나고(43항), 정의와 포용을 추구하는 공동체를 형

---

44 다나반두 만찰라, "주변부," 케네스 R. 로스 외 3인 엮음, *Ecumenical Missiology: Changing Landscapes and New Conceptions of Mission,* 한국에큐메니컬학회 옮김, 『에큐메니컬 선교: 변화하는 지형과 새로운 선교개념』 (서울: 대한기독교서회, 2018), 469-484.

성하는 선교로 나타난다(46-49항). 이러한 변혁적 선교는 총체적 인간과 사회와 생태적 환경을 치유하고 온전케 하는 생명 선교를 추동하고(50-52 항), 불의하고 배타적인 사회와 생태환경을 구조적으로 치유하고, 온전성을 유지하게 하는 실천적 행위를 통해 진행된다.[45]

서서평 선교사의 선교는 TTL의 것과 비교할 때 100여 년의 시간적 간극이 존재한다. 그러나 1910년대나 지금이나 사회경제적이고 정치 문화적 구조는 본질상 다르지 않다. 권력적 지배자들의 중심부가 주변부를 객체로 여기고, 억압하고 차별하고 착취한다. 이로 인하여 발생하는 사회적 피해자들의 고난과 죽음은 일상적이다. 이러한 생명 죽임의 상황에서 서서평 선교사는 가난하고 차별받는 사람들을 교육하고 자립하게 하여 주체로 세워 여러 단체를 만들고 협력하여 사회변혁을 이루었다. 이러한 변혁운동은 오늘날 TTL의 에큐메니컬 교회가 행하는 선교와 맥락을 같이 한다. 양자는 주변부 사람들의 실천을 통하여 사회적 변혁을 꾀한다.

TTL이나 서서평 선교사의 이러한 실천적 변혁 선교에서 변혁 행위를 촉발하고 이끄는 그리스도인 개개인의 영성이 중요하다. 여기에서 TTL의 실천적 변혁 영성과 함께 오늘날 그리스도인 개개인에 대한 생활 영성을 강조하는 로잔운동의 CTC를 논의할 필요가 있다.

3. 그리스도인의 개인 영성적 접근
: CTC 문건과 서서평의 영성적 선교

로잔운동은 복음주의적 신앙을 지닌 개인 그리스도인을 주축으로[46] 1974년 로잔언약에서 복음화에 대한 신앙과 신학을 천명하였고, 1989년

---

45 임희모, 『생명봉사적 통전선교: 동·동남아시아 중심』 (서울: 도서출판 케노시스, 2011), 8-25.
46 조종남, 『로잔 세계 복음화 운동의 역사와 정신』 (서울: 한국기독학생회출판부, 1992), 11-13.

마닐라 선언에서 영성적 참여를 강조했다. 특히 21개 항의 고백 중 15-17항은 그리스도인이 거룩함과 사랑을 행함으로써 사회적 선교와 협력하는 선교하게 되는 생활 신앙의 영성을 강조했다. 2010년 CTC는 전반부에서 하나님, 즉 성부와 성자와 성령 하나님에 대한 신앙고백을 공표하고, 후반부에서 세상을 섬기는 그리스도인의 신앙 행동과 영성을 논의하였다(II부, IIA, IIB, IIC, IID, IIE, IIF). 여기 신앙 실천 영성은 급진적으로 순종적 제자도와 급진적으로 십자가를 중심에 둔 화해를 추동한다.

로잔운동은 우선 오늘날 지구적 상황에서 진리 증거, 그리스도의 평화 세움, 그리스도의 사랑 실천, 복음화 실천의 분별, 그리스도의 교회 회복, 및 동역자의 선교 등 6가지 분야의 영성을 논의하였다. 이러한 영성은 서로 맞물려 있어서 구분하기가 어려운 총체적 성격을 갖는다. 이들 모두를 아울러 선교적 영성으로 분석해야 하지만 지면 관계상 여기에서는 하나님의 백성 혹은 그리스도인의 교회가 지녀야 할 성(IIE)을 집중적으로 논의할 것이다.

CTC는 그리스도인의 교회가 회복해야 할 영성(IIE)을 예수 그리스도의 길을 걷는 삶, 즉 예수 그리스도를 생활 신앙으로 드러내는 급진적 제자도 영성으로 규정한다. 로잔운동은 그리스도인을 하나님의 새로운 인류로 설정하고, 예수 그리스도의 길을 걷는 제자도의 영성을 논의한다.

대체 개념에서 그리스도인이 빠져들기 쉬운 가짜 영성, 즉 실질적인 우상으로 역할을 하는 4가지 집착 행위를 거부하고 이를 대체하는 삶을 제안한다.[47] 거부해야 할 우상은 문란한 성(disordered sexuality), 권력(power), 성공(success), 탐욕(greed)이다. 이에 대한 각각 진정한 사랑(love), 겸손(humility), 정직함(integrity), 검소함(simplicity)이다.

우선 문란한 성행위는 결혼 제도를 만드신 하나님을 배신하는 행위다. 하나님은 한 남자와 한 여자의 헌신적이고 신실한 관계로 그리고 성적

---

47 로잔운동, 『케이프타운 서약: 하나님의 선교를 위한 복음주의 헌장』 (서울: IVP, 2014), 112-120.

결합으로 한 몸을 이루는 결혼 관계를 제정하였다. 성적 결합은 오직 이 결혼 관계에서만 허락되고, 진정한 사랑 안에서만 가능하다. 이러한 결합과 결혼 모티브는 사회적 관계와 신앙적 관계 등으로 확산된다. 신학적으로 진정한 사랑은 교회와 그리스도와의 신부-신랑 관계를 만들고, 선교적으로 진정한 사랑은 그리스도인과 비그리스도인의 관계에서 드러날 때 진정한 선교를 일으킨다. 또한 CTC는 권력 우상 거부를 그리스도인들에게 요구한다. 권력은 사회정치적으로 억압과 경제적으로 착취를 일으키고, 인격적으로 교만을 드러낸다. CTC는 이러한 권력 대신에 겸손과 상호 순종과 이타적 사랑을 제안한다. 또한 CTC는 성공 우상을 거부하고 정직하게 살기를 제안한다. 성공은 성과를 높이기 위하여 부정직과 왜곡과 과장과 조작의 형태로 나타난다. 이러한 성공 부정직성에 대하여 제자도는 정직과 의로움과 진실함을 드러낸다. 탐욕 우상은 예수 그리스도의 복음을 번영 복음으로 왜곡시킨다. 번영 복음은 비복음적, 비윤리적, 비신앙적, 가짜 복음이다. 이를 대체하는 검소함이 강조되어야 한다.

CTC는 그리스도인의 급진적 제자도 영성을 강조한다. 이를 통하여 급진적 화해가 일어나고 하나님 나라가 나타난다. CTC는 그리스도인은 정의와 평화를 이루시는 하나님의 통치에 동역자로 참여하고, 제자도 영성을 생활 신앙으로 드러내기를 제안한다. 여기 CTC는 그리스도인의 영성이 추동하는 제자도 선교를 통해 하나님 나라의 화해가 일어나기를 바란다. CTC는 실천 현장 분석에 앞서 그리스도인의 영성을 우선으로 강조한다. 그리스도인은 각각의 우상을 거부하고 참된 신앙을 실천하여 세상에서 하나님 나라를 이루어야 한다. 서서평 선교사의 영성, 즉 성공이 아니라 섬김의 영성은 CTC의 급진적 제자도 영성과 같은 맥락에서 이해할 수 있다. 영성이란 하나님과의 관계에서 인간적 측면을 강조한 것이다. 이러한 의미에서 서서평의 성공이 아니라 섬김 영성은 개인적 접근으로

CTC의 제자도의 영성과 같은 선상에서 논의할 수 있다. CTC의 4가지 우상은 서서평이 말한 성공과 비견된다. 우상이란 욕망과 탐욕으로부터 생성된 허상으로 인간을 유혹하여 거짓 신앙에 빠뜨린다. 이는 서서평에게 성공과 같은 것으로, 크고 넓고 높은 어떤 물질적 개념, 즉 집이나 땅이나 사람 수와 관련된다. 서서평은 이러한 물질 개념에 대하여 제자도적 섬김을 강조했다. 또한 우상에 대체된 사랑과 겸손과 정직과 검소함은 서서평에게 섬김으로 이해된다. 서서평의 섬김은 사랑과 겸손과 정직과 검소함으로 드러난다. 이러한 생활 영성적 덕목들은 서서평에게는 가난하고 약한 자들에 대한 섬김의 행위로 드러났다.

본 글은 TTL의 에큐메니컬 생명 선교의 현장 상황 실천적 접근과 CTC의 생명 살림 선교에 참여하는 개개 그리스도인의 영적 접근을 수렴하였다. 이러한 분석과 수렴을 통하여 서서평 선교사의 통전적 영혼 구원 선교가 오늘날 생명 죽임의 현장에서 어떻게 생명 살림의 하나님 나라의 통전적 선교와 관련될 수 있는가를 논의한다.

이러한 서서평의 선교 개념을 두 가지 방향에서 이해할 수 있다. 선교 현장 인식으로부터 시작하는 에큐메니컬 변혁적 선교가 서서평의 선교에서 나타나고, 개인적 영성으로부터 시작하여 생명 죽임의 선교 현장에서 하나님 나라의 화해를 이루는 복음주의적 선교가 서서평의 선교에서 드러난다. 이러한 두 방향의 선교가 주변부에서 선교의 대리자로 역할 하는 활동가(선교사)에게서 수렴된다. 선교 현장을 인식하고 개인적 영성을 갖춘 그리스도인의 선교적 실천에는 두 방향의 선교가 공존한다. 이러한 선교 개념을 하나님 나라의 통전적 영혼 구원 선교 혹은 하나님 나라의 생명 살림의 통전 선교라고 말할 수 있다. 100년 전에 활동한 서서평의 변혁적 선교에서 오늘날 복음주의적 선교와 에큐메니컬 선교가 만나고 있다.

두 선교 방향의 통전은 선교 대리자인 기독교 활동가 개인에게서 일어난다. 또한 이러한 통전적 선교가 일종의 집단으로서 교회에서도 행해진다. 이것은 그리스도의 몸으로서 교회, 그리스도인 회중체로서 교회 간의 상호 친교를 통해 일치와 협력과 연대가 일어난다. 이를 통해 통전적 영혼 구원 선교와[48] 하나님 나라의 생명 살림의 통전 선교가 동시에 발생한다.

이 두 관점은 분열된 세상을 향해, 이들을 화해시키는 선교를 통하여 하나님의 사랑 안에서 수렴될 수 있다(요 17:20-23). 이를 위해 예수 그리스도의 기도 속에서 오늘날 현실적으로 2가지로 분화된 선교 운동의 일치를 위하여, 협력과 연대를 위하여 그리스도인과 교회는 기도하고 연합을 이루어야 한다. 결국 분열된 세상의 주변부에서 고난받는 이들을 치유하고 화해하여 온 세상에 그리스도 사랑을 실천하는 선교적 영성이 중요하다.

V. 결론: 하나님 나라 선교의 동역자로서 한국교회의 주변부 선교

서서평 선교사는 20세기 초반 일제강점기 시기 한국에서 생명을 살리는 하나님 나라의 복음을 선교했다. 억압과 수탈, 착취와 차별 속에서 생명 죽임의 상황이 제도적으로 온존되고 지속되는 식민지 봉건 사회를 그는 주변부 사람들을 교육하고 훈련하여 함께 더불어 변혁하려 하였다. 그는 일제강점기의 가부장적 억압 상황을 인식하고 이의 희생자들을 섬김으로써 생명 살림의 하나님 나라 선교의 동역자로 참여했다. 또한 그는 예수 그리스도를 섬기는 제자도 영성을 통해 불우한 사람들을 섬겨 이들의 영혼을 구원하고 주변부적 상황을 개혁하여 생명 살림의 하나님 나라를 이루려 하였다. 그는 불우한 인간들을 일으켜 세우고, 주변부 사람들을 자립하게

---

48 임희모, 『예수 그리스도의 제자도 선교』 (서울: 도서출판 케노시스, 2017), 31-33.

하고, 하나님의 통치에 참여하게 하는 통전적 영혼 구원 선교를 하였다.

오늘날 한국교회는 분열되어 하나님의 구원 선교에 온전히 참여하지 못하고 있다. 이러한 상황에서 현장 실천성을 강조하는 에큐메니컬 선교건 개인적 영적 접근을 강조하는 복음주의 선교건 생명을 살리는 하나님의 통치에 겸손하게 참여해야 한다. 오늘날 한국교회는 성공이 아니라 섬김의 영성을 강조하는 선교를 할 필요가 있다. 이는 십자가에 달리신 예수 그리스도의 제자도를 실천하는 선교이다. 세상의 화해를 위하여 십자가적 고난을 짊어지고 선교하는 교회로서 한국교회는 주변부 사람을 세워 선교 주체로 만들고, 겸손의 선교를 해야 한다. 이러한 선교는 권력 지향적 교회와 선교를 비판하고, 다문화·다인종 사회를 지향하여 인종차별적인 사회를 변혁하고, 장애인의 인권을 세우고, 남녀 양성평등 사회를 지지하며, 사회적 약자와 피해자를 편드는 영성을 요구한다. 오늘날 한국교회는 서서평 선교사가 행한 주변부 사람들을 세우는 생명 살림의 하나님 나라 선교와 통전적 영혼 구원 선교를 되새길 필요가 있다.

5 장
자기 희생적 삶과 정신을 실천하다가 스프루 병으로 순직한 의료 선교사: 제이콥 패터슨 의료 선교사(Jacob Bruce Patterson, M.D.)

I. 서론

오늘날 호남의 기독교 선교 병원은 전주 예수병원, 광주 기독병원과 순천 애양원 등으로 알려졌다. 그러나 1910~1925년의 군산 예수병원은 전국적으로 명성이 높았다. 당시 1인 의사가 담당한 군산 예수병원의 1920년 의료 실적은 1,799명이 입원하였고, 총 입원 일수는 25,527일을 기록했다.[1] 이는 당시 한국주재 6개 선교회가 의사와 간호사를 파송하여 연합으로 운영한 서울 세브란스연합병원의 실적과 맞먹는 것으로, 군산병원은 최고의 명성(Second to None)[2]을 누렸다. 이때 군산 예수병원은 손배순(孫培淳, 패터슨, Jacob Bruce Patterson) 의료 선교사가 맡았다.[3] 그는 어떻

---

1 "Table of Statistics for the Year Ending June 1, 1920," *Minutes of the Annual Meeting.*

2 이만열, 『한국기독교의료사』 (서울: 아카넷, 2003), 404; William Hollister, "History of Medical Work at Kunsan Station," *The Presbyterian Survey* (1936. 10.): 591.

3 군산에서 활동한 의료 선교사 패터슨(Jacob Bruce Patterson)을 당시나 오늘날도 그를 기억하고 연구하는 한국인들은 손배순(孫培淳)으로 부른다.

게 무엇을 했기에 이러한 실적과 높은 명성을 얻었을까? 이러한 질문에 답하면서 100년 전 패터슨의 군산병원 의료 선교를 오늘의 역사 속으로 성찰하는 일은 기독교 의료계와 일반 의료계에도 중요하다. 특히 오늘날 복음의 사회성을 잃은 한국교회 상황에서 의료 선교사와 선교 관심자 및 기독교인에게는 더욱 중요하다 할 것이다.

본 글은 군산선교부의 의료 선교 역사 중 최고 전성기를 이룬 1910~ 1925년의 의료 선교를 이끈 장본인으로 패터슨의 의료 사역을 분석한다. 그에 관한 연구는 군산 예수병원에서 활동한 여러 의료 선교사의 1인으로 간단하게 그를 언급한 글들이 있다.4 여기에서 한국선교회의 연례회의록과 그의 선교 활동 등 원자료를 검토하고, 학문적 분석 작업을 수행할 필요가 있다.

본 글은 선교학적 접근을 시도한다. 이를 위하여 먼저 배경사로 한국선 교회의 초기 선교 정책, 군산선교부의 개설과 의료 선교의 시작과 특징을 서술한다. 뒤이어 패터슨의 의료 선교를 집중적으로 분석한다. 그의 교육 배경과 가족 사항, 동역자들, 연례회의록에 기록된 그의 행적과 활동, 한국 선교회로부터 지원받은 재정 내역, 그의 의료 선교사적 특징 등을 검토할 것이다. 끝으로 오늘날 한국교회 상황에서 패터슨의 의료 선교 경험이 주 는 참고를 간략히 성찰할 것이다. 본 연구의 분석 자료는 우선 그의 공적 활동의 자초지종이 담긴 연례회의록과 *The Korea Mission Field*(KMF) 등에 투고한 그의 글들을 분석할 것이다. 이외에 2차 자료를 통하여 1차 자료가 제시하는 단순한 정보를 다양하게 이해하고 해석할 것이다.

---

4 송현강, "미국남장로교의 전북지역 의료선교(1896~1940)," 「한국기독교와 역사」 35 (2011.
   9. 25.); 이규식, "전라북도의 서양의학 도입과정," 「醫史學」 17-1 (통권 32호, 2008. 6.);
   Sophie Montgomery Crane, *A Legacy Remembered: A Century of Medical Missions*, 정
   병준 옮김, 『기억해야 할 유산』 (서울: CTS기독교TV, 2011); William Hollister, "History
   of Medical Work at Kunsan Station" 등이다.

II. 군산선교부의 초기 의료 선교(1896~1910)

1. 한국선교회의 초기 선교 정책

여기에서 호남 지역에서 행한 미국남장로교 한국선교회(이하 한국선교회) 산하 군산선교부가 따라야 할 선교 정책과 의료 선교에 대하여 간략히 서술할 필요가 있다. 1892년 미국남장로교 해외선교실행위원회(이하 실행위원회)가 조선에 파송한 7인의 선교사 중 데이비스(Linnie F. Davis)는 10월 17일 제물포에 도착했고,[5] 6인은 11월 4일 서울에 미국남장로교 선교회를 조직할 목적으로 입성하였다.[6] 이들은 도착 후 곧 한국선교회를 공식적으로 조직하고,[7] 회장으로 레이놀즈(이눌서, William D. Reynolds), 서기에 전킨(전위렴, William M. Junkin) 및 회계에 테이트(최의덕, Lewis B. Tate)를 선정하였다. 이들 7인은 모두 복음 전도와 교육 선교사였다.

1893년 1월 28일에 서울에서 미국 북장로교 선교회와 미국남장로교 선교회가 장로교선교회공의회(Council of Missions Holding the Presbyterian Form of Government)를 조직하여 한국에 하나의 장로교회를 세우도록 노력하기로 합의했고, 이에 따라 선교 정책도 공유하였다. 그런데 미국 북장로교 선교사들은 이미 1890년 6월 네비우스(John L. Nevius)를 초청하여 자립 · 자치 및 자전 원칙의 3자 선교 정책을 논의하였고, 이들은 1895년 연례회의에서 8개 항의 선교 신조를 채택하였다.[8] 특히 제8항은 모든 부문

---

5 *The Korea Repository* (1892. 10.): 324.

6 *The Korea Repository* (1892. 11.): 352.

7 W. M. Junkin, "Korea," *The Missionary* (1893. 3.), 117; George Thompson Brown, *Mission to Korea* (Atlanta: World Missions, PCUS, 1962), 25; 송현강, 『미국남장로교의 한국선교』 (서울: 한국기독교역사연구소, 2018), 40.

8 Daniel L. Gifford, "Annual Meeting of the Presbyterian Mission, North," *The Korea Repository* II (1895. 11.): 444.

의 사역은 단 하나의 목적, 즉 그리스도 안에서 영혼을 구원하고 세우기 위한 것임을 강조했다. 의료 사역은 이교도의 영혼을 구원하기 위한 부수적인 사역으로 이해되었다.

한국선교회는 1897년 연례회의를 8월에 개최하려 했으나 본국 실행위원회의 총무인 체스터 박사(Rev. Dr. Samuel H. Chester)가 일본과 중국을 거쳐 한국을 방문하는 일정에 맞춰 10월 말에 개최하였다.9 이 회의에서 한국선교회의 헌법과 규칙이 논의되고 채택되었다. 선교회가 유진 벨(배유지, Eugene Bell) 선교사에게 이의 초안을 작성하도록 요청하였고, 선교사들은 이를 심도 있게 논의했다. 장로교선교회공의회의 규정에 따라 한국선교회도 모든 형태의 선교 사업은 그 목적을 복음 전도, 즉 영혼 구원에 둔다는 것을 강조했다. 이에 따라 의료 선교사들도 영혼을 구원하는 복음 선포와 전도에 중점을 두면서 사역했다.10

2. 군산선교부 개설과 의료 선교 시작
  : 알레산드로 드루(유대모, Alessandro Damer Drew)

실행위원회가 한국에 첫 의사 선교사로 드루를 파송하였다. 그와 부인이 제물포에 도착한 날짜는 1894년 3월 초였을 것이다.11 레이놀즈 선교사는 1894년 2월 13일 한국선교회의 제2차 연례회의에서 드루 부부가 2~3주

---

9 Samuel H. Chester, *Lights and Shadow of Mission Work in the Far East* (Richmond: The Presbyterian Committee of Publications, 1899), 91-133; W. D. Reynolds, "Sixth of Annual Mission Meeting," *The Missionary* (1898. 2.): 81-82.

10 설대위(David Seel)/오용·김민철 역, 『꺼지지 않는 사랑의 불씨』 (전주: 예수병원 100주년기념사업위원회, 1998), 34-35.

11 드루 부부가 일본 요코하마의 밸락(James H. Ballagh) 선교사의 안내로 도쿄와 고베와 나고야 등을 여행하는 기사가 1894년 2월호(*The Missionary*)에 게재되도록 이미 송고된 상황에서 드루 부부가 한국행 배를 탔다. *The Missionary* (1894. 5.): 180).

안에 도착할 것으로 예견했다.[12] 이들의 도착이 2주 후면 2월 말이고, 3주 후면 3월 초순이 된다.

곧이어 3월 27일 햄든 시드니(Hampden-Sydney) 대학의 선후배 관계인 드루와 레이놀즈는 선교기지를 탐색하기 위해 전라도 여행을 떠났다. 맨 처음으로 당도한 군장(군산)의 풍경에 특히 드루 선교사가 매료되었다. 군산은 봄의 옷을 입고 시골의 절대적 아름다움(extremely beautiful)을 드러내고 있었다. 이들은 강 하구와 내지의 도시를 집중적으로 탐색하면서 한국의 자연 풍광에 황홀감을 느꼈다. 전국적으로 초가지붕이 낮아 건강에는 좋지 않지만, 산과 해안과 섬들은 너무 아름답고, 기후 역시 온화하고, 사람들은 친절하고, 복음을 전하는 일에 걸림이 없는 등등 이러한 환경의 전라도 지역에서 복음 선교의 열매를 크게 기대하며 드루는 보고서를 썼다.[13] 그는 여권과 수술용 칼과 알약 몇 종류를 담은 작은 주머니를 메고 매년 전북과 전남의 길을 따라다니며 환자를 진료하는 소망을 가지기도 했다.

당시 육로와 철도 등이 개설되지 않은 해안선 선교 시대에 군산은 금강 하구에 자리 잡고 있어서 배를 이용하여 전라북도와 충청남도의 내륙 접근이 용이한 항구였다. 또한 전라도의 수도인 전주에 선교 물품을 공급할 수 있는 좋은 기지로 이해되었다. 더 나아가 군산 주변에 촌락과 주민이 많아 복음의 추수를 많이 거둘 것이 예상되었다. 이러한 3가지 요건을 갖춘 군산은 선교부가 위치할 적격의 장소였다.[14]

1896년 군산에는 복음 전도와 교육 담당으로 전킨 선교사 부부, 의료 담당으로 드루 선교사 부부, 여성과 어린이 담당으로 데이비스 선교사가 임

---

12 W. D. Reynolds, "Korea," *The Missionary* (1894. 5.): 194.
13 A. D. Drew, "An Interesting Mission Field," *The Missionary* (1894. 7.): 287-290.
14 W. D. Reynolds, "Prospecting for Stations in Chulla-Do," *The Missionary* (1894. 10.): 437.

명되어 선교부 조직을 위한 인적 요건이 갖추어졌다. 전주에는 1896년 레이놀즈 부부, 테이트 목사와 그의 여동생 테이트(Mattie S. Tate), 1896년 해리슨(William Butler Harrison) 선교사(복음 전도와 진료소 개설), 1897년 의료 선교사 잉골드(Mattie B. Ingold) 등 6인의 선교사가 배치되어 선교부 성원이 이루어졌다. 전남 지역에는 처음에 나주에 선교부를 세우려고 접근했으나 유교적 보수주의가 워낙 강하여 목포와 연계하여 나주 · 목포선교부 설치를 구상하였다. 1895년 내한한 벨 선교사 부부, 1897년 도착한 목사로서 의사인 오웬(Clement Carrington Owen) 선교사가 1898년 목포선교부를 조직하고, 곧 1899년 여성 담당 스트래퍼(Frederica E. Straeffer) 선교사가 가세하였다. 1904년에 광주선교부가 설립되었고, 1913년에 순천선교부가 조직되었다.

드루 선교사는 1894년 5월 전라도 탐사를 마치고 서울로 돌아와 한국어를 공부하였다. 그동안 동학혁명으로 전쟁이 일어나 서울에 전염병이 돌았는데 이에 대처하면서 드루는 광혜원에서 돕고 책임져서 의료 시술했다. 이로 인하여 드루의 명성은 전국적으로 퍼졌다.

체스터 총무는 높은 명성을 얻은 드루에 관한 소식을 서울에서 들었다. 그는 군산 연례회의에 참석하면서 이때 100마일 이상 떨어진 지역의 환자들이 드루를 찾아오는 모습을 목격했다. 그는 드루의 의료 선교가 한국선교회에 미칠 영향과 효과를 높게 평가하였다.[15] 잉골드에 의하면 드루는 군산 의료 선교 첫 2년에 환자 4천 명을 치료했다.[16] 선교 초기에는 복음 전도보다 의료 시술이 더 사람들을 친밀하게 끌어들임으로써 전도의 문을 연다는 사실은 잘 알려진 사실이다. 이러한 의미에서 초기 군산의

---

15 Samuel H. Chester, *Lights and Shadow of Mission Work in the Far East,* 117. 체스터 박사는 1897년 10월 군산 연례회의에 참석하였고, 드루의 딸 Helen Virginia에게 유아세례를 베풀었다(W. D. Reynolds, "The Sixth Annual Mission Meeting," *The Missionary* [1898. 2.]: 82; Eugene Bell, "Annual Meeting of the Southern Presbyterian Mission," *Korea Repository* [1897. 11.], 440).
16 설대위, 『꺼지지 않는 사랑의 불씨』, 27-28.

선교 확장과 한국선교회의 복음의 문을 넓게 연 드루의 업적은 적지 않다. 그러나 그의 끈질긴 자기 희생의 선교는 그의 건강을 앗아갔고, 실행위원회는 1901년 그를 본국으로 소환하였다.[17]

3. 군산선교부의 의료 선교 특성화

한정된 인원과 재원을 가진 한국선교회는 각 선교부가 복음 전도와 교육 사역과 의료 사역하도록 충분히 지원할 수 없었다. 이러한 이유로 한국선교회는 각 선교부에 대한 차등화 전략을 취하였다. 교육에 있어서는 중심학교(Academy)와 보조학교(Subsidary) 논의를 했고, 1923년에는 지정학교 논쟁으로 선교사들이 다투었다. 의료 사역에 있어서는 군산이 주도권을 가지고 스스로 특화하였다.

첫째, 선교 초기 육로 교통망이 발달되지 않은 해안선 선교 시대에 군산은 금강 하구에 자리 잡고 있어서 전라도(전주)와 충청도(공주)에 접근이 용이한 항구였다. 이러한 입지적 조건에서 군산선교부가 설치되어 의료 선교의 주도권을 가질 수 있었다.

둘째, 한국선교회의 최초 의료 선교사인 드루가 군산에 정착하고, 진료소를 개설하였다. 드루의 의료 시술에 대한 명성이 전주선교부를 넘어 전국에 알려졌다.

셋째, 1904년부터 군산에서 활동한 의료 선교사 다니엘(Thomas H. Daniel)은 진료소 수준을 넘어 18병상의 군산병원을 건축했고, X-ray 의료 장비를 구비하여 근대적 의술 체계를 갖추었다.[18] 여기에 1907년 9월부터

---

17 그 이후 샌프란시스코에서 드루와 도산 안창호의 만남에 대한 에피소드는 다음 글을 참조하라. 전병호, 『호남 최초 교회 설립자: 이야기 전킨 선교사』 (군산: 군산시기독교연합회 전킨기념사업회, 2018), 202-204.
18 군산병원 건축과 사역은 다음을 참고하라. W. E. Harrison, "Notes from Kunsan," *KMF*

오긍선(Dr. Keung Son Oh)이 가세하였다. 그는 미국에서 공부하고, 실행위원회가 한국에 파송한 선교사 신분을 가진 의사였다.[19] 환자의 질환을 정확하게 진료하고 치료하는 것에 미국인 의사 선교사들이 겪는 의사소통의 어려움을 느끼지 않는 한국인 오긍선은 시술 실적을 올리고 명성을 얻었다.

넷째, 1899년 일본인들이 군산 이주를 시작하여 10년 후에는 군산 인구의 거의 반을 차지하였다. 1911년 여름과 가을에 일본인 환자들은 매일 35~40명씩 거의 한국인과 같은 비율로 예수병원과 진료소를 찾았다.[20] 일본인들이 선교 병원의 명성을 듣고 입원하여 병원비를 전액 납부함으로써 군산병원의 자립이 가능하였다.

다섯째, 한국선교회의 특화 전략은 시설과 장비를 갖추도록 군산 예수병원을 지원하였다. 외과 의사 패터슨이 의료 시술을 맡은 1910~1920년대의 군산병원에 대하여 한국선교회는 다른 4개 선교 병원에 비해 더 많은 재정을 지원하였다. 그러나 군산선교부의 교육이나 일반 분야의 예산은 전주나 광주 등 다른 선교부에 비해 저조하였다.[21] 1918년 한국선교회가 향후 2년간 확정한 "항구적 시설 및 장비 예산"(Permanent Equipment Budget)은 <표 1>과 같다.[22]

(1907. 9.): 131-132; T. H. Daniel, "In the F. B. Atkinson Hospital, Kunsan," *KMF* (1907. 12.), 184; W. B. Harrison, "Kunsan, Korea, Station Report. First Quarter 1908," *KMF* (1908. 4.): 52-53; J[T]. H. Daniel, "Southern Presbyterian, Mission, Medical Work at Kunsan, Korea," *KMF* (1909. 3.): 47-48.

19 오긍선은 서재필과 박에스더(본명 김점동)에 이어 3번째로 미국에서 의사 자격을 취득하였다. 서재필은 미국에서 활동하였고, 박에스더는 1910년에 사망하였다.

20 Mrs. Patterson, "Notes from Kunsan," *KMF* (1912. 1.): 12.

21 참고로 1919년 6월 19일 현재 선교부별 선교사 명단은 전주 20명, 군산 11명, 광주 21명, 목포 10명, 순천 12명이었다(서울 1명[군산, 서서평 선교사]과 평양 2명[목포, 파커 선교사 부부]의 파견선교사 3인 제외. *Minutes of the Annual Meeting* 1919, 3).

22 위의 책, 46-54.

<표 1> 시설과 장비 예산(1919. 3. 1.~1921. 3. 1.)

단위: US$

구분	전주 선교부	군산 선교부	광주 선교부	목포 선교부	순천 선교부23	합계
교육비(a)	33,050	7,850	20,350	11,500	2,000	74,750
의료비(b)	9,600	12,550	9,800	5,650	11,350	48,950
일반비(c)	4,275	8,450	10,035	27,600	7,800	58,160
합계(d)	46,925	28,850	40,185	44,750	21,150	181,860
의료비율 b/d	20%	44%	24%	13%	54%	27%

위의 통계는 한국선교회가 군산선교부의 의료 선교 특화를 위해 교육비나 일반비 등 다른 부문보다 의료비를 상대적으로 더 많이 지원했음을 보여 준다. 이에 비하여 군산선교부의 교육비와 일반비는 다른 선교부의 것들에 비해 재정 지원의 금액이 비교적 적다. 한편 여기에서 특기할 것은 순천선교부의 교육비 2,000달러는 터무니없게 적다는 것이다. 이는 당시 순천의 남녀 학교가 폐교된 상황이라 오직 시골의 마을학교 보조비만을 계상하였기 때문이다. 1921년부터 순천의 남 · 여학교를 재개교하여 신축하거나 보완해야 할 처지에 있는지라 적잖게 예산이 필요할 것이다. 최소한 목포 수준에 맞추어 교육비를 12,000달러로 상정할 때 이미 책정된 2,000달러 외에 추가로 10,000달러를 투입한다고 가정하면 합계 31,150달러가 된다. 여기에 순천선교부의 의료비율(11,350/31,150=10,000+21,150)은 약 36%로 산출된다. 이러한 가정하에 5개 선교부의 의료비율을 살펴보면 군산이 44%에 이르러 전주, 광주, 목포에 비하여 거의 2배에 이른다. 한국선교회의 이러한 재정 지원을 통해 군산 예수병원의 의료 선교는 단연 돋보인 실적을 드러냈다.

---

23 1912년에 설립된 순천남·여학교는 성경 교육 문제로 일제가 1916년에 강제로 폐교시켰으나 1921년에 다시 문을 열었다.

III. 군산 의료 선교의 융성기(1910~1925)
: 패터슨의 의료 선교

앞서 살핀 바와 같이 1910~1923년까지 실질적으로 패터슨 의사가 활동한 군산병원은 1인 의사가 담당한 병원으로서 국내에서 최고의 명성을 얻었다. 군산병원이 최고의 실적을 거둔 것은 그가 건강을 잃어가면서까지 희생적으로 시술을 하면서 병원 시설을 확충하고 장비를 갖춘 결과였다. 또한 병원 제도(institutions)로써 의료 시술의 효율성에 큰 영향을 주는 간호사, 의료보조인, 의료 관련 기술자 등의 양성에 힘쓴 결과였다. 여기에서 한국선교회가 패터슨의 군산병원을 지원한 내역을 살펴볼 필요가 있다.

1. 한국선교회의 연례회의록 검토(1910~1925)

1) 패터슨의 업무 사항

패터슨에 대한 기록은 1910년 한국선교회의 연례회의(광주, 8. 25.~9. 3.)의 회의록에 처음으로 나타났다. 그는 군산선교부 소속으로 시설위원회(Institutional Committee) 회원이며 1년 차 한국어 공부와 이러한 언어 공부에 지장이 없는 한 의료 사역을 하도록 업무(25)[24]가 주어졌다. 1911년 그의 업무는 이전의 것과 차이가 없다. 다만 1년 차 언어시험(구술과 필기)에 합격했지만(55), 계속 한국어 공부를 해야 했다. 그의 부인의 업무는 언어 공부와 군산선교부의 사역을 돕는 것이었다(40).

한국선교회의 규정과 내규는 1897년 기초 작업이 이루어졌고, 1912년에 정리되어 한국선교회의 조직과 체제가 갖추어졌다(60-77). 이에 따라

---

24 연례회의록 인용에 있어서 표기는 먼저 연도를 쓰고, 페이지는 괄호 안에 페이지 숫자를 넣는다. 여기 인용은 예컨대 "1910년 연례회의록" 25페이지를 보라는 뜻이다.

복음 전도와 학교 교육과 병원 사역의 공식적 통계가 산출되고, 신규 선교사 요원이 대거 입국하였다. 1910년에 5명, 1911년 9명, 1912년에는 12명으로 선교 인력이 증강되었다. 1911년 패터슨은 다니엘이 1906년 한국식 건축양식으로 지은 18병상의 병원을 개조하고 보수하는 일을 감독해야 했다 (25-26). 1913년 그는 한국선교회 내규에 따라 신설된 의료위원회(Medical Committee)의 정회원으로 활동하면서(5) 의료 사역, 복음 전도 사역 보조와 한국어를 보다 깊게 공부를 하였다.

1915년 그는 군산병원의 미래 계획을 조정위원회(Ad Interim Committee)에 보고하였고(45), 군산 나병 환자 병원 설립안을 의료위원회에 제출하여 광주나병환자병원과 같은 기준으로 설립하도록 승인받았다. 그러나 이 설립안에 대한 구체적 논의나 진전 사항은 더 이상 회의록에 나타나지 않는다. 서서평(셰핑, Elisabeth J. Shepping) 선교사가 제출한 한국선교회의 간호사양성학교 설립안은 부결되었지만, 군산병원 자체 내의 간호 요원 훈련에 한하여 교육하도록 허락받았다(65). 한편 1923년 군산선교부가 한국선교회에 간호사훈련학교(A Training School for Nurses) 설치를 건의하여 의료위원회가 승인하였으나 곧 이를 연기하였다(40). 이는 1922년 패터슨이 사직원을 제출한 상태에서 1924년 안식년을 떠나는 등 그의 거취가 불분명하였기 때문이다.

1917년 5월 15일부터 1918년 4월까지 패터슨 가족은 첫 안식년 휴가를 본국으로 갔다(9). 원래 1916년 5월 15일부터 안식년이 계획되었으나 업무상 미루어졌다. 그의 안식년 기간에 군산병원에서 근무할 의사 선교사 Dr. Mill(중국)을 섭외하기로 하고 그의 연봉과 여행 경비를 지불하는 안을 군산선교부가 본국 실행위원회에 연락하기로 했으나(55) 후속 기록은 회의록에서 발견되지 않는다. 1918년 복귀 후 그의 업무는 의료 사역과 복음 전도 사역으로 정해졌다(1917, 34).

1919년 패터슨은 연례회의의 3일째에 뒤늦게 출석하여 4일을 참석하고 회의가 끝나기 3일 전 양해를 얻어 조기 퇴근했다. 이유는 언급되지 않았지만, 업무 과중 혹은 스프루(Sprue)[25]로 인한 건강 악화였을 것이다(7, 13). 1920년에도 그는 연례회의에 뒤늦게 출석하여 조기 퇴근했다(7, 10). 그러나 이유는 명기되지 않았다. 1922년 미국 실행위원회가 협력하는 북경연합의과대학(Peking Union Medical College)에서 스프루 질병 원인을 연구하는 협력 요원 명단에 패터슨과 서로득(Martin L. Swinehart) 선교사의 이름이 올랐다(66).

당시 최고의 실적을 기록하고 있는 패터슨이 1922년 갑자기 사직원을 한국선교회 총무를 통해 본국 실행위원회에 제출하였다. 뒤늦게 이를 알게 된 변요한(John F. Preston)과 구례인(John C. Crane)이 동의하고 한국선교회가 가결하여 실행위원회가 그의 사직원을 철회하도록 강력하게 요청하였다. 그 대신 한국선교회는 패터슨에게 1923년 3월 1일부터 6개월간 휴가를 주기로 결정했고(76), 조정위원회는 그의 업무 과중으로 인한 건강 상태 악화 또한 그의 부인의 건강 악화가 심하여 집과 선교 현장을 떠나 휴가를 통해 안정을 찾고 건강을 회복하도록 권고하였다(79).

패터슨은 그러나 이러한 임시적 병가를 활용하기보다 1924년 6월 1일부터 시작된 안식년(48, 35)을 떠났다. 한국선교회는 1924년 연례회의(6. 12-20., 전주)의 마지막 날인 6월 20일 전원이 기립하여 만장일치로 그의 업적을 기리고 건강회복과 복귀를 기원하며 감사를 담은 결의문을 채택하였다. 과거 14년 동안 군산병원이 최고의 탁월성과 효율성을 올렸고, 1923년에

---

25 Sprue는 만성장흡수부전증으로 부르기도 하는데 주로 북유럽계의 백인 특히 남장로교 선교사들에게 감염되는 한국 토착병으로 알려져 있다. 한국 선교 초기에는 이 병은 한국 음식을 먹음으로써 발생하는 것으로 오인되기도 했다. 이 병을 앓은 선교사로 보의사(W. H. Forsythe, 1904~1911)는 1918년에, 서서평(E. J. Shepping, 1912~1934)은 1934년에 그리고 패터슨(1910~1925)은 1933년에 사망했다. 1920년 한국주재 의료 선교사 대상 설문 응답자 276명 중에서 11명이 장흡수부전증을 앓았다(이만열, 『한국기독교의료사』, 959- 960). 스프루 증상에 대해서는 본 글 "III. 3. 2".

17,303명의 환자를 치료하고 총수입 약 60,000엔(=30,000달러)의 치적을 올렸다. 1인 의사가 행하는 병원의 규모나 효율성 면에서 그의 군산병원의 실적은 어느 병원도 능가할 수 없는 탁월성을 보인 것으로 이해한 한국선교회의 모든 선교사는 그의 건강 회복과 복귀를 간절히 기원하였다(22-23).

그동안 한국선교회는 패터슨에 대한 복귀 희망을 포기하지 않는 한편 1924년 하반기에 브란도(Louis C. Brand) 의사 선교사를 부임시켜 그의 공백을 최소화하려 하였다. 그러나 스프루로 인하여 약화된 건강이 회복되지 않자 그에게 1925년(19)에도 안식년을 주었고, 그는 연거푸 2년의 휴가를 보냈다. 이러한 상황에서 1927년 군산시민들이 그의 복귀 청원을 간절한 마음을 담아 한국선교회의 조정위원회에 보냈고, 이를 한국선교회의 총무가 별첨 편지와 함께 본국 실행위원회에 보냈다(60). 그러나 이에 대한 응답이나 결과는 연례회의록에서 나타나지 않았다. 1933년에 패터슨을 추모하는 글이 짧게 실렸다(36).

2) 항구적 시설과 장비 지원

패터슨은 군산병원의 시설이나 진료의 질적 수준의 향상을 위하여 노력하였다. 우선 시설을 갖추기 위한 예산을 확보하고, 병원 종사자들을 위한 교육 등을 실시했다. 군산병원은 1906년에 18병상을 갖추었으나 1919년 그의 시기에는 113병상을 유지하였다.

첫째, 병원 리모델링 및 신설 시설을 확충했다. 그는 사업위원회(Business Committee)로부터 리모델링을 허락받아(14) 일반계정 부문에 3,000엔(1,500달러)을 투입하여 다니엘 선교사가 1906년 건축한 군산병원을 리모델링하였다(1911, 46; 1913, 40). 둘째, 병동과 숙소 등을 건축했다. 남자 병동 건축에 150달러(1913, 38-39), 1915년에는 1,800엔을 들여 여성과 간호사 숙소, 11호 방과 12호 방 사이에 공간 만들기, 남자 격리병동, 일본인 환자의 개인 병실과(66) 일본인 여성 환자 병동 2개와 격리병동을 건축했다(39). 셋째, 1913년 군산항 진료소와 주변 땅을 팔아 구암병원 확장 대여금 1,500달러를 갚았다(1913, 40). 1914년 군산 진료소를 궁말남학교 기숙사로 옮겼고, 이사 비용 300달러를 책정하고 건물 내부를 변경하였다(1914, 42). 넷째, 1920~1921년에는 다음과 같은 시설을 확충했다(1920, 1922). 패터슨의 저택에 덧붙여 광(저장소, 500달러)을 만들었다. 보충 격리병동(75달러), 격리병동의 타일 바꾸기, 부엌(1,500엔), 2층(400엔), 세탁소(1,000엔), 진료소 개수작업(2,000엔), 워크숍(800엔), 수술실(400엔)을 만들었다(1921, 50-51). 그의 저택을 600달러를 들여 개조하였다(1921, 76). 다섯째, 병원 의료 장비를 구입하는 데 1911년 200달러(51), 1913년 1,000달러(39)로 X-ray의 Delco엔진 구입, 1921년 1,300달러(22)를 투입하였고, 장비 구입비 1,000엔을 지불하였다(1922, 34). 여섯째, 군산병원을 2,000달러의 화재 보험에 가입시켰다(1912, 34; 1921, 76).

3) 의료 활동비와 운영비 및 한국인 의료보조인 지원

한국선교회는 의료 사역 경비와 의료 활동비와 의료 사역 보조자 월급을 지급하였다. 첫째, 의료 사역 경비는 매년 지급하였는데, 1911년 의료 활동비 500달러와 병원 운영비 200달러(51)를 지급하였다. 둘째, 1912년부터 활동비, 보조금 지원 및 운영비를 포괄적으로 1,000달러 지급하였다(38). 1913년도 1,000달러(39), 1915년 1,000달러를 할당하였다(44, 70). 셋째, 그의 마구간 건축비 135엔 96전(1912, 32), 의학책 구입비(1912, 33)를 지원하였으며, 넷째, 의료 사역 보조자 비용 300달러를 지원하였다. 1913년 보조 의사인 육공필과 정공선에게 매달 18엔의 봉급을 각각 지급하였다(57). 다섯째, 그는 1922년부터 자기에게 나타난 스프루의 증상을 관찰하고 분석하여 연구하고 발표하였다(34). 1923년 이러한 스프루 연구비 480

엔이 그에게 지급되었다(60).

2. 패터슨의 군산 예수병원 의료 선교 동역자들과 보조인들

1) 성장과 교육과 가족 사항(1876~1933)

1876년생으로 오하이오주에 소재한 장로교 계통의 우스터(Wooster)대학을 졸업하고, 워싱턴대학교 의대를 1907년에 졸업한 패터슨 박사가 1910년 3월에 입국하였다. 그는 일본에 거주한 Rosetta Palmer Crabbs와 1911년 결혼했고, 1남 3녀를 두었다. 이들은 1912년생 James, 1913년생 Caroline, 1914년생 Mary, 1919년생 Ruth이다.

한편 패터슨의 연봉은 1910년 독신일 때 독신 선교사에게 주어지는 600달러였고(32), 1911년 결혼하여 이들 부부의 연봉은 1,150달러였다(51). 1914년 둘째 아이(Caroline)가 태어나 연봉이 1,350달러가 되었고(44), 1919년 넷째 아이(Ruth)가 태어났다. 그리고 선교사들의 연봉이 일괄 인상되어 그의 가족은 연봉 1,850달러를 받았다(34; 46). 1921년 연봉이 또다시 인상되어 총 2,375달러가 지급되었다(1920, 49).

2) 동역자들: 오긍선과 간호 선교사들

1910년 패터슨이 한국에 입국했을 당시 군산병원을 맡은 의사는 오긍선이었다. 그는 알렉산더(Alexander John Aitcheson Alexander)의 후원으로 미국에서 의학박사 학위를 취득하였다.[26] 1909년에 의사 다니엘은 안식

---

26 "A Letter from Dr. Oh, Korea," *The Missionary* (1908. 3.): 127-128; William F. Bull, "Letter from Korean Teacher," *The Missionary* (1902. 2.): 568-569; Mrs. W. F. Bull, "Our First Native Physician," *The Missionary* (1908. 2.): 79-80; Oh Keung Sun, "Letter from a Korean Student," *The Missionary* (1903. 4.): 180-181; 해관오긍선선생기념사업회 편, 『해관 오긍선』(서울: 연세대학교 출판부, 1977); 한인수, "오긍선," 「호남교회춘추」 (2001, 봄): 8-43; 한미경·이혜은, "'My Dear Dr. Alexander: 편지를 통해 본 오긍선의

년을 떠났고, 간호사 케슬러(Ethel E. Kestler)도 아픈 몸을 추스르기 위하여 휴가를 떠났다. 이러한 이유로 오긍선은 1909년에 군산병원의 실질적 원장 역할을 했다. 이러한 상황에서 패터슨은 1910년 봄에 입국하여 한국어 언어 공부와 문화 적응에 집중하였다. 오긍선은 패터슨과 동역하면서 군산병원의 명성을 높였다. 그는 1년 차 한국어 쓰기와 듣기 시험에 통과하여 1911년에 자유롭게 의료 진료를 할 수 있었다.

전임자 오긍선과 후임자 패터슨은 1910년 3월부터 1911년 10월까지 동역하였다. 그는 1910년 8월 연례회의에서 오긍선에게 마땅한 선물을 증정하자고 한국선교회에 제안했고, 이것이 접수되어 이의 진행과 보고하는 일을 맡았다. 1912년 당시 한국선교회 내에 의료위원회가 설치되어 있지 않았지만, 의사회가 있었는데 그는 회장이 되었다. 이때 준 선물은 무엇이고 무슨 이유로 선물을 주었는지 알려 있지 않다. 그러나 유추할 수 있는 것은 오긍선을 통해 군산병원의 의료 시술이 보다 굳건히 토대를 굳혔고, 선교 병원으로서 명성을 점점 크게 얻게 되었다는 사실이다. 이러한 선물 증정 관계를 살펴보면 두 사람 간의 만남과 우정과 배려와 존중이 서로에게 남달랐다는 것을 알게 된다.

한편 패터슨은 군산에서 5명의 미국 간호 선교사와 함께 사역하였다. 병가를 끝내고 미국에서 재입국한 케슬러는 1910~1912년에 그와 동역하였다. 그러나 케슬러는 1910년 전주로 옮긴 다니엘을 따라 1912년 전주로 옮겼다. 이후 2년간 군산병원은 훈련받은 간호사가 없는 공백기를 보냈다. 1914년 광주선교부에서 군산선교부로 전임된 간호 선교사 서서평(셰핑, E. J. Shepping)은[27] 간호 사역, 간호 교육, 복음 전도, 사회 구제와 여성 계몽에

미국 유학 시절(1902-1907)," 「신학논단」 97 (2019. 9. 30.): 251-282.

27 임희모, "서서평 선교사의 초기사역(1912~1919) 연구: 군산 구암예수병원을 중심으로," 「한국교회 역사복원 논총1」 1 (2019): 47-83; 임희모, 『서서평 선교사의 통전적 영혼구원 선교: 20세기 선교와 21세기 한국교회의 선교신학』 (서울: 동연, 2020), 65-99.

헌신했다. 패터슨에게 간호사 역할은 병원 시술의 능률을 올릴 수 있는 병원 제도의 중요한 부분이었다. 이러한 그에게 능동적이고 창의적으로 병원 간호사역을 주도해가면서 간호 훈련반을 이끈 서서평은 대단히 중요한 동역자였다. 군산에 간호학교를 설립하는 안을 한국선교회에 제안하기도 했던 서서평은 우선 5명의 한국인 보조 간호사를 선정하여 중국인과 화교 환자를 위한 중국어를, 일본인 환자를 위한 일본어를 그리고 영어를 가르쳤다. 이를 바탕으로 간호의 이론과 실제, 약물학과 생리학 등을 교육하였다. 군산병원은 당시 일본 남성 환자를 위한 병동과 일본 여성 환자를 위한 병동을 특별히 만들어 이들을 수용하였다. 의료비를 전액 지불하는 일본인 환자들로 인해 군산병원의 재정적 자립이 이루어졌다. 이렇듯이 선제적인 준비와 대응을 통하여 군산병원의 의료 진료와 시술 실적은 한국선교회를 넘어 국내적으로 널리 알려졌다.[28] 1915년 초부터 서서평은 스프루로 의심되는 병으로 인하여 고통을 심하게 받았다. 그런데 4년 후에 패터슨이 스프루 감염으로 인해 고통을 감내하며 사역을 지속하였다. 해리슨 부인(Mrs. Margaret Edmunds Harrison)[29]은 부간호사(Associate Nurse)로 그를 2년간(1915~1916) 보조했다. 그는 1914년부터 1917년 5월까지 간호 선교사 서서평과 동역하고 해리슨 부인의 보조를 받으면서 군산병원 사역

---

28 이러한 서서평에게 대한민국은 1923년 조선간호부회 창립과 10년 회장, 1929년 국제간호협회(ICN) 가입, 간호 교과서 저술과 번역 및 여성 교육과 계몽 등을 공적을 기려 1969년 국민훈장 동백장을 추서하였다. 서재룡, "광주제일교회 초기역사와 인물들(1904~1934) - 최흥종, 강순명, 서서평," 서서평연구회 편, 『동백(冬柏)으로 살다: 서서평선교사』(전주: 학예사, 2018), 171-173.

29 감리교 간호 선교사인 마가렛(Margaret Jane Edmunds)은 해리슨(W. B. Harrison) 선교사와 1908년 결혼하여 남장로교 선교사로 편입되었다. 한국에 최초로 입국한 남장로교 선교사로서 군산에서 활동한 데이비스(Linnie F. Davis)는 해리슨과 1898년 결혼하였다. 그러나 데이비스는 한국 여성을 심방한 후 발진티푸스에 감염되어 1903년 사망했다. 1903년 한국 최초의 보구여관(保救女館) 간호학교 설립과 교장, 간호사 교육, 간호 교과서 출판, 여성 계몽의 공이 인정되어 2015년 국민훈장 동백장이 마가렛에게 추서되었다("국민훈장 동백장에 故 마가렛 제인 에드먼즈,"「연합뉴스」 2015. 4. 7.).

의 질을 높였다. 그 이후 라두리 간호 선교사(Lillie Ora Lathrop, 1917~1930
사역)와 그레이 간호 선교사(Annie Isabell Gray, 1921~1925 사역)는 패터슨이
1924년 안식년 휴가를 떠날 때까지 동역하였다.

3) 군산병원의 한국인 의료보조인

패터슨은 한국인 의료보조인을 교육하여 활용하였다. 의료보조인들은 충
성심을 가지고 성실하게 의료 사역을 도왔다. 한국선교회의 각종 선교실적
통계가 1912년부터 연례회의록에 기록되었으나 의료 항목이 세분되기 시작
한 것은 1914년부터이다. 그에게 충직한 보조 의사로서 육공필과 정공선은
유명하였다. 1914~1925년 한국인 보조인에 대한 의료통계는 다음과 같다.[31]

<표 2> 군산 예수병원 한국인 의료보조인

구분	의사	의료보조인	복음 전도인	의학생
1914	–	15	2	1
1915	–	15	2	1
1916	–	15	2	–
1917	1	25	1	–
1918	–	25	1	4
1919[30]	1	10/25	n/a	n/a
1920	–	26	1	
1921	–	26	2	–
1922	3	34	2	–
1923	3	34	2	–
1924	3	34	2	–
1925	2	26	2	–

군산 예수병원의 이러한 통계는 다른 선교 병원의 것과 비교할 때 의

미가 밝혀진다. 그러나 지면의 한계상, 다만 당시 유명했던 전주 예수병원의 것과 비교하면 군산 예수병원의 의료보조인의 수는 2~3배가 더 많다.[32] 또한 패터슨이 스프루 감염과 업무 과중을 호소한 1922년 이후 군산 예수병원의 한국인 의사 수가 2~3배 늘었다.

3. 패터슨의 의료 선교의 특징

1) 군산 예수병원의 진료실적 : 의료 시술과 진료소[33]
각 선교 병원의 진료실적의 수입금액을 분석하면 아래 <표 3>과 같다.

<표 3> 선교 병원별 연도별 진료실적 [통화: 달러, 1916년 이후: 엔]

선교부	전주병원		군산병원		광주병원		목포병원		순천병원	
연도	의술	제약	의술	제약	의술	제약	의술	제약	의술	제약
1912	572	–	969	–	479	–	163	–	–	–
1913	1,042	–	3,218	–	–	–	574	–	–	–
1914	911	734	2,732	1,752	–	–	–	502	–	318
1915	1,004	995	3,394	1,957	–	369	–	459	–	344
1916	1,170	1,006	8,538	4,583	1,079	599	177	670	139	603
1917	1,123	552	5,826	2,439	986	935	463	753	1,525	1,724
1918	1,877	880	5,178	1,604	1,415	1,540	1,055	1,552	1,530	905
1919	10,250	7,500	30,763	31,179	10,145	10,150	–	–	6,069	5,868
1920	–	–	44,684	9,970	10,059	7,959	–	–	7,537	–

---

30 1919년 연례회의록 통계는 의료보조인 10명과 한국인 간호사 25명으로 구분하여 기록하고, 복음 전도자 항목과 의학생 항목은 각각 삭제. 당시 군산병원의 의료병상은 113개.

31 "Table of Statistics for the Year 1912-1925," *Minutes of Annual Meetings* 1912~1925; 이만열, 『한국기독교의료사』, 404-405.

32 전주 對 군산 비율은 1914~1916년 각각 8:15, 1917년 10:25, 1918년 12:25, 1919년 -:35, 1920년 9:26, 1921년 12:26, 1922년 12:34, 1923년 12:34, 1924년 7:34이다.

33 본 도표3의 1912~1915년의 화폐는 달러(US$), 1916~1926년은 엔(¥)이다. 그리고 1912~1917년의 통계 수치의 끝부분은 반올림 처리하였다.

선교부	전주병원		군산병원		광주병원		목포병원		순천병원	
연도	의술	제약	의술	제약	의술	제약	의술	제약	의술	제약
1921	6,782	2,416	42,200	12,012	6,259	7,458	-	-	10,110	2,883
1922	7,466	3,538	38,746	10,943	8,940	10,307	-	-	7,320	3,116
1923	6,775	2,913	40,407	18,742	8,759	9,372	-	-	4,777	4,018
1924	4,705	3,526	62,136	16,513	7,070	10,943	-	-	6,662	3,742
1925	5,946	3,131	24,701	9,462	6,555	10,115	1,665	4,047	7,295	4,618
1926	3,376	1,893	6,668	4,277	2,651	3,782	2,691	2,264	2,202	1,502

군산선교부 병원의 의료 시술과 병원 약국(진료소) 사역은 다른 4개 선교 병원들의 실적과 비교할 때 현저한 차이를 드러낸다.[34] 1912년부터 3부문(복음 전도, 교육, 의료)의 통계가 기록되기 시작하였다. 1914년부터 각 부문의 항목이 분화되었고, 특히 의료 부문은 진료소(병원약국)의 사역 통계도 포함되었다. 병원 시술은 치료 수와 국부마취 수술과 전신마취 수술로 나뉘었고, 이에 따른 수입금이 정리되었다. 본 <표 3>은 의료 시술과 병원 약국의 수입금을 합하여 통계를 잡았다. 이 통계에 의하면 군산선교부의 1910~1923년 의료 사역은 한국선교회 내 타 선교 병원에 비해 큰 차별화를 이루었고, 전국적으로도 명성이 높았다. 특히 1923년 6월 1일에 시작하여 1924년 6월 1일에 마감한 1924년 군산선교부의 총 의료 수익은 78,649엔(39,325달러)이 이르렀다. 이는 전주의 실적 8,231엔(4,116달러)과 광주의 실적 18,013엔(9,007달러)에 비하면 각각 9.6배와 4.4배에 이른다. 이러한 군산병원의 실적은 세브란스병원의 1923년도(1922~1923) 의료 사업 실적의 총수입 84,358엔(42,179달러)과[35] 비교된다. 1917년 당시 세브란

---

34 1914~1923년의 의료 진료수에 대해서는 이만열, 『한국기독교의료사』, 405; 1927~1939년의 의료 진료수에 대해서는 송현강, "미국남장로교 전북지역 의료선교(1896-1940)," 「한국기독교와 역사」 35 (2011. 9. 25.): 68-69.

35 이만열, 『한국기독교의료사』, 324.

스의전의 교수진은 한국인 교수 9명, 선교사 10명, 일본인 4명으로 구성되어 병원 진료와 시술에 참여하였다.[36] 이러한 세브란스병원과 비교하면 1인 의사로서 사역한 패터슨의 능력을 짐작하기는 쉽지 않다. 이렇듯이 높은 실적을 거두고, 그는 1924년 6월 1일 안식년 휴가를 떠났다.

2) 박테리아와 스프루 연구 등 질병 연구

패터슨은 연구하는 의사 선교사였다. 그는 수많은 의학책과 자료들을 구입하고, 장비들도 개인적으로 구입하여 연구하고 발표하고 의료 시술에 활용하였다. 1912년 한국의료 선교사협회(Korea Medical Missionary Association)의 연례회의에서 논문을 발표했다. 제목은 "외과 수술과 세균학"(Bacteriology of Surgical Work)이었다.[37] 그는 실제로 외과 수술에 있어서 실험실 보조자들의 역할을 강조하였다. 이들을 특별 전문가로 교육하여 박테리아 수의 많고 적음 등을 보고토록 하여 수술의 성공률을 높일 수 있었다.[38] 1916년 4월 26~27일에 세브란스병원에서 열린 연례학술대회에서 그는 "한국 부인에게 자주 발견되는 방광질누관에 관한 논문"을 발표하였다.[39] 이처럼 그는 한국 의료와 질병 상황을 세심하게 연구하고 이를 의료 시술로 접목함으로써 한국 의료 발전에 기여하였다. 그는 이러한 연구를 통하여 1910~1920년대에 가장 유능한 외과 의사로 군산 예수병원의 명성을 높였다.

더 나아가 패터슨은 자신이 감염된 스프루 병을 관찰하였다. 그는 스프루 병에 걸려 무척 시달렸다.[40] 그는 1922년 북경연합의과대학이 연구

---

36 위의 책, 316-317.

37 "Korea Medical Missionary Association," *The Korea Mission Field* (1913), 13.

38 Jacob B. Patterson, "Medical Efficiency of Our Institutions," *The Korea Mission Field* (1914), 195.

39 패터슨, "한국 부인에게 자주 발견되는 방광질누관에 관한 논문," 이만열, 『한국기독교의료사』, 351.

40 1919년과 그 이후 패터슨의 연례회의 참석을 살펴보면 그는 뒤늦게 출석하고 조기 퇴근

하는 스프루 질병 원인 규명에 협력 요원으로 추천되었고(66), 이를 연구하여 후에 발표하였다.[41] 그가 밝힌 스프루의 특징은 서서히 소모와 피로감을 느끼는 초기 과정이 오랫동안 지속된다는 것, 의사를 찾아가는 지경이 되면 급격히 소모와 피로를 느끼게 되고 무기력에 빠지게 되고, 심하면 혀가 아프고 복통이 일어나고 새벽에 설사가 일어나고 몸무게가 현저히 줄어든다는 것이다. 스프루 감염을 피하기 위해서 선교사들은 청결을 유지하고 음식 조절로 설탕과 이스트 빵을 먹지 않는 식생활을 강조했다.

3) 병원 선교의 능률성 제고: 병원 개조와 시설 확충 및 스태프 교육

패터슨은 선교 병원의 능률을 높이는 것에 있어서 의사의 시술 능력 못지않게 중요한 요소를 제도로 보았다.[42] 여기에서 제도란 건물과 시설, 시스템, 간호사, 의료보조자, 조수 및 실험실 스텝 등 관련자들을 말한다. 그는 이러한 제도들의 향상을 통해 병원 사역의 진보와 수준을 높이기 위하여 부단히 노력하였다. 그는 2가지 건물 양식을 말하였다. 하나는 작은 병원이나 시골 병원에 맞는 것으로 한국인에게 어울리는 한국적 건물 양식과 온돌바닥의 병실을 강조했다. 다른 하나는 서양 건물 양식의 병원

을 하는 행태를 자주 보였다. 여기에는 2가지 경우가 겹쳐있다. 업무 과중으로 인한 건강 악화, 이를 뒤집어보면 건강 악화로 인한 업무 효율성 저하, 즉 업무 과중(사실 업무가 그에게 너무 많았지만)을 더 느끼게 된다. 이것을 매개하는 고리가 스프루 감염이다. 스프루 감염으로 인하여 건강 악화와 업무 효율의 저하가 일어나고, 이러한 능률 저하는 업무 과중을 더 증폭시켰다. 이를 견디지 못한 그는 조기 사직원을 제출하고 귀국하였다. 9년 후 '그렇게도 갑작스럽게'(so suddenly) 생을 마감한 그에 대한 아쉬움과 존경을 담은 추모사가 1933년 연례회의록에 남아 있다(*Minutes of the Annual Meeting* 1933, 36). 또한 1924년 연례회의 참석자 일동의 이름으로 그에게 바친 업적 칭송과 복귀 기원 문건은 여기 추모사 못지않게 감동을 주고 있다(22-23).

41 Jacob B. Patterson, "The Danger and Prevention of Sprue," *The Korea Mission Field* (1924), 125-126.
42 Jacob B. Patterson, "Medical Efficiency of Our Institutions," *The Korea Mission Field* (1914), 194-196.

인데 교육하고 활동하기에 편리하다는 것이다. 그는 이 두 양식의 조화로움을 강조했다. 구암동산에는 한국식의 온돌 병동과 서양식의 병원 건축물과 시설이 섞여 이곳저곳에 흩어져 있었다.

이러한 관점을 지닌 패터슨은 날로 커지는 환자들의 요구와 병원 환경의 변화에 따라 낡은 옛 병원을 개조하였다.[43] 1911년 여름과 가을에는 매일 방문하는 환자들(한국인과 일본인)이 70~80명에 이르렀다. 이 환자들을 치료하기 위하여 전통적 한국식의 건축을 바탕으로 서양식 병원으로 개조하였다. 또한 한국인 환자들에게 따뜻한 온돌 병실을 만들어 환자 가족이 밥을 해 먹기도 하는 등 편의를 제공하였다.[44] 일본인 환자를 위하여 별도 병동을 운영하였다. 이렇듯이 다양한 병원 건축과 시설물 및 각종 병동을 갖추었다.[45]

또한 패터슨은 한국인 의사, 의료보조인이나 실험실 조수 혹은 간호사를 양성하고 훈련하였다. 한국인을 이해하고, 이들에게 알맞은 교육과 훈련을 시켜 병원 시술에 참여시켰다. 이들 보조인과 간호사의 협력 덕분에 1인의 의사가 도저히 해낼 수 없는 진료와 수많은 수술을 할 수 있었다. 이러한 협력적 사역을 위하여 한국선교회는 그의 사역 계획을 검토하고 적극적으로 지원하여 적절한 의료 요원을 배치하도록 지원하였다.[46]

---

43 Jacob B. Patterson, "Note from Kunsan," *The Korea Mission Field* (1913), 12-13.
44 William Hollister, "History of Medical Work at Kunsan Station," 591.
45 다양한 건물과 시설이 들어선 구암 언덕의 병원 구역을 '패터슨의 감자 (혹은 오이) 덩굴'(Patterson's Potato or Cucumber Vine)이라고 불렸다. Sophie Montgomery Crane, 『기억해야 할 유산』, 80, 282.
46 패터슨의 사역이 원활하게 진행되도록 1921년에는 Miss Katie Harrington을 병원 Secretary로 임명했고, Lathrop이 정규 간호원으로 근무하고 있는 상황에서 Annie Isabell Gray 간호원(R. N.)을 추가로 배치했다(*Minutes of Annual Meeting* 1921, 42). 1922년에는 치과의사인 Dr. Killum Levie를 군산선교부에 배치하였다(*Minutes of Annual Meeting* 1922, 47).

4) 자기 희생적 섬김의 실천

패터슨이 실행위원회에 사직원을 제출한 사실을 뒤늦게 알게 된 한국 선교회는 1923년 조정위원회를 열어(1924. 1. 31.~2. 1., 전주) 그와 대화를 나누었다. "군산병원이 닫히게 되면 어떻게 할 것인가?"(79) 라며 대안을 묻자 "나는 나의 가족[그의 부인도 건강 악화가 심하였대]이 귀국하더라도 나 자신은 홀로 남아서 의무를 다할 것"이라는 안을 제시했다. 그의 가족의 영구귀국이 예상되는 상황에서 조정위원회는 그의 제안에 대하여 다음과 같이 결정했다. "군산[병원]에서 빛나는 봉사한 패터슨 박사에게 깊은 감사를 드리며 또한 그가 가족과 떨어져서 홀로 남아 봉사하겠다는 그의 위대한 희생정신에 감탄하면서 본 조정위원회는 그의 안을 수용하면 이는 현명치 못한 처사가 될 것으로 판단한다"라는 기록을 남기고 위원회(R. Coit, L. Newland, S. Winn) 이름으로 그에게 이를 통보하였다.[47] 이러한 대화와 진술은 패터슨의 자기 희생적 삶과 정신을 여실히 보여 준다. 그는 자기 희생을 통하여 가족을 사랑했고, 군산 예수병원을 최고의 자리로 끌어올렸다. 스프루로 고통을 겪으면서도 한층 더 자기 희생을 감내하려는 패터슨에게 한국선교회는 그의 사직원을 수용함으로써 그의 헌신에 감사하였다.

자기 희생을 드러낸 예를 들면 패터슨은 자기의 비용을 들여 병원 기자재와 각종 의학서적을 구입하여 공적으로 활용했다. 1923년 의료위원회는 티몬스(Henry L. Timmons) 의사에게 군산병원에 있는 의료 도구와 장비 등 개인적으로 그가 구입한 것들을 조사토록 하여 465.60달러를 그에게 보상했다(1923, 1983, 1991). 이러한 자기 희생의 따뜻한 정신이 가정에도 가득 찼다. 이러한 정신으로 운영된 군산병원은 극빈 환자들에게 자선 치료를 많이 했다.[48] 특히 패터슨 부인은 타지에서 진료 차 내방한 외국인 선교사 환

---

47 *Minutes of Annual Meeting* 1923, 79.
48 1899년 일제의 침략으로 개항을 한 군산은 수탈당한 농민층 등 극빈자들이 많아 무료 진

자들을 자기 집에 들여 기거하게 하고 치료가 끝날 때까지 간호했다.49

5) 자립 원칙과 의료 선교

패터슨은 군산병원이 기본적으로 자립해야 함을 강조했다.50 군산병원의 자립 정책은 두 가지 방향에서 진행되었다. 하나는 병원이 고용한 한국인 의료보조인 인건비를 지급하는 일이었다. 1915년부터 서서평 선교사가 병원 내 간호학교를 운영하였다. 이로 인하여 배출된 한국인 간호원이 1919년 군산병원에만 25인이 있었다. 이외에도 패터슨의 한국인 조수 혹은 보조 의사가 있었다. 병원에 종사하는 한국인 보조인 인건비는 한국선교회가 군산병원을 위해 1911년 이래 300달러를 책정했다. 보조 의사인 육공필과 정공선에 대한 월급은 각각 18엔(9달러)로 이 두 사람의 인건비만 해도 연 200달러를 상회한다. 이러한 상황에서 활동 실적이 타 병원에 비해 월등히 큰 군산병원은 더 많은 보조인을 필요로 했고, 이에 따라 보조인 인건비가 많을 수밖에 없었다. 이들에 대한 인건비는 군산병원이 자체적으로 해결했으나 이들의 처우에 대한 자세한 기준은 알려져 있지 않다.51

다른 하나는 병원의 운영비와 시설비 지출이다. 예를 들면 1920년 병원 시설 예산을 승인받는 과정에서 격리병동 지붕의 볏짚을 걷어내고 타일로 바꾸는 작업에 1,600엔이 필요하고, 이 중 600엔이 이미 준비되었다

료 및 치료가 필요하였다. W. B. Harrison, "Notes from Kunsan," *KMF* (1907. 9.), 132.

49 William Hollister, "History of Medical Work at Kunsan Station," 591.

50 *History of Kunsan Medical Work*, typescript 재인용. Sophie Montgomery Crane, 『기억해야 할 유산』, 80, 282.

51 한국인 의사에게 지급될 수 있는 최고액은 1919년 90엔이었으나(59) 1920년에 125엔까지 허락되었다(33). 그러나 한국선교회는 1924년 패터슨의 안식년 휴가로 인하여 면허를 가진 한국인 의사를 긴급하게 초빙하면서 월 200엔의 봉급을 주기로 했다(54). 1921년 한국선교회 산하 남학교의 한국인 교사의 월급은 학력에 따라 달랐는데 고등과 졸업자 30엔, 별과 졸 35엔, 대학 2년제 졸 40엔, 대학교 졸 55~70엔, 일본대학교 졸 80엔이었다(32).

고 보고했다(22). 그런데 1921년 예산 집행에 있어서 이 항목과 비용 1,600
엔이 들어있지 않다(50-51). 이 항목은 자립 원칙에 따라 군산병원이 자체
부담한 것으로 이해된다. 여분의 기금을 마련하여 1926년에도 간호학교를
세우려는 의지가 있었으나 이를 행할 수 없었다(109). 후임자로 1924년
부임한 브란도(Louis Christian Brand) 선교사가 그 그동안 축적된 기금 등
을 활용하여 1926년 대대적인 개조와 시설을 확충하였다.[52]

IV. 결론

1910년 한국에 입국한 의료 선교사 패터슨은 군산선교부에 속하여
한국어와 문화를 익혔고, 그 이듬해부터 병원 선교를 이끌며 의료 시설과
시술 능력과 병원 제도의 우수성과 탁월성을 확보하려고 노력하였다.
1910~1923년 의료 시술의 세 측면, 즉 의사 자신의 뛰어난 의학 지식과
능력, 실행위원회와 한국선교회의 재정 지원으로 병원 시설과 장비 구입,
여기에 한국인 간호사와 의료보조인들을 양성하는 등 의료 선교의 능력
향상을 도모했다. 의사 패터슨은 그의 자질과 능력의 탁월성을 바탕으로
병원 시설과 장비의 확보 및 병원 제도의 효율성 제고를 통해 한국 최고
수준의 군산병원을 만들고 최고의 실적을 달성하였다.

이러한 의료 선교사 패터슨은 이원론적 영혼 구원 중심의 통전 선교를
하며 의료 시술을 하는 한편 환자들에게 복음을 전하였고 병원 복음 전도인
이 복음을 전하도록 도왔다. 그는 한국인을 사랑하여 의료 보조 인력을 교
육하고 훈련하고, 환자들을 사랑하여 정성을 다해 치료하고, 한국인들의
질병 상황을 연구하여 치료의 효율성을 높이고, 한국 의료계에 공헌하였다.

---

52 William Hollister, "History of Medical Work at Kunsan Station," 591.

그는 헌신적 의료 선교로 인하여 건강이 악화되는 등 순교자적 삶을 살았다.

오늘날 한국교회의 의료 선교 상황에서 패터슨의 의료 선교 경험은 어떠한 참고를 한국교회에 제공할까? 첫째, 구원관과 선교관의 재정립이 필요하다. 패터슨도 시대의 아들로서 그 시대의 구원관을 따라 이원론적 영혼 구원 중심의 의료 선교를 행하였다. 패터슨 시대의 영혼 구원 중심의 통전 선교는 한국교회의 선교 초기에 복음 전도와 교회 개척과 관련하여 나름대로 중요한 기능을 하였다. 그러나 100년이 지난 오늘날 이원론적 영혼 구원 중심의 한국교회는 몸의 육체성과 사회성을 상실한 나머지 선교 현장인 한국 사회로부터 외면당하고 있다. 이처럼 비사회적 선교 관행에 빠진 한국교회 상황에서 오늘날 의료 선교는 인간을 영육 이원론적으로 이해한 것이 아니라 영육을 통째로 지닌 인간, 즉 전인적 관점에서 인간을 구원하려 한다.53 더 나아가 오늘날 선교는 전인적 인간(네페시: 영혼, 사람, 생명)을 사회와 생태계와 관련지어 구원하는 통전적 영혼 구원 선교 관점을 강조한다.54 둘째, 패터슨은 한국인을 사랑하고 존중하여 한국인을 교육하고 훈련하였다. 더 나아가 한국인의 질병을 연구하고 시술하였다. 그는 토착민을 섬기고 연구하는 의료 선교를 행하였다. 셋째, 그는 병원 제도로서 다양한 의료 인력들의 상호 이해와 충성을 강조하였다. 실적을 이루려는 목적이 아니라 그는 이러한 제도의 효율성을 높임으로써 명성을 얻게 되었다. 넷째, 선교를 행함에 있어서 자기 자신의 희생적 헌신이 중요하다. 패터슨은 자기 희생적으로 한국인을 섬기며 고통을 감내하며 순교자적 삶을 살았다. 패터슨의 이러한 선교사적 경험을 성찰하면서 오늘날 한국교회는 의료 선교에 대한 새로운 비전을 수립하고 실천해야 할 것이다.

---

53 박준범, "의료선교 현장에서의 전인적 접근," 전우택 대표편저자, 『의료 선교사가 현장에서 쓴 의료선교학』 (서울: 연세대학교 출판부, 2004), 121-139.
54 임희모, 『서서평 선교사의 통전적 영혼구원 선교』, 101-140.

6 장
무료 시술을 실시한 의사 선교사가 '작은 예수'로 불림
: 제임스 로저스 의료 선교사(James McLean Rogers M.D.)

I. 서론

근대 시기 한국의 선교 병원들은 의료계와 일반 사회 발전에 크게 공헌하였다. 1913년부터 세브란스병원은 한국에서 활동한 미국 북·남장로교, 북·남감리교, 호주장로교 및 캐나다장로교 등 6개 교단의 선교회들이 의사와 간호사는 물론 운영 이사를 파송하고 재정을 지원하여 연합병원으로 발전하였다. 이에 대하여 미국인 의사 1인과 간호사 1인이 근무하는 선교 병원으로 남장로교 한국선교회(이하 한국선교회) 소속 군산 예수병원은[1] 1920, 1930년대는 순천 알렉산더병원(이하 안력산병원)이 세브란스에 버금가는 실적을 올렸다.[2] 호남은 물론 전국에서 환자들이 이들 병원으로 몰려왔다.

이러한 역사적 사실을 배경으로 본 글은 순천선교부 안력산병원에서 1917

---

1 임희모, "미국남장로교 선교사 야곱 패터슨(Jacob Bruce Patterson)의 군산 예수병원 의료 사역 연구(1910-1925)," 「장신논단」 52-53 (2020. 9.): 167-194.

2 J. F. Preston, "A Close-up View of the Medical Missionary," *Korea Mission Field (KMF)* (July 1936): 139.

년부터 1940년까지 사역한 제임스 로저스(James McLean Rogers, MD, 로제세, 1892~1967, 이하 로저스)의 자선적(Charitable) 의료 선교 활동을 연구한다. 그는 1920년부터 다른 병원과 구별되는 의료 시술을 하면서 내원 환자들의 60% 이상을 자선적 무료 치료를 하였다. 이로 인해 로저스는 '작은 예수'로 불렸고 안력산병원은 선교 병원으로서 국내외에서 명성을 떨쳤다.

그동안 안력산병원 연구는 논문 2편이 있고 이외에 안력산병원을 소개한 글들이 있다. 우선 논문을 살피면 한규무가 2개의 글을 발표했다.[3] 첫 글은 전남 지역의 목포, 광주, 순천 등 3개의 선교 병원을 연구하면서 목포 4쪽, 광주병원 9.5쪽, 순천 안력산병원은 6.5쪽을 할애하였다. 그는 이 안력산병원 글을 수정 · 보완하여 둘째 논문을 서술하였다. 크레인(Sophie M. Crane)은 한국선교회의 의료 선교 역사를 그녀의 책 일부분으로 다루었는데, 6쪽 분량으로 안력산병원을 기술하였다.[4] 이 책의 한국선교회 부분이 번역되어 책으로 출판되었다. 그러나 이 책(전반부는 한국어, 후반부는 영어)은 전반적으로 내용과 연대 서술에 오류가 많아 학술연구물로 보기는 어렵다. 이 외에 순천선교부를 연구하고 소개하는 글 대부분이 안력산병원을 언급하는데 대개 2차 자료를 대물림 활용하여 오류도 대물림하고 있다.[5]

이러한 안력산병원 연구는 첫째, 이 병원의 활동을 주도한 로저스 선교

---

3 한규무, "미국남장로교 한국선교부의 전남지역 의료선교, 1898-1940)," 「남도문화연구」 20 (2011): 467-473; "미국 남장로회의 순천지역 의료선교와 안력산병원," 국립순천대학교 인문학술원 종교역사문화센터 편, 『전남 동부 기독교 선교와 한국 사회』 (서울: 도서출판 선인, 2019), 163-184.

4 Sophie Montgomery Crane, *A Legacy Remembered,* 정병준 역, 『기억해야 할 유산: 미국 남장로회 의료선교 역사』 (서울: 한국장로교출판사, 2011), 108-113, 310-315.

5 여기에서 이덕주의 글을 언급한다. 그는 순천선교부의 개설과정과 개설 이후 선교 사역과 지역사회의 반응을 폭넓게 다룬 방대한 글(참고문헌 제외, 62쪽)을 기고했다. 그는 여기에서 주로 1차 자료를 활용하여 8쪽 분량의 안력산병원을 서술했다. 그러나 그는 구체적 사실을 섬세하게 관찰하지 않아 일부 내용과 숫자 등에 오류를 드러냈다. 이덕주, "일제강점기 순천 선교부와 지역사회," 국립순천대학교 인문학술원 종교역사문화센터 편, 『전남동부 기독교 선교와 한국사회』, 99-102, 119-123.

사에 대한 연구 분량이 매우 적다. 좀 더 많은 자료 분석과 충실한 연구가 필요하다. 둘째, 이 선교 병원을 세우고 운영한 선교사들의 1차 자료들을 활용함에 있어서 매우 제한적이다. 한규무는 그동안 기독교 복음의 전래사보다 수용사를 강조하여 탁월한 안목과 업적을 보였다. 안력산병원 연구에 있어서도 그는 복음의 수용 현장인 한국에서 생성된 자료들을 주로 활용하였으나 선교사들의 자료 활용에 있어서 2차 자료를 활용하여 오류 혹은 모호함을 그대로 전한 것으로 보인다. 여기에는 ① 순천선교부 병원 건축의 시작과 발전, 이 선교부에 배속된 의사 선교사 티몬스(Henry L. Timmons, 순천 재임기간: 1913~1916, 1922)의 병원 시작과 병가와 재소환, ② 로저스의 정착(1917~1919)과 자선적 의료 선교의 시작과 긴장 상황, ③ 1930~1933년의 안력산병원 증축과 자선 의료 치료 관련 국내 신문들의 기사 등이 포함된다. 이들 문제를 풀어낼 1차 자료로서 한국선교회의 연례회의록(이하 연례회의록)과 선교사들의 보고서 등을 분석하되 본 글은 논쟁하기보다는 내용을 설명하는 식으로 기술할 것이다. 셋째, 이 병원에서 일어난 사건과 내용을 이해할 수 있는 사회경제적 배경에 대한 설명이 없다. 이러한 연구 상황에서 이 한계들을 극복하고 보다 완성된 연구물을 생산할 필요가 있다.

이러한 의미에서 본 글은 먼저 순천 중심의 전남 동부의 사회경제적 상황과 순천선교부의 의료 선교의 시작 상황을 서술한다(II장). 또한 로저스의 자선적 의료 선교의 시작과 긴장 상황, 안력산병원 증축과 자선적 의료 선교의 결과 등을 분석한다(III장). 뒤이어 로저스의 자선적 의료 선교의 특징을 분석한다(IV장). 여기에서 1920년대 군산 예수병원의 패터슨과 1930년대 안력산병원의 로저스의 사역적 특징을 간략하게나마 비교하여 로저스의 사역을 특징화할 것이다. 끝으로 로저스의 의료 선교 활동의 영향과 오늘날 한국교회에 주는 함의를 간략히 서술한다(V장). 그러나 본 글은 연례회의록, 선교사들의 기고문과 개인보고서 등 1차 자료를 중심으로 연구하지만, 지면을 아끼기 위하여 한글 자료는 불가결한 경우 외 인용과 언급을 하지 않고, 기존 자료들이 가진 오류도 일일이 나열하거나 논하지는 않는다.6

II. 순천 안력산병원 건축과 로저스 선교사의 자선적 의료 선교 준비

1. 전남 동부 지역의 사회경제적 상황(1910~1940)

1910년 일제 강점과 식민 통치하의 한국은 지주소작제가 실시된 1918년 인구의 80%가 농민들이었다. 전체 농가의 3%에 불과한 지주들이 경지의 50%를 차지하고, 77%가 소작 농가로 시달렸다. 전남 지역은 농업 인구

---

6 오류를 일일이 지적하자면 지면이 많이 필요하다. 여기에서 예를 1개만 든다. 남장로교 선교 역사 연구에 있어서 다음의 책, George T. Brown, *Mission to Korea* (Atlanta[GA]: Board of Foreign Missions, Presbyterian Church, U. S., 1962); George T. Brown, *Mission to Korea*, 천사무엘·김균태·오승재 역, 『한국선교 이야기: 미국남장로교 한국선교 역사 (1892~1962)』(서울: 동연, 2010)는 읽어야 할 기본서로 알려져 있다. 이 책은 1차 자료를 활용하여 저작된 탁월한 책이다. 그러나 브라운은 원문출처에 대한 각주를 대부분 생략하여 원자료 확인이 필요하다. 그는 순천선교부 의료 선교 시작과 관련하여 4개의 오류를 범하고 있다(*Mission to Korea*, 102). 첫째, 그는 의료 사역 기간을 7개월로 본다. 그러나 티몬스와 그리어를 순천으로 배치한 연례회의가 끝난 날, 즉 이들이 업무를 개시한 날인 1913년 9월 1일부터 통계 마감일인 익년 6월 30일까지 10개월간 병원과 진료소 사역을 하였다. 둘째, 의료 시작 첫 7(10)개월 동안 수술한 환자의 수이다. 그는 국부마취 수술환자 67명만을 언급했으나 원자료(*Minutes of the Annual Meeting of the Southern Presbyterian Mission in Korea*, 이하 *Minutes of SPMK* 1914, 92)는 전신마취 환자 23명도 기록하여 수술환자는 총 90명이다. 여기에 몇몇 글들은 원자료와 브라운의 67명을 68명으로 오기하고 있다. 셋째, 안력산병원의 완공을 브라운은 1915년으로 기록하나 건축을 시작하고 완공한 티몬스는 1916년 3월 1일로 진술한다. Henry L. Timmons, "The Opening of Alexander Hospital, Soonchun, Korea," *The Missionary Survey* (July 1916), 501. 넷째, 병원의 병상 수인데 브라운은 35개로, 티몬스는 30개로 기록하고 있다.

의 2%에 미치지 못하는 지주들이 전체 경지의 55%, 논의 65%를 소유하였다. 이러한 상황에서 당시 순천군은 1922년 소작농 1,600명이 지세 및 공과금의 지주 부담, 소작권 이동 반대, 소작료 4할을 요구하며 대(對)지주 투쟁을 벌였다. 1923년에는 13개 면 농민단체들이 순천농민대회연합회를 창립하였고, 이것이 확대되어 1924년 전라남·북도 노동·농민단체 연합기관으로 전라노농연맹이 발족되었다.[7] 1930년대에도 전국적으로 토지 소유가 지주에게로 더욱 집중되고, 농민층의 하강 분해가 심하여 소작쟁의 수가 증가하고, 농민단체 수가 급증하였다.[8] 구체적으로 1932년 순천군의 궁농(窮農) 상황을 살펴볼 필요가 있다.

"전남 순천 지방 전군에 궁한 농업자 통계[계]가 작년 12월 말일 현재로 100,610명인데 그 중에서 지주가 147명이오[요] 자작농이 883명이며 자작 겸 소작농이 6,750명이오[요] 소작농이 11,151명이다. 전년도 총계[계]에 비하야[비해] 보면 자작 겸 소작농이 521명이 감[소]하얏[였]고 소작농이 527명이 증가되엇[었]는데 이와가티[같이] 년년히[연년이] 자작농이 몰락하야[여] 소작농으로 전환되고 소작인이 또 토지를 떠나 농업로[노]동자로 화함은 필연적 현장[현상]으로 농업로[노]동자만이 80,000여 명이라 한다"(필자가 한문을 현대어와 아리비아 숫자로 고쳤음).[9]

1920~1930년대의 순천 지역은 지주·소작 관계의 악화로 농업 노동자들이[10] 증가한다는 것이다. 이들은 농촌에서 떠돌며 날품팔이 빈민으로

---

7 무등역사연구회, 『광주·전남의 역사』 (파주: 태학사, 2010, 3쇄), 234-237.
8 김영희, "1930·40년대 일제의 농촌통제정책에 관한 연구" (미간행 박사학위논문, 숙명여자대학교, 1996), 48-59.
9 "順天郡窮農十萬 賃農者八萬名(순천군 궁농 십만 임농자 팔만 명)," 「조선일보」 1932. 6. 17.
10 강만길, 『일제시대 빈민생활사 연구』 (서울: 창작과 비평사, 1987), 9-19.

사는 자들로서 나중에는 도시 빈민이나 걸인으로 전락한다. 순천 중심의
전남 동부 지역은,[11] 즉 여수, 광양, 구례, 곡성, 보성, 고흥을 포함한 65½
개의 면에 1927년 505,121명의 인구가 살았다.[12]

2. 순천선교부의 병원 건축과 초기 선교(1913~1918)

남장로교 해외선교실행위원회(이하 실행위원회)가 파송한 7인의 개척선
교사들은 1892년 10월과 11월에 한국에 입국하였고, 1년 반이 지나 의사
선교사 드루(Alessandro D. Drew, 한국 체류 1894~1901)를 파송하여 그는 1894
년 3월 초에 입국하였다. 이후 군산, 전주, 목포, 광주에 선교 병원이 세워
졌다. 순천에 병원을 세우기 위하여 한국선교회의 1913년 연례회의(1913.
8. 21.~9. 1.)는 1912년 11월 초 전주에 도착하여 다니엘(Thomas H. Daniel)
의사 선교사 집에서 8개월을 머문 의사 선교사 티몬스[13](순천 재임 1913.
7.~1916. 11.)와 1912년 9월 20일 광주에 도착한 간호 선교사 그리어(Anna
L. Greer, 순천 재임 1913. 4.~1927. 9.)를 순천에 배치하였다. 이들은 당시 순천
선교 마을 건축 현장의 관리자들이 사용하던 판잣집 사무소(가로세로 각
10피트로 약 9.3㎡=2.8평)를 진료소로 활용하여 의료 선교를 시작하였다.

---

11 1927년의 호남 지역(한국선교회 선교 지역)의 주요 도시의 인구는 다음과 같다. 전주
  22,000명, 군산 23,700명, 이리(익산) 14,000명, 정읍 8,800명, 남원 6,100명, 광주
  22,760명, 목포 29,200명, 나주 6,600명, 순천 9,000명, 여수 8,000명 등이다. Saino-
  suké Kiriyama edited, *Chosen of Today Illustrated* (Keijo[서울]: Chikasawa Printing
  House, 1929), 60.

12 *Minutes of SPMK* 1930, 58.

13 1878년 8월 6일생인 티몬스는 1906년 8월 29일 Laura Louise McKnight(1883년 9월 21
  일생)와 결혼하였고 1912년 11월 초 한국에 도착하였다. 건축가인 부친을 따라 건축학을
  공부한 후 1910년 데이비슨대학에서 단기 수학, 동년에 북캐럴라이나의과대학과 시카고
  의 러시의과대학에서 수학한 후 개업의로 활동했다. "Timmons, Henry Loyola, M. D.";
  "Timmons, Laura Louise McKnight," *Biographical Information* (PHC Montreat).

이러한 상황에서 새로운 병원 건물을 세울 필요성을 가진 1913년 한국선교회는[14] 티몬스의 업무를 언어 공부, 의료 사역 및 건축위원회 봉사로 정했고(37),[15] 왓츠(George W. Watts)의 후원금의 일부인 '병원과 진료소 기금'[16]에서 건축비의 인출 권한을 그에게 부여했다(43). 한편 한국선교회는 3인의 선교사(M. L. Swinehart, L. B. Tate, J. S. Nisbet)로 건축위원회를 구성하고 건축가로 활동한 경력을 지닌 티몬스가 산출한 명세서와 비용 등 건축비를 검토하여 이 중 10%를 삭감하게 했다(43). 6개월 후, 즉 1914년 3월 초에 완공된 병원이 가로세로 18×28피트(46.3㎡=14.3평)의 한옥병원이다. 그러므로 한옥병원은 왓츠의 후원금으로 한국선교회와 티몬스가 건축하였고, 운영비도 왓츠의 후원금에서 출연되었다. 한옥병원의 공간은 비좁고 불편했지만, 병원으로서 최소한의 기능과 시설을 갖추어 판잣집 진료소에서 6개월(1913. 9.~1914. 2.)과 한옥병원의 수술과 진료 4개월(1914. 3.~1914. 6. 30.)에 국부수술 67명과 대수술 23명 등 90명을 치료했고, 진료 3,814회를 행하였다.[17] 협소한 이 병원은 수술 환자들이 있는 마룻바닥을 환자와 방문자들이 왕래함으로써 불안하고 비위생적인 상태에 있었다.

새로운 병원 건축이 시급한 상황에서 2달간(1902. 12~1903. 2. 7.) 군산에서 활동했던 의사 선교사 알렉산더(Alexander J. A. Alexander)가 1914년도

---

14 임희모, "미국남장로교 한국선교회의 순천선교부 개설 배경 연구 – 1892~1912년을 중심으로," 「장신논단」 53-1 (2021. 3.): 247-276.

15 연례회의록과 관련된 각주를 일일이 달지 않고 문장 끝의 괄호 안에 숫자를 넣는 방식으로 본문 주를 달고자 한다. 즉, 이 문장의 앞에 나온 숫자 '1913년'은 '1913년 연례회의록'을 뜻하고 문장 끝의 괄호 안의 숫자 (37)은 '해당연도 연례회의록의 37쪽'을 말한다. 그러므로 이것은 '1913년 연례회의록 37쪽', 즉 *Minutes of SPMK* 1913, 37을 뜻한다.

16 1912년 순천선교부 개설과 운영비 일체, 즉 선교사 13인(가족 포함)의 연봉, 선교 마을 조성비(선교사 주택, 학교, 병원, 교회, 환경 조성 등)와 운영비를 포함한 13,000달러를 왓츠가 매년 기부하기로 약정하였다. 1913년 4월 이 기부금의 일부는 '병원과 진료소 기금'으로 남아 있었다.

17 *Minutes of SPMK* 1913, 40, 43, 51; 1914, 92.

에 병원 건축비 전액을 후원하였다.[18] 최신식의 30병상을 갖춘 이 병원은 1916년 3월 1일 공식적으로 개원하면서 알렉산더기념병원, 즉 안력산병원으로 명명하였다.[19] 한편 과로로 몸이 약해져 스프루(Sprue, 만성장흡수부전증)에 걸린 티몬스는 1916년 11월 본국으로 소환됨에 따라 화급해진 한국선교회는 조정위원회(Ad-Interim Committee, 이하 AIC)를 소집하였다. 이 위원회는 장고 끝에 미국인 의사가 순천에 도착할 때까지 광주의 윌슨(Robert M. Wilson)에게 임시로 병원을 맡겼다.[20] 이러한 상황에서 의사 선교사 로저스가 1917년 10월 31일 순천에 도착하였다.

3. 로저스의 선교 준비 교육과 인적 사항

로저스(1892년 2월 14일생, Alabama의 Wetumpka 출신)는 한국 선교 비전을 품고 교육과 훈련을 받았다. 그는 데이비슨(Davidson) 대학에서 1913년 6월에 과학사(B. S.) 학위를 받았고, 버지니아대학교 의과대학(Medical College of Virginia)을 1917년에 졸업(Doctor of Medicine, M. D.)하였다. 로저스는 북캐롤라이나의 샬롯병원(Hospital in Charlotte)에서 프레슬리 박사(Dr. George W. Presley)의 지도로 레지던트 과정을 마쳤다. 그는 미국대학외과학회 정회원(F. A. C. S., Fellow of the American College of Surgeons)이 되었다.[21]

로저스는 1917년 6월 12일 로스(Mary Dunn Ross, 1894년 10월 18일생, N.

---

18 1902년 한국 입국 도중 부친사망의 비보를 접한 알렉산더는 유산상속 문제로 귀국할 당시 한국의 의료 선교를 도우려는 희망을 다음과 같이 피력하였다. "한국인들과 한국을 사랑하며 [내가 행한 활동에 대하여] 대체로 만족합니다. 주님의 영광을 위하여 내가 여기 [한국]에서 어떤 선한 일을 할 수 있기를 믿으며 소망합니다." "Our Mission and Missionaries," *The Missionary* (March 1903), 119.

19 H. L. Timmons, "The Opening of Alexander Hospital, Soonchun, Korea," 502.

20 *Minutes of SPMK* 1916, 64-65, 67-68.

21 James McLean Rogers (M. D.), "Rogers, Mary Dunn Ross (Mrs. J. M.)," *Biographical Information* (PHC Montreat).

C.의 Charlotte 출신)와 결혼하였다. 로저스 부인은 장로교 여성대학으로 알려진 퀸스대학(Queens College, 1912~1914년)에서 시적 감수성을 키우며 문학사(B. A.) 학위를 취득했다.

III. 의사 선교사 로저스의 자선적 의료 선교 활동과 지역사회 의료 선교

1. 로저스의 자선적 의료 선교 활동: 전반기(1918~1929)

1) 사역 준비를 위한 2가지: 일본 의사면허 취득과 언어시험 합격

로저스가 입국하기 이전 1917년 6월 광주에서 열린 제16차 연례회의는 그를 순천선교부에 배치하였다. 그러나 그가 병원 사역을 책임 맡을 준비를 마칠 때까지 광주의 윌슨이 병원 책임을 맡는다는 것, 한국선교회 의료위원회(이하 의료위원회)는 그가 일제의 의사면허를[22] 취득할 수 있도록 조치할 것을 결의했다(29, 55).

로저스가 순천에 도착한 이후 열린 1918년 연례회의는 그에게 언어 공부와 안력산병원 의료 사역 업무를 할당하였다(26). 그러나 그는 책임을 맡기 위하여 우선 일제의 의사면허를 취득해야만 했다. 이를 위하여 로저스는 그의 가족과 함께 1918년 9월부터 11월 말까지 3개월을[23] 일본에서

---

22 일제는 1914년 의사규칙을 시행하여 외국인과 한국인 포함 모든 의사와 간호사에게 일본 면허 취득을 강제했다. 이만열, 『한국기독교의료사』 (서울: 아카넷, 2003), 240; 1915년 일본 의사들에게 광주에서 남장로교 의료 선교사들도 면허시험을 치렀다. 그리어 간호사를 포함하여 리딩햄(Roy S. Leadingham)과 오긍선 등 대다수 의료 선교사들이 합격하였다. Anna Lou Greer, "Personalia," *The Missionary Survey* (April 1915): 316-317.
23 연례회의록은 이를 3주간(three weeks)으로 오기하고 있다. *Minutes of SPMK* 1918(연례회의록 뒷부분에 있는 AIC회의록), 21.

체류하면서 시험을 준비하여 일제의 의사면허를 취득하였다.[24]

12월부터 그는 한국어 공부에 매진하였다. 그러나 병원의 여건은 언어 공부에 많은 시간을 할애할 상황이 아니었다. 그동안 근무하던 의학생 박 승봉의 사임, 임시 책임자 윌슨의 광주 복귀, 간호사 그리어는 안식년으로 출국하였다. 이러한 상황에서 로저스 부부는 1919년 6월에 열린 전주 연 례회의에 참석하였다. 의료위원회에 소속된 로저스는 25일 저녁 회의의 폐회 기도와 다음 날 저녁 회의의 개회 기도를 하였다. 1919년 업무로 그 는 언어 공부와 의료 사역 책임을 맡았다(5, 15, 17). 1920년 그는 마침내 언어시험의 1년 차 구두시험에 합격하였고(23), 1921년에 1년 차 필기시험 에 합격하여(25) 한국선교회에서 투표권을 행사할 수 있게 되었다.

2) 순천선교부의 자선적 의료 선교 시작: 배경, 동기, 진행

순천의 선교사들은 선교부 개설 시작부터 질병에 시달렸다. 1913년 4월 복음 전도 선교사들이 광주에서 순천 선교 마을로 이사한 며칠 후 코이트 (Robert T. Coit, 고라복)의 두 자녀가 이질로 연달아 사망하였다. 뒤이은 병으 로 죽음의 입구에 이른 코이트 부인을 위하여 전국의 선교사들과 한국인들 의 합심 기도로 그녀가 회생함으로써[25] 순천선교부는 '불의 세례'(baptism of fire)를 경험하였다.[26] 순천의 첫 의사인 티몬스가 1916년 11월 스프루로 인해 갑작스레 병가를 얻어 미국으로 돌아갔다. 1917년 몇 선교사들이 스프 루로 고통을 받았고,[27] 1918년 가을부터 인플루엔자, 1920년 8월부터 콜레라 가 퍼졌고, 서울에서 생긴 천연두는 전국적으로 유행하여 수많은 생명을 앗

---

24 "Letter from Mrs. James McL. Rogers," *The Missionary Survey* (July 1919), 399.

25 R. T. Coit, "Notes and Personals," *KMF* (June 1913), 154.

26 George Thompson Brown, *Mission to Korea*, 94.

27 R. T. Coit, "The Annual Meeting of the Korea Mission, 1917," *The Missionary Survey* (October 1917), 680.

아갔다. 1920년 코이트는 유사 장티푸스에 걸려 3주간 앓았고, 크레인(John
C. Crane)의 큰딸 릴리언(Lillian)은 인후염으로 거의 죽음 직전에 살아났다.

1920년 로저스 부인도 병을 심하게 앓았다. 이에 한바탕 소동을 일으
키며 광주, 전주, 군산의 의료 선교사 3인이[28] 순천에서 모여 합동 진단을
내렸는데 그녀의 병은 스프루로 밝혀졌다.[29] 로저스는 1921년 9월 병가(로
저스 부인)와 1922년 안식년으로 떠났으나 1923년 2월 초 한국으로 귀환하
였다.[30] 그동안 로저스의 안식년 기간에 안력산병원을 맡을 티몬스가
1922년 다시 한국으로 소환되었는데 로저스가 중도(1923년 2월 초)에 순천
에 귀임함으로써 티몬스는 1923년 2월 이후 전주로 떠났다. 한편 1922년
연례회의는 로저스에게 스프루 연구를 요청했고(14, 20), 그는 이 병을 연
구하여 1923년 연례회의와 의료위원회에서 보고했다(10, 28). 한국 토착병
으로 알려진 스프루 등 많은 질병으로 선교사들이 고통을 겪거나 사망하
는 것은 한국 사회에 만연한 가난과 질병 상황이 영향을 준 것이다.

로저스는 1920년 한국의 가난과 질병과 자선적 의료 선교를 다음과
같이 기술하였다.[31]

"병원 사역에서 우리[순천병원]는 … 이전에는 평균 15~20명의 환자를

---

28 서울 출장 중 로저스로부터 연락을 받고 급히 내려온 광주의 윌슨, 군산의 패터슨(J. B.
Patterson), 전주의 로버트슨(M. O. Robertson) 등 3인의 의사들이 광주로 모여들었고,
운전을 맡은 녹스 부부(Rev. & Mrs. Robert Knox)가 10개의 재를 넘는 산악도로 등
100km를 한밤중 6시간을 달려 새벽 4시 30분에 순천에 도착하여 광주-순천 간 최단 시
간 기록을 남겼다. Mrs. Robert Knox, "All Night in a Road," *The Missionary Survey*
(January 1922): 29-30.

29 J. M. Rogers, *Report of J. M. Rogers, M. D. to Soonchun Station, c[C]overing r[R]eport for
Alexander Hospital, for 1920~1921* (Nashville, Tennessee, August 1921), 1.

30 "Rogers, Mary Dunn Ross (Mrs. J. M.)," *Biographical Information* (PHC Montreat).

31 J. M. Rogers, *Extracts from Report of to Soonchun Station, c[C]overing r[R]eport for
Alex\-ander Hospital, for 1920~1921*, 1.

무료로 치료하였다. 어느 날 아침 우리는 총 25명의 환자 중 21명을 무료로 치료한 사실을 알게 되었다. 이것은 비율이[32] 맞지 않는 경우지만, 우리는 병원비를 지불할 돈이 없는 가난한 내원 환자 누구도 돌려보내서는 안 되는 규정을 만들었다. 재정 사정이 좋지 않음에도 불구하고 우리는 무료 환자로 여길 수 있는 수많은 사람을 치료한다. 한국의 일용근로자들은 정말이지 하루 벌어 겨우 하루를 생존한다. 좀 더 나쁜 경우 이들은 병이 들면 수입이 끊기고 그러면 이들은 굶주리고 병이 들어 (병원 문턱도 밟아 보지 못하고) 죽는다. 집은커녕 방 한 칸도 없이 심하게 중병을 앓는 수많은 한국인을 우리가 치료한다. 병원 접근을 할 수 없다면 이 불행한 사람들은 길바닥에 나앉아서 (운이 좋으면) 살아나거나 아니면 죽는다. 좀 더 운이 좋은 사람은 차가운 방에 누워서 더 이상 먹을 음식도 없고 온기를 유지할 수도 없지만 (병원에서 진료를 받는) 경우다." (강조는 필자)

로저스의 이러한 자선적 의료 선교는 순천 중심의 전남 동부의 가난한 농촌사회의 질병 상황에서 구상되었다. 가난하여 굶주리고 실직하고 길거리에서 죽어가는 빈농 병자들에게 자선을 베풀어 무료로 치료하고 복음을 전하여 영생을 얻게 하려는 것이었다.

1922년 로저스는 한국농촌 사회의 질병 치료 상황을 보고했다. 정신병 여인에게 붙은 악령을 쫓아내기 위하여 그녀의 두 손을 묶고 엄지를 뜨거운 다리미로 지지다가 나중에는 손가락을 몇 개 잘린 여성 환자, 소화불량에 걸린 환자에게 민간치료사가 쟁기 날의 조각 등 쇠 종류의 부스러기 등을 먹여 위에서 3파운드 2온스(=1.42kg) 무게의 쇳조각을 꺼낸 환자, 침술사가 소독하지 않은 대침을 골절된 발목에 찔렀는데 관절이 오염되고

---

32 자선 무료 시술을 승인한 한국선교회는 병원에 무료 치료 내용, 비용을 기록하여 연례 통계로 보고하게 하고, 병원비에서 하루 1엔 비율로 적용하게 했다. *Minutes of SPMK* 1921, 30.

썩어 결국 무릎 위를 절단하여 생명을 구한 14살 소년, 1살이 되지 않은 아이가 순무 조각을 삼켜 복통으로 울자 침을 놓았는데 잘못하여 왼쪽 눈동자가 찔린 사례 등이다.[33]

여기에서 당시 전통적 농촌사회의 의료의 문제점을 살필 필요가 있다. 3가지 치료사가 존재했다. 첫째, 질병의 근원을 악령의 작용으로 이해하여 축귀 굿을 하는 무당, 둘째, 소화불량 환자에게 강한 위를 갖게 하려고 각종 쇠 부스러기를 먹이는 등 무지하고 비합리적인 민간치료사, 셋째, 살균 문제와 미숙한 시침과 뜸 뜨기 등 제대로 실력을 갖추지 못한 침술사 등이다. 이들의 치료 처방을 따르다 보면 적지 않은 환자들이 병이 심하게 악화되거나 치료 시기를 놓쳐 치료가 어려워진다. 안력산병원에서 매년 50명 전후의 환자가 사망하였다. 이들은 병이 악화되어 병원에 도착할 때는 이미 절망적인 상태에 빠져 있었다.[34]

1928년도 안력산병원은 적자에서 벗어났다. 수입과 지출을 보고한 자료를 검토하면,[35] ① 병원 부문에서 1,091명이 13,275일을 입원했고, 이 중 61%인 8,084일을 자선적 무료 치료를 했다. 병원은 하루 평균 35센트를 받아 5,181.35달러의 수익을 올렸다. 489명의 환자는 전신마취 수술을 했고, 신생아 42명이 출생했고, 환자 중에서 59명이 사망하였다. ② 진료소 부문에서는 4,145명에게 10,820회의 진료를 했고, 이 중 52%인 5,426회는

33 J. M Rogers, "Medical Work in Korea," *The Missionary Survey* (Aug. 1922): 596-598. 좀 더 자세한 입원 사항은 다음의 자료를 참고하라. 1927년 외부 방문자가 로저스와 함께 환자들을 살폈다. 여기에 25명이 각기 다른 병으로 입원했고 치과 치료가 행해졌다. 전염 병동에는 허파종양 환자와 디프테리아 환자가 입원해 있었다. 전체적으로 62%의 환자들이 자선 혜택을 받았다. G. R. Womeldorf, "The 'Jesus Hospital' at Soonchun," *The Presbyterian Survey* (October 1927): 613-614.

34 J. M. Rogers, *Report for Alexander Hospital, Soonchun, Chosen, for 1926~1927* (Nashville, Tenn. August 1927), 1.

35 J. M. Rogers, *Annual Report for Alexander Hospital Soonchun, Chosen, (Korea)* (1927. 4. 1.~1928. 3. 31.).

자선 진료였고, 총액 2,949.63달러의 수익을 올렸다. ③ 병원과 진료소의 결합 부문인 국부마취 수술환자는 1,218명으로 1,945달러의 수익을 얻었다. 선교회는 308.56달러를 지원했고, 기타 기부 물품을 미국 후원자들로부터 받았다. 병원과 진료소 수익을 더하면 총수익금은 10,390.74달러였다.

한편 지출 내역은 봉급(한국인 의사, 보조인, 간호사) 4,673.92달러, 약품 2,341.73달러, 식비 1,309.45달러, 잡비 831.98달러, 연료비 1,150.45달러로 총 지출액 10,307.98달러였다. 특기 사항은 작년 35톤에 비해 금년은 45톤의 석탄을 구입하여 연료비로 지출했다. 1928년 순천선교부의 수입과 지출의 차익은 77달러였고, 이는 다음 해 예산으로 이월되었다.

이러한 질병과 치료 문화 상황에서 로저스는 자기의 존재 목적을 두 가지로 인식하였다. 첫째, 주위의 병을 앓는 사람들의 고통을 경감시키고 치료하는 것, 둘째, 그는 이러한 환자들을 치료하면서 이들에게 예수 그리스도를 전달하고 증거하여 이들이 그리스도를 구세주로 믿음으로써 영생을 얻게 하려는 것이었다.[36] 로저스는 이 시기에 주일 학교 사역과 1927년 한국선교회 회장 활동과 각종 위원회 활동을 하였다. 그는 병원 사역 이외에 몇 년간 주일 학교 사역도 하였다. 그는 병원의 한국인 보조자들과 함께 주말이면 산목장(San Mok Chang)과 덕암(Tuggam) 마을에서 집회를 열고 복음을 전하였다.[37]

3) 동역자들 1: 간호 선교사와 한국인 의사들과 협력 선교

그리어 간호사는 간호 사역에 있어서 탁월한 능력과 헌신성을 보였다. 의사 선교사가 안식년이나 병가 등으로 장기간 병원에 부재할 때 병원을 탁월하게 운영하였고, 평소 한국 간호사들을 교육하고 지도하였다. 또한

---

36 J. M. Rogers, "Medical Work in Korea," *The Missionary Survey* (August 1922): 597-598.
37 J. M. Rogers, *Annual Report for Alexander Hospital Soonchun, Chosen, (Korea)*.

1920년부터 환자들의 무료 치료가 확대되는 상황에서 병원의 적자를 줄이도록 효율적으로 병원을 관리하고, 인력을 적재적소에 배치하였다.[38] 안력산병원이 적자 탈출을 시작하는 1927년 9월 그리어는 군산병원으로 이동하였다(62).[39]

한국인 의사는 2가지 면에서 중요한 역할을 하였다. 첫째, 그는 주로 의사 선교사를 보조하여 진료나 시술을 하였다. <표 1>에 의하면 1916~1918년 시기에 한국인 의사 1명(정민기)이 근무했다. 이 시기는 1916년 11월 티몬스가 병가로 떠났고, 1917년 10월 31일 로저스가 순천에 도착했지만, 언어 공부에 매진해야 했고, 그가 1918년 11월 말까지 일제의 의사면허 취득차 일본에 체류한 시기로서 한국인 의사의 근무가 필요하였다. 둘째, 1920년 자선적 무료 치료 환자의 수가 늘어나자 로저스 혼자 감당할 수 없는 상황에서 한국인 의사를 고용하였다. 더 나아가 그는 이들에게 의료교육을 심화시키고 훈련하여 유능한 의사로 양성하였다.

4) 동역자들 2: 한국인 보조자들의 2일간의 동맹 파업과 협력 선교

로저스가 수술할 때는 한국인 간호사가 늘 그의 왼팔을 받쳐야 했다. 그는 한국 입국 전 산탄총 오발 사고로 왼팔의 절단을 고려할 정도의 큰 상처를 입어 위기를 겪었다.[40] 한국 보조인들의 대부분은 여성 간호사였는데 1920년 이후 보조인들이 많아진 것은 자선적 의료 선교 정책 시행으로 환자들이 증가한 결과다.

1924년 1월 9~10일에 한국인 보조인들 26명(1924년 통계)이 임금 인상과 인격 모독 사과를 요구하며 병원에서 파업했다. 8~23엔(4~11.5달러)의

---

38 R. M. Wilson, "Medical Work," *KMF* (November 1921), 226.
39 *Minutes of SPMK* 1927의 끝부분에 기록된 "Minutes of the Called Meeting," 51.
40 J. F. Preston, "A Close-up View of the Medical Missionary," 139.

저임금을 받는 이들은 선교사로부터 부당한 대우를 받았다는 것이다. 이에 한국인 의사 정민기가 알선하여 병원 측과 파업자들 간에 타협이 이루어져 파업자들이 11일부터 정상 근무를 재개했다.[41] 타협의 내용은 밝혀진 바 없지만, 이들의 파업의 시작과 진행과 결과는 어떠한 것일까? 이 문제는 외적 요인과 내적 요인으로 나누어 분석할 수 있다. 우선 외적 요인을 살피면 당시 순천 지역은 1922년부터 지주와 소작농 간의 갈등이 빈번하게 일어났다. 이러한 사회적 갈등 상황에서 저임금을 받는 보조인과 간호사들이 사용자 격인 선교사들에게 환자들의 생명을 담보로 파업을 하였다.

병원 내적 요인으로는 안력산병원은 1920년부터 60% 이상의 무료 환자를 치료하면서 당해에는 600엔(300달러)의 적자를 냈고(61), 1927년까지도 적자를 면하지 못했다. 이에 대한 대책으로 병원은 보다 효율적인 병원 관리를 시도하여 평소 간호사들을 지도하고 병원 관리를 담당한 그리어 간호사는 능력에 따라 임금 조정을 했다. 1919년 한국선교회는 학력(능력)에 따라 한국인의 월급을 정한바 여성 간호사의 월급을 10달러(20엔)로 정했다(60). 그러나 통상 현장에서는 견습과 신입과 고참 등으로 구분하여 월급에 차이를 둔다. 이에 따라 이들 월급이 차등 지급되고 평균 13~14엔(6.5~7달러)을 받았다. 그러나 이 파업 소동 이후에 선교사들과 한국인들 사이가 나빠지는 않았다. 1927년 안력산병원을 방문한 어느 외국 의사는 첫 번째로 눈에 띄는 병원 바닥(마루)과 벽들의 청결과 깨끗함을 보고 놀랐는데 이는 그리어가 노심초사한 결과라는 것, 동역하는 한국인 간호사와 사무원들도 병원의 청결을 자랑했다는 것이다.[42]

1924년 파업 문제는 이렇듯이 다양한 요인이 얽혀 있고, 특히 선교사 측의 자료를 확인할 수 없는 상황에서 한국인 언론 기사만을 중심으로 이

41 "월급 적게 주고 인격까지 무시해," 「동아일보」 1924. 1. 23.
42 G. R. Womeldorf, "The 'Jesus Hospital' at Soonchun," 613.

파업의 진실을 밝히기는 어렵다. 그러나 이는 다수의 병들고 가난한 한국인을 위한 자선적 무료 치료 활동을 진행하는 과정에서 경제적 공평을 주장하는 저임금 한국인들이 선교사와 다른 견해를 보인 갈등 사건으로 보인다.

2. 로저스의 의료 선교 활동
: 자선 의료 선교 활동의 성숙기(1930~1940)

1) 경기 침체와 신사참배 문제 상황

미국이 경기 침체의 대공황에 빠져들자 1930년 실행위원회는 재정 상황의 악화로 선교활동비 삭감과 선교사 신규 파송을 중단해야 했다.[43] 이전에 이미 한국인들에게 집행되는 일반예산의 30% 삭감을 논의한 실행위원회는 이를 1927년 한국선교회에 예고하였다.[44] 이에 대하여 크레인은 간호사들의 월급이 시중의 요리사보다 적다는 등 반론을 제기하기도 했다.[45] 그러나 결국 한국선교회도 위원회를 구성하고 사업을 조정하였다. 1931년 연례회의는 의료 인력 동원과 재정 문제가 겹쳐 목포병원을 폐쇄하고 군산병원에 통합하였다(20).

1936년 한국선교회는 실행위원회 총무 풀턴(Rev. Dr. C. Darby Fulton) 박사와 함께 신사참배 반대를 결정하였다. 이에 따라 신사참배를 가결한 한국 장로교회와 동역을 할 수 없게 된 복음 전도 선교사와 교육 선교사의 상당수가 1937~1938년 안식년으로 한국을 떠났다. 그러나 의료 선교사들은 한국인들을 위하여 제 역할을 행하였다.

---

43 George Thompson Brown, *Mission to Korea,* 141-142.

44 *Minutes of SPMK* 1927의 뒷부분에 실린 "Minutes of the AIC," 48.

45 J. C. Crane, "The Cost of the Cut in Korea," *The Presbyterian Survey* (July 1927): 416-418.

2) 안력산병원의 증축(80~100병상)과 자선적 무료 치료
— 한국 언론이 크게 주목

한국선교회는 안력산병원의 증축에 대하여 실행위원회에 병원 부지와 병동, 시설 · 장비 등 총 11,350달러를 1920~1921년 예산으로 지원할 것을 요청하였다(1919, 53). 환자들이 몰려들어 더 이상 수용할 수 없이 비좁아지자 병상 1개에 2명의 환자가 같이 써야 하는 긴급한 상황이 지속되었다. 이러한 과정에서 1927년에는 알렉산더병원의 기부금 2,000달러가 입금되었다(44). 경기 침체가 시작되었지만 이러한 긴급 상황에서 1930년 연례회의는 안력산병원 증축을 위한 '항구적 장비 수정 예산' 12,500달러를 확정하였다. 이미 1930년 이전에 끝난 사업은 감염 병동(3,000달러), 장비(1,000달러), 장비 및 건물(1,500달러), X-ray기(1,500달러) 등이었다. 그러나 1930년 한국선교회는 안력산병원으로 몰려드는 환자들을 수용하기 위한 임시 가건물을 350엔(176달러)을 들여 설치했다(53).

1930년의 우선 사업으로 장비(2,500달러), 장비와 건물(5,000달러, 신규 증액 포함), 일반사업으로 토지 구입(1,000달러)과 간호사 홈(1,100달러)을 위한 기금 등 총 9,600달러의 예산이 확보되었다(80). 이 건축 기금에는 알렉산더 부인과 왓츠 부인의 기부도 포함되었다. 그러나 이들이 얼마를 각각 기부했는지 연례회의록에는 나타나 있지 않다. 당시 한국 언론이 보도한 내용은 혼란스럽다. 특히 알렉산더 부인과 왓츠 부인 각각의 기부금 액수에 대하여 14,000엔과 15,000엔,[46] 18,000엔과 15,000엔,[47] 및 15,000엔과 16,000엔[48] 등이다. 여기 알렉산더 부인과 왓츠 부인의 기부금이 언론사마다 다르고, 이들 각자가 기부한 금액도 다르다. 이것은 2가지 면에서

---

46 "安力山病院 增築과 三醫師의 功績: 朝鮮無産者의 도움이 만타," 「中央日報」 1932. 12. 30.
47 "無産者의 醫療機關, 順天安力山病院, 20년來 多大한 功績을 싸흔[쌓은] 三醫師 獻身的 努力," 「朝鮮中央日報」 1935. 4. 11.
48 一記者, "順天安力山病院과 切獻 많은 四醫師," 「湖南評論」 (1935년 12호), 46.

분석된다. 첫째, 출처의 불분명성이다. 안력산병원의 담당자와 언론 기자 사이에 다른 숫자가 전해지고 기록된 것이다. 둘째, 적용 환율이 다르다. 당시 시장 환율(달러 對 엔)은 1:3 혹은 1:3.5였다.[49] 1:3으로 환산하면 9,600 달러는 28,800엔이고, 1:3.5로 치면 33,600엔이다. 이 금액은 29,000엔 (1932년 중앙일보 금액)과 33,000엔(1935년 조선중앙일보 금액) 사이에서 거의 일치한다. 안력산병원 증축 공사는 1933년에 완료되었다(28). 이즈음 이 병원은 빈민 환자 60% 이상을 무료로 치료하여 한국 언론의 관심을 크게 받았다.

순천 선교 마을 건축의 물질적 토대를 조성했던 프레스턴(J. F. Preston)[50]은 이번에 증축된 안력산병원의 시설과 운영에 대하여 로저스와 대담하고, 한국 사회와 선교 사회에 알렸다.[51] 내용을 요약하면 다음과 같다. 1936년 병원 인력은 병원장 로저스, 간호사 휴슨, 한국인 의사 3명, 치과 담당자 등 보조원 9명, 한국인 간호사 22명, 전도자 2명 등 총 38명이다. 병원의 재정확보용 특실로 1인실, 2인실, 일반인 4인실, 병동과 간이침대 들이 갖추어져 있는데 무료 환자들은 한국식 온돌방 병동에서 편하게 드러누워 지내기도 한다. 이전에 무료 환자 비율은 60%를 넘었는데 최근에 극빈자로 분류되기보다 병원비를 내려는 한국인들이 많아져서 50% 정도가 되었다. 병동은 구분되지만, 무료 환자와 유료 환자의 치료에 있어서는 전혀 구분하지 않는다. 어린이 환자에게 쓴 혈청 값이 순액 기준 94엔(27달러)이 었는데 환자는 4엔(약 1달러)만을 지불했다. 격리전염병동 환자는 연 35명으

---

49 당시 환율은 연례회의록 등 공식적 자료에는 달러(US$) 대 엔(¥)을 1:2로 환산하지만 의료비 계산에 있어서는 일반시장 환율인 1:3 혹은 1:3.5 등으로 계산하였다. 안력산병원의 환율 적용 사례는 혈청비 94엔(27달러), 1935년 수익금 42,788엔(12,409달러) 등인데 달러 대 엔 환율은 각각 1:3,481, 1:3,448로 나타났다. J. F. Preston, "A Close-up View of the Medical Missionary," 141.

50 최영근, "미국남장로교 선교사 존 페어맨 프레스턴(John Fairman Preston, Sr.)의 전남 지역 선교 연구," 「장신논단」 48-1 (2016. 3.): 102-103.

51 J. F. Preston, "A Close-up View of the Medical Missionary," 139-142.

로서 이들은 전액 무료 치료를 받았다.

1935년 병원의 환자는 2,800명으로 32,950일을 입원했고, 진료소의 환자는 10,007명으로 24,020회의 진찰을 받았다. 인터뷰 당일 입원환자는 111명으로 평소 90명 이하로 떨어진 적이 없다. 입원실이 부족할 때는 가끔 로저스의 사무실도 활용하는데 지난여름에는 연일 126명이 입원하였다. 작년 수익은 42,788엔(12,409달러)이었다. 작년 한국선교회의 지원금은 안력산병원 수익금의 2.5% 정도였다. 외과수술을 할 때면 로저스는 가슴이 설레 첫사랑 같은 느낌을 받는다고 했다. 이 병원 환자들의 50%가 외과 환자로서 이들의 수술 시간의 3/4을 로저스가 기꺼이 맡고 있다. 당년 로저스는 1,823건의 대수술과 2,050건의 국부수술을 했다. 한국인들은 대개 병이 깊어 죽을 지경이 되지 않으면 병원에 오지 않는 습관이 있는데,[52] 이는 환자나 의사에게나 치료를 어렵게 만들고 이로 인해 사망률이 높게 나타난다는 것이다.

3) 동역자들: 썸, 휴슨과 한국인 동역자들

1930년 3월 29일 간호 선교사 썸(Miss Thelma Thumm, 1902. 2. 7.~1931. 5. 25.)이 순천에 도착하였다. 언어 장벽을 넘으며 환자들을 친절과 공감의 마음으로 대하고 빈틈없는 업무를 행한 그녀는 병원장 로저스와 의료진과 환자 모두로부터 사랑을 받았다. 어린이를 간호하다가 전염된 홍역이 뇌염으로 진행되어 1주간의 고통과 1주간의 무의식 상태에서 1931년 5월 25일 순직하였다. 1920년부터 광주와 목포에서 사역하던 간호 선교사 휴슨(Georgia F. Hewson, 1896. 12. 4.~1946. 12. 4.)이 썸의 후임으로 안력산병원에 1931년에 부임했다(17). 간호사 교육과 지도를 하면서 복음 전도와 병원 관리를 했던 휴슨은 순천에서도 간호사 교육과 지도, 병원 관리와 행정,

---

52 Georgia Hewson, "All in the Day's Work," *The Presbyterian Survey* (October 1930), 603.

병원 스텝들과 함께 확장 주일 학교 운동을 벌였다. 1936년 22명의 간호사 중 4명을 제외한 18명의 간호사가 휴슨의 간호학교에서 훈련을 받았다. 이러한 업무 활동을 통해 휴슨은 그녀의 성실함과 효율적 관리 능력에 대해 칭찬이 자자하였다.53

3. 안력산병원의 의료 선교: 통계

1) 한국인 의사·의료보조인·간호사·복음 전도인·의료지원 예산

<표 1> 순천선교부: 한국인 의사·의료보조인·간호사·복음 전도인·의료 지원비 예산54

(1914~1916: US$, 이후: ¥)

연도	1914	1915	1916	1917	1918	1919	1920	1921	1922	1923	1924	1925	1926
의사	−	−	1	1	1	−	−	1	1	1	1	1	1
보조인	3	3	6	13	13	6	20	15	15	−	26	16	19
간호사	−	−	−	−	−	9	−	−	−	−	−	−	−
전도인	1	1	2	2	2	−	2	2	2	−	1	1	1
의학생	1	−	1	1	1	1+1	2						
지원비	700	1,000	1,490	2,980	3,000	3,000	3,500	4,000	5,200	5,200	3,600	5,800	3,800
연도	1927	1928	1929	1930	1931	1932	1933	1934	1935	1936	1937	38~39	1940
의사	1	1	−	2	2	1	2	2	3	3	4	−	3
보조인	19	32	−	[2]5	21	6	6	8	9	10	11	−	11
간호사	−	−	−	−	−	16	18	19	21	22	20	−	21
전도인	1	2	−	2	2	1	2	2	2	2	2	−	4
지원비	5,800	5,800	3,610	5,800	2,744	2,646	2,100	1,108	1,108	1,107	1,104	−	6,000

한국인 의사로 인술을 펼친 3인은 정민기, 윤병서, 김용식이다. 특히

---

53 *Minutes of SPMK* 1931, 26; J. M. Rogers, "Alexander Hospital, Soonchun," *KMF* (1937), 95.

54 *Minutes of SPMK* 1914-1928, 1930-1937, 1940, "Table of Statistics."

정민기는 1913년 티몬스의 어학 선생으로 병원과 연을 맺어 병원 내에서 의학과 의술을 배워 의사가 되었다. 이러한 정민기는 로저스 곁에서 그를 도우며 병원의 진료소를 맡았다. 그의 인품과 실력이 널리 알려져 그의 근속 25주년을 로저스(안력산병원)는 성대하게 축하하였다.[55] 의사 윤병서와 의사 김용식도 무산자(無産者)를 치료하는 의사로 당시 언론에 이름이 알려졌다.[56] 1939년에는 장로인 김 씨와 임 씨의 두 신입 의사가 로저스와 동역하였다.[57]

병원에서 근무한 한국인 전도자는 남녀 각 1인씩 2명이 있었는데 김영진은 널리 알려졌다. 일과 시작 전 30분 동안 전 직원과 환자들도 참석하는 예배를 인도하는 김영진을 1919년 연례회의는 그를 특별 전도인으로 선정하고 연봉 1,000엔(500달러)을 책정했다(47). 그는 로저스 병원에 충성하고 환자들에게 복음을 전하고 친절과 위로를 베푸는 전도자로 소개되었다.[58]

2) 안력산병원 의료 선교 통계(1918~1940)

로저스 의료 선교사 재직 당시 순천안력산병원의 실적은 <표 2>다.[59]

<표 2> 선교 병원 연도별 진료실적(1918~1940)

(단위: ¥, 1931년은 US$)

선교부	전주병원		군산병원		광주병원		목포병원		순천병원	
연도	병원	진료소	병원	진료소	병원	진료소	병원	진료소	병원	진료소
1918	1,877	880	5,178	1,604	1,415	1,540	1,055	1,552	1,530	905
1919	10,250	7,500	30,763	31,179	10,145	10,150	–	–	6,069	5,868
1920	–	–	44,684	9,970	10,059	7,959	–	–	7,537	–

55 "鄭醫師記念式," 「동아일보」 1938. 2. 8.
56 一記者, "順天安力山病院과 切獻 많은 四醫師," 「湖南評論」 (1935. 12.), 46.
57 James M. Rogers, [Letter:] Dear Friends (Alexander Hospital Soonchun, November. 18, 1939).
58 Willard Price, "A Doctor of Korea," The Presbyterian Survey (October 1940), 466.

선교부	전주병원		군산병원		광주병원		목포병원		순천병원	
연도	병원	진료소	병원	진료소	병원	진료소	병원	진료소	병원	진료소
1921	6,782	2,416	42,200	12,012	6,259	7,458	–	–	10,110	2,883
1922	7,466	3,538	38,746	10,943	8,940	10,307	–	–	7,320	3,116
1923	6,775	2,913	40,407	18,742	8,759	9,372	–	–	4,777	4,018
1924	4,705	3,526	62,136	16,513	7,070	10,943	–	–	6,662	3,742
1925	5,946	3,131	24,701	9,462	6,555	10,115	1,665	4,047	7,295	4,618
1926	3,376	1,893	6,668	4,277	2,651	3,782	2,691	2,264	2,202	1,502
1927	7,329	3,280	15,235	7,042	4,592	7,073	4,004	6,411	4,859	5,245
1928	3,859	1,925	6,252	4,056	2,780	3,388	2,673	1,498	5,182	2,950
1929	–	–	–	–	–	–	–	–	–	–
1930	6,008	3,076	12,346	4,987	5,900	9,737	6,244	4,846	21,903	5,771
1931	2,926	1,468	3,993	2,265	2,253	3,172	2,708	2,158	10,026	3,922
1932	6,538	2,743	7,850	2,856	3,928	3,979	2,422	3,710	21,040	5,206
1933	7,450	2,416	8,964	2,967	3,238	4,065	2,397	1,863	23,386	5,941
1934	8,767	3,006	7,447	3,640	8,220	3,064	1,420	5,295	28,061	12,500
1935	3,825	2,048	10,362	4,701	5,344	7,752	–	–	34,663	8,125
1936	13,760		16,449		15,900		6,072		59,909	
1937	23,602		15,636		21,790		9,028		65,671	
1938	–		–		–		–		–	
1939	–		–		–		–		–	
1940	35,230		17,260		31,981		12,249		70,425	

순천 안력산병원은 1920년대 말부터 군산 선교 병원의 치적(아래 IV.
1항 참고)을 넘어서기 시작하였다. 로저스는 정민기 외에 1930년 윤병서를
영입하여 동역하였다. 안력산병원은 1920년에 약물 중독자 30여 명을 치
료했고, 1927년에 치과를 열고, 1933년에는 유치원 어린이들에게 무료 건
강 검진했고,[60] 1935년에 소아과를 운영했다.[61] 1927년 안력산병원의 무

---

59 *Minutes of SPMK* 1918~1928, 1930~1937, 1940, "Table of Statistics."
60 "安力山病院 無料診察," 「동아일보」 1933. 11. 11.

료 환자의 비율은 병원 62%, 진료소 42%를 기록했다. 1928년 한국 주재 6개 선교회가 운영하는 병원 중 16개 병원으로부터 설문을 취합한 무료 치료 평균치가 병원 43%이고, 진료소는 39%였다.[62] 그런데 여기에서 안 력산병원의 높은 수치를 제외한 15개 병원의 평균치는 더 낮게 산출될 것이다.

3) 로저스의 자선적 무료 치료 사역과 안력산병원의 명성

자선적 무료 환자 비율이 62%로 높았던 안력산병원이 1928년 경영적 자를 탈피했다. 로저스는 의료 상황을 이해하고 가난과 질병으로 고통받 는 한국인들과 공감하면서 환자가 70마일(112km)이 넘는 오지에 있어도 험한 길을 달려 이들을 병원으로 이송하고 치료하였다. 이러한 헌신에 대 하여 그는 하나님의 은혜와 축복을 나누는 행위로 이해하였다. 전남 동부 는 물론 경남 서부의 일부 지역의 환자들이 안력산병원에 몰려들었다. 로 저스의 병원은 환자를 치료하고 의료 계몽을 실시하여 지역사회의 의료 발전과 보건위생의 질적 향상에 기여하였다.

IV. 로저스의 자선적 의료 선교 활동의 특징

1. 군산 예수병원의 패터슨과 순천 안력산병원의 로저스 비교

1920년대 패터슨 의사가 담당한 군산 예수병원과 1930년대 로저스 의 사가 담당한 안력산병원은 당시 한국에서 가장 유명한 선교 병원 중의 하나

---

61 이만열, 『한국기독교의료사』, 737.
62 A. G. Fletcher, "Charity Work in Mission Hospitals," *KMF* (February 1928): 38-39.

였다.[63] 여기에서 시대적 · 선교 역사적 조건과 배경이 다르지만, 공통점과 차이점을 간단히 분석한다. 1899년에 개항한 군산에 거주한 일본인 환자들이 의료비 전액을 지불한 반면 순천은 줄곧 가난한 농촌 지역으로 일본인은 거주하지 않았다. 선교 역사적으로 군산은 이미 4명의 의사 선교사(1896년 드루, 1902년 알렉산더, 1904년 다니엘, 1907년에 오긍선)와[64] 1910년에 패터슨이 군산에 도착하여 의료 선교 특성화를 이루었다. 한편 1913년 티몬스가 의료 사역을 시작한 순천에 1917년 로저스가 도착하였다. 상이한 배경을 지닌 이들의 공통점은 첫째, 뛰어난 외과 전문 의료 선교사로서 이들은 가난한 한국인 환자들을 자기 희생 정신으로 시술하였다. 둘째, 선교회의 지원, 간호사들의 효율적인 병원 관리와 한국 보조인들의 협력으로 당대 최고업적을 이루었다.

차이점은 첫째, 특별 대우를 받은 일본인 환자들로부터 수익금을 올린 패터슨의 군산병원은 이를 기금으로 간호사훈련학교를 세우려 했지만, 선교회의 허락을 받지 못했다. 패터슨의 후임인 브랜드(Louis B. Brand) 선교사가 이 기금으로 낡은 병원 건물들을 수리하였다. 반면 로저스는 예상수익의 60~50%를 환자들에게 돌려 자선 치료를 함으로써 잉여금을 많이 남기지는 않았으나 이들에게 그리스도의 복음을 전하였다. 둘째, 패터슨은 병원 내의 사역에 집중하였으나 로저스는 농촌의 질병 현장을 방문하여 환자들에 대한 긴급 치료와 구제 및 의료 계몽을 실시하였다.

---

63 임희모, "미국남장로교 선교사 야곱 패터슨(Jacob Bruce Patterson)의 군산 예수병원 의료사역 연구 (1910~1925)," 169-188.

64 1903년 알렉산더가 미국으로 귀국할 때 대동한 오긍선은 그의 후원으로 루이빌의과대학을 졸업하고, 1907년 선교사 자격으로 입국하여 군산병원에서 근무하였다. 이때 그는 다니엘 선교사와 함께 군산 선교 병원의 기본 틀을 놓았다. 그는 1911년에 목포로, 1913년에는 세브란스의전 교수로 발령받았다. 임희모, "미국남장로교 의료 선교사 오긍선 연구: 1907~1937의 활동을 중심으로," 「한국기독교신학논총」 118 (2020): 363-402.

2. 자선적 의료 선교와 복음 전도 및 병원 자립

1926년 폐렴에 걸려 어느 무희가 죽고 그녀의 주검을 죽은 개를 묻듯이 땅속에 파묻자 로저스는 영혼 구원을 받지 못한 자들에 대한 안타까움을 담은 보고서를 썼다.[65] 측은지심으로 그는 의료 사역을 통해 그리스도를 전달하고 영혼을 구원하는 일에 헌신하였다. 그에게 의료 사역은 복음을 전하는 행위였다. 한국인들은 그를 '작은 예수'로 불렀다. 의사 선교사 로저스를 통해 한국인들은 예수 그리스도의 모습을 보았다. 자선적 의료 선교는 한국인들 특히 가난한 한국인들이 복음을 듣고 기독교인이 되는 좋은 통로가 되었다. 자선적 무료 의료 선교의 바탕은 공감이다. 가난한 한국인들이 질병으로 고통을 받거나 죽을 때 이를 공감하는 동정심은 영원한 구원을 약속하는 소망의 행위로 나타난다. 로저스는 육체적 질병 치료를 통하여 그리스도의 복음을 전하였다. 또한 그는 병원의 보조인들과 함께 확장 주일 학교 운동을 벌였다. 금요일과 토요일에는 직접 병원 밖에서 집회와 주일 학교를 열어 복음을 전하였다.[66]

안력산병원의 자립은 첫째, 자선적 의료 선교 시행으로부터 의도하지 않은 열매를 맺기 시작하였다. 원래 병원 운영을 위하여 자선적 의료를 실시한 것은 아니었다. 자선 의료 시행 초기에 병원 운영은 적자를 반복했지만 1928년에 병원운영과 자선 의료 선교를 동시에 성공시켰고, 1930년대 초반까지 내원 환자의 60% 이상이 혜택을 받았다. 둘째, 로저스는 병원 내에서 자체적으로 정민기와 윤병서를 의사로 훈련하였다. 이들은 모두 지역사회가 칭찬을 아끼지 않은 명의가 되었다. 또한 그리어와 휴슨은

---

65 J. M. Rogers, *Report for Alexander Hospital, Soonchun, Chosen, for 1926~1927,* (August 1927), 2.

66 J. M. Rogers, *Annual Report [of April First, 1927~March 31st, 1928] for Alexander Hospital Soonchun, Chosen, (Korea)*, 1.

간호사를 자체적으로 훈련하고 교육하였다. 셋째, 이러한 과정에서 병원은 1924년 26인의 보조인들이 임금 인상 파업을 하는 아픔도 겪었다. 그러나 로저스의 자선적 의료 선교 비전은 변하지 않았다. 그는 전남 동부 반경 70마일(112km) 지역에 환자가 발생하면 열악한 도로를 거침없이 달려 환자들을 병원으로 이송하여 치료하였다. 그의 헌신적 의료 활동을 바탕으로 그리어의 세심한 병원 관리와 휴슨의 간호사 훈련이 더해졌고, 여기에 한국 종사자들 모두가 협력하여 자립하는 선교 병원을 만들었다.

3. 새로운 의료 선교적 접근
: 긴급 구조, 의료 계몽 및 육·영 구원의 통전 선교

로저스는 안력산병원을 중심으로 일반적인 질병 진찰과 치료 이외에 4가지의 의료 선교 활동을 하였다. 첫째, 이미 언급했듯이 빈궁한 환자들에게 높은 비율의 자선 무료 치료를 하였다. 둘째, 이러한 의료 선교는 사회경제적 측면에서 긴급 구호 의료 선교와 관련 있다. 굶고 헐벗어 병든 환자에 대한 소식을 접하면 그는 차를 몰고 현장으로 달려가 긴급하게 조치하거나 병원으로 이송하여 치료하였다. 사회적으로 잊힌 병든 사람들에게 병원은 생명을 살리고 소망을 얻게 하는 사회구조 기관이었다. 셋째, 로저스는 질병 현장을 이해하고 의료 계몽 선교했다. 병을 악령의 작용으로 이해하는 축귀사 무당의 굿마당을 깨치고, 전통적 민간요법의 비합리성을 알리고, 위생 상태에 몰지각한 침술사들의 침술 오용을 각성시켜 근대 의료의 계몽적 치료 선교했다. 1939년 여름 로저스는 긴급전화를 받고 외지 방문 의사인 프라이스(Willard Price)와 함께 순천에서 70마일(112km) 떨어진 오지 마을의 환자를 치료하러 달려갔다. 그는 무당집을 병원 삼아 무당이 지켜보는 가운데 무당이 고치지 못한 환자들을 진찰하여 일부는 치료하고 몇 사람은 병원으로 데려와 수술하였다. 이러한 과정에서 마을 사람들은 무당의 치료 방식과 다른 근대적 의료 시술에 노출되고, 의료적 계몽에 눈을 뜨게 되었다.[67] 넷째, 로저스는 몸의 질병 치료를 그리스도의 구원 활동과 연계하여 육·영 구원의 통전적 접근을 하였다. 그는 사회적 취약자의 아픈 몸을 치료하면서 그리스도의 구원을 증언하였다. 로저스에게 이러한 병원은 의료적 치료와 사회적 구제와 영적 구원 기관 역할을 하였다.

V. 결론: 오늘날 한국교회와 선교에 주는 함의

로저스의 안력산병원은 병원 운영에 손실이 커지더라도 병든 가난한 한국인들을 누구나 무료로 치료하여 복음으로 섬기는 자선적 의료 활동을 하였다. 로저스는 환자들의 육체적 치료를 통해 그리스도를 전달하여 육·영 구원의 통전 선교했고, 개인적 치료를 넘어 사회를 변화시켰다. 당시 인습적 의료인들의 비합리적 처방과 폐해를 줄였고, 한국 민간 치료와 처방에 대하여 근대적 의료 치료를 소개하였다. 특히 그는 현장을 직접 방문하여 환자들을 치료함으로써 주민들에게 근대적 의료를 시전하고 계몽함으로써 한국의 보건과 위생 상황을 변화시키고 향상시켰다. 이로 인하여 기독교 선교는 전남 동부 지역과 경남 서부 일부 지역의 가난한 농어촌에 희망을 주었고, 선교사들은 한국 언론들과 지역주민들로부터 칭송을 받았다.

로저스와 안력산병원은 자선 의료적 사회 기여를 통해 지역사회와 주민들을 섬김으로써 이들의 존경을 받으면서 자연스레 예수 그리스도의

---

67 소리치며 난동을 부리는 정신병자를 무당패가 축귀 굿을 통해 제압하려 했지만 실패하자 지역 순경이 긴급전화를 로저스에게 했다. 이때 그는 영국 런던에서 방문한 의사 손님과 함께 이 마을을 방문하여 무당집에서 저녁을 지내며 환자들을 진찰하고 치료했다.

복음을 전하였다. 이러한 선교 모델은 오늘날 코로나19 팬데믹 상황에서 선교적 힘을 잃고 있는 한국교회에 일말의 희망을 준다.

한국교회는 대가 없이 지역사회를 섬기고, 섬김에 있어서 금전적 손해를 감내하면서 불행에 처한 이웃과 주민들을 먼저 섬겨야 한다. 오늘날 팬데믹 상황에서 감염 우려로 전전긍긍하는 이웃 주민들에게 교회 중심적 행동을 보이기보다 사회 공익적 활동을 선행함으로써 자기 희생의 모습을 보일 필요가 있다. 전통적 예배만을 강조하여 '사회적 거리두기'를 행하지 않는 교회들은 결국 코로나 감염원으로 전락하는 등 복음의 공익성을 소홀히 함으로써 사회적 신뢰를 잃고 말았다. 이것을 반면교사 삼아 교회는 지역사회 섬김 우선의 선교 정책을 실시해야 한다. 자기 희생적 지역사회 섬김을 우선하는 바로 그 시간 그 자리에서 예수 그리스도 구원의 복음이 스스로 선교 능력을 드러내고 있음을 한국교회는 깊이 깨달을 필요가 있다.

7 장
자생적 신앙 공동체로 시작한
순천선교부의 개설 배경사 연구(1892~1912)

I. 서론

미국남장로교 한국선교회(The Southern Presbyterian Mission in Korea, 이하 SPMK, 한국선교회)는 1913년 4월에 광주선교부에 속한 11명의 선교사를 순천으로 이주시켜 순천선교부를 개설하였다. 이들은 복음 전도, 의료(의사, 간호사), 교육 및 여성과 어린이 담당 등 다양한 선교사들이었다. 당시 순천 매산 언덕의 선교 마을(Mission Compound)에는 사랑채 2동과 선교사 저택 2동, 학교와 진료소(병원) 각 1동 등 석조 건물이 들어섰다. 1908년에 결정된 새로운 순천 지역 선교부 개설에 대한 준비로 4년을 보냈고, 선교 마을 건축은 1년 만에 완성하여 특이한 사례가 되었다.[1] 이는 이전의 4개 선교부 개설 경험이 축적된 결과였다.

본 글은 전남 동부 지역에 세워진 순천선교부의 개설 논의의 시작과 과정과 결과 등 배경사를 중점적으로 연구한다. 전주, 군산, 목포 지역의 선교부는 소속 선교사들이 복음을 전하고, 교회를 세우고, 선교부를 조성하였다. 광주선교부는 이와 달리 영산강 지류를 따라 신앙 공동체들이 설

---

[1] R. T. Coit, "The Building of Soonchun Station," *The Missionary Survey* (Feb 1913): 265-266.

립되자 이들에게 선교사가 접근하면서 내륙인 광주에 선교부가 세워졌다. 반면 순천선교부는 상기 4개 선교부의 개설과 다른 특징을 갖는다. 즉, 동부 지역의 토착 지식인들이 1898년 목포의 선교사를 방문하여 복음을 수용하고 목포와 광주 지역에서 조사로 활동하였다. 이들을 통해 동부 지역의 지식인들이 복음을 수용하여 자생적 신앙 공동체를 만들었다. 여기에서 광주의 선교사들이 반응하였다. 이러한 동부 지역에 새로운 선교부 개설 논의가 진행되었고, 선교사들이 이들에게 접근하여 교회를 세우는 과정에서 선교부가 조성되었다. 한편 선교사들은 이들 신앙 공동체를 방문하면서 험난한 산악 지형을 넘나들어야 하는 어려움을 겪었다. 한국선교회는 이러한 지리적 환경도 감안하여 순천을 중심으로 하는 선교부 개설을 진행하였다.

여기에서 순천선교부에 대한 연구사를 간략히 검토할 필요가 있다. 1962년에 브라운(George T. Brown, 부명광)은 주로 선교사들의 자료를 분석하여 전라도 지역 선교 역사를 출간하였다.[2] 그는 순천선교부 개설에 대하여 재정 모금을 담당한 선교사들의 활동을 주로 서술하였다. 김수진 · 한인수는 순천선교부 개설을 정리하였다.[3] 이들은 브라운의 자료와 『조선예수교장로회사기 (상)』[4]을 인용하였다. 김수진 · 한인수의 글은 뒤이은 순천선교연구자들에게 주된 자료로 활용되었다. 순천의 기독교 수용에 대한 최초의 논문은 윤정란이 썼다.[5] 그는 김수진 · 한인수의 글을 인용하여

---

2 George Thompson Brown, *Mission to Korea* (Richmond: Board of World Missions, Presbyterian Church U. S., 1962), 92-95. 이 책은 2010년에 번역되었다; 천사무엘 · 김균태 · 오승재 옮김, 『한국 선교 이야기』 (서울: 동연, 2010), 133-136.

3 김수진 · 한인수, 『한국기독교회사: 호남편』 (서울: 범륜사, 1980), 185-191.

4 차재명, 『조선예수교장로회사기 (상)』, 박용규 편집, 이교남 역 (서울: 한국기독교사연구소, 2014), 197-198. 이 사기는 초판이 1928년에 출판되었고, 2014년에 재편집되었다.

5 윤정란, "전남 순천지역 기독교의 수용과 확산," 「숭실사학」 26 (2011. 6.): 75-105; 윤정란, "근현대 전라남도 순천노회의 역사와 역사적 정체성의 정립과정," 「남도문화연구」 38 (2019. 12.): 279-319.

순천선교부 개설 이전의 기독교 접촉을 기술하였다. 강성호6는 순천선교부 개설에 대하여 선교사 자료와 한국인 자료를 활용하고 있다. 그는 우선 논문 배경, 순천스테이션 설치 배경과 운영을 서술했다. 이러한 글의 구조에서 볼 때 강성호는 순천선교부의 개설 배경에 대한 논의와 결정 등을 충분히 서술하지 못하였다. 송현강은 코이트(Robert T. Coit, 고라복) 선교사의 선교 보고를 주로 활용하여 순천선교부 개설을 짧게 서술했다.7

이러한 개설 배경사 연구를 검토할 때 3가지 점이 눈에 띈다. 첫째, 자료 활용의 한계이다. 한국선교회가 생산한 1차 자료인 연례회의록에 순천선교부 조성의 자초지종이 기록되어 있다. 그러나 선행연구자들은 연례회의록과 선교사들의 자료를 충실히 분석하지 않았다. 본 글은 이들 자료를 활용할 것이다. 둘째, 출처가 명시되지 않은 내용의 불명확성과 오류가 있다. 이는 수정할 필요가 있다. 셋째, 주로 오웬(Clement C. Owen, 오기원), 프레스턴(John Fairman Preston, 변요한) 및 코이트 등 선교사들의 역할이 강조되었다. 본 글은 이미 논의된 이들 선교사 활동의 중복 서술을 가급 피하고, 최소한에서 간략히 서술할 것이다.

본 글은 당시의 역사적, 정치적, 종교 문화적 배경을 간략히 서술할 것이다. 뒤이어 전남 동부 지역의 순천선교부 개설에 대하여 지리 환경적 요인, 토착 한국인 자생적 신앙 공동체 형성 및 선교사들의 결의와 참여를 검토할 것이다. 이를 위하여 한국선교회의 연례회의록과 선교사들의 개인 보고 및 한국인들의 자료를 분석할 것이다. 결론으로 1913년 4월에 개설된 순천선교부의 인적자원, 교회 성장과 선교부 개설의 역사적 의미, 선교부 내 선교 마을의 건축물과 이들의 문화적 의미를 간략히 서술한다.

---

6 강성호, "미국남장로교의 한국선교부 순천 스테이션 설치와 운영," 「남도문화연구」 37 (2019. 8.): 154-159.

7 송현강, 『미국남장로교의 한국선교』 (서울: 한국기독교역사연구소, 2018), 75-78.

II. 식민주의 세력의 각축장인 구한말 조선과
일제강점기 상황(1867~1912)

서구와 일본 식민주의 외세가 한반도에서 각축을 벌인 가운데 일제가 차츰 조선 봉건 왕조를 뒤흔들며 한반도를 잠식하고 식민지로 탈취하였다. 그동안 조선 사회에서 전반적인 개혁을 추구하는 개화파와 기득권을 유지하려는 수구파 간의 갈등은 첨예하였다. 1894부터 호남 지역에서 발발한 동학농민운동이 급기야 국제전 양상의 청일전쟁으로 비화하여 일본이 조선 강점에 유리한 위치를 차지했고, 1904년에 시작된 러일전쟁에서 일제가 승리함으로써 한반도는 일제에 의한 지배가 노골화되었다. 1905년 미국과 일본의 밀약으로 한반도는 일제의 보호라는 덫에 걸렸다. 일본은 조선왕조 보호를 구실로 강제로 외교 고문관을 두었고, 1907년 군대해산과 1910년 외교권을 강탈하였고, 즉시 토지조사를 시행하여 소작농을 착취하였다.

청일전쟁 이후 일본은 목포 부근 고금도에 해군 기지를 만들어 주둔했고, 순천과 여수의 동학농민군과 대치한 조선 관군을 일본 해군이 지원하였다. 또한 영국은 러시아와 패권 게임(The Great Game)을 하면서 여수에 인접한 거문도를 조선의 허락도 받지 않고 무단으로 점령하였다. 이러한 상황에서 1907년 의병들이 일어나 일제에 대항하였다. 전남 동부 지역의 순천, 구례, 곡성, 보성, 고흥, 낙안, 광양, 여수를 중심으로 최소 50회 이상의 의병운동이 발생했다.[8]

외세의 이러한 침략 상황에서 조선인들은 억압과 착취를 당하고, 사회 문화적으로 사회개혁과 단발령 등이 강제로 시행되는 등 유교적 봉건 질서가 혼란으로 빠져들었다. 개화파와 수구파 세력이 각축을 벌이는 와중에 일본 낭인들이 1895년 조선의 명성황후를 시해하였다. 이후 미국의 개

---

8 홍순권, 『한말 호남지역 의병운동사 연구』 (서울: 서울대학교출판부, 1994), 369-418.

신교 선교사들은 왕실 보호를 위하여 보초를 서면서 왕실 친화적 관계를 유지하였다.

사회변혁 상황이 고조되면서 백성들 사이에서 계몽과 교육과 산업 장려 등 새로운 구국운동과[9] 민중 종교 운동이 일어났다. 동학이 시작되자 민중들이 이에 몰려 급기야 동학농민운동으로 발전되었고 전북의 증산도 운동과 전남 보성의 나철이 일으킨 대종교 운동이 일어났다. 이들은 새로운 세상을 갈망하면서 메시아 사상을 수용하였다. 그동안 사회를 지탱하던 유교적 체제가 기능을 상실하면서 새로운 구원 사상을 찾는 사람들이 토착 종교의 갱신과 신흥종교 혹은 기독교 선교사를 찾아 기독교 복음을 수용하였다.

III. 전남 동부 지역의 지리적 환경과 최초의 복음 전도 선교사

본 글은 한국인들에 의한 자생적 신앙 공동체 형성을 연구한다. 이러한 공동체는 선교사와 직접 접촉이 있기 이전에 토착 주민들이 복음을 수용하고 예배를 드린 공동체를 말한다. 이를 규명하기 위해서는 우선 첫 선교사가 언제 동부 지역에 들어와서 복음을 전했는가를 살필 필요가 있다. 이에 앞서 전남 동부 지역의 지리적 역사적 환경을 살피려 한다.

---

9 Kenneth M. Wells, *New God, New Nation: Protestants and Self-Reconstruction Nationalism in Korea 1896~1937* (Sydney: Allen & Unwin, 1990).

1. 전남 동부 지역 험산 준령의 지리적 환경과 선교사들의 현장 접근의 험난성

지리적으로 전남의 동부 지역 주민들은 전북, 전남의 서부 지역에 대한 접근이 쉽지 않았다. 태백산맥에서 분기한 소백산맥의 본줄기가 서쪽으로 노령산맥을 다시 분기시켜 이 노령산맥이 전남과 전북의 경계를 이루며 이 지역 사람들의 왕래를 가로막았다. 이러한 지리적 조건으로 전남 동부 지역은 역사적으로 호남의 중심적 행정관청이 있었던 전북의 전주와 남원과 왕래가 어려웠다. 1936년 12월 익산-순천 간, 1937년 3월 익산-여수 간 전라선이 개통된 이후 이들 지역 간의 접촉이 원활하게 진행되었다. 한편 호남정맥은 지리적으로 역사적으로 전남의 서부 지역(중심지 나주, 1896년 이후 광주)과 동부 지역을 갈라놓았다. 호남정맥은 전북 진안 주화산에서 시작하여 내장산 − 백암산(정읍) − 추월산(순창) − 산성산(담양) − 설산(곡성) − 국수봉 − 무등산(광주) − 천운산(화순) − 두봉산(화순) − 용두산(장흥) − 제암산(보성) − 일림산 − 방장산 − 존제산(보성) − 백이산(순천) − 조계산(순천) − 희아산 − 동주리봉 − 백운산(광양)에서 끝난다.[10] 소백산맥은 태백산맥으로부터 분기하여 순천의 북부에 있는 조계산까지 이어진다.

지리적으로 노령산맥과 소백산맥과 호남정맥 안에 전남 동부 지역의 대부분이 갇혀 있다. 광양, 구례, 곡성, 보성, 고흥의 일부와 순천의 북부 지역은 산맥으로 포위당해 있다. 특히 소백산맥의 본줄기가 북쪽으로부터 수직으로 내려와 순천 조계산에서 끝난다. 그런데 여기를 장흥에서 이어진 호남정맥이 횡적으로 지나가면서 광양에서 멈춘다. 이 교차 지역에 놓여 있는 순천의 서북 지역과 동북 지역은 산악 지세가 강하고 높다. 이러

---

10 이우형, "호남정맥," 한국정신문화연구원 편집부, 『한국민족문화대백과사전』 24권 (서울: 한국정신문화연구원, 1995), 870.

한 순천은 동쪽에 광양, 북쪽에 구례와 곡성, 서쪽에 화순과 보성, 남쪽에 고흥과 여수로 연결된다. 순천의 지형은 서북쪽은 산이 많고 높지만, 서남쪽은 보성 해안가와 고흥반도, 남쪽은 순천만과 여수반도, 동남쪽은 광양만과 섬진강 하구에 이른다. 이 해안가 지역은 호남정맥 바깥 지역의 낮은 지대로 해안가 생활 문화를 공유하고 있다. 지리적 영향으로 전남 동부 지역인 순천과 주변 지역은 조선 시대와 일제 초기에도 여전히 소외되고 낙후되었다. 이러한 지리적 역사적 조건 속에서 이 지역의 특히 선진 지식인들은 새로운 문화와 문명을 흡수하며 진취성, 주체성, 자발성, 적극성을 발휘하였다.

전남 동부 지역의 산악 지대를 다니며 순회 전도를 할 때 부딪치는 지리적 환경은 선교사에게 고통의 길을 걷게 했다.[11] 이러한 자연적 지형과 지리 환경에서 광주선교부의 오웬 선교사는 1907년 전남 서남부 지역 순회에 집중하면서 또한 전남 동부 지역(곡성, 동복, 구례, 순천, 광양, 여수, 돌산, 흥양)을 공식적으로 순회 전도하였다.[12] 그는 서남부 지역인 장흥을 순회하다가 광주에서 1909년 4월 3일 순직하였다. 오웬의 서거 후 1909년 프레스턴과 코이트 선교사는 그의 업적을 살피고 순천이 선교부의 위치로 적절한지를 확인하기 위하여 광주에서 순천에 이르는 길을 걸었다.[13] 이들의 몸은 무척 지쳤다. 코이트 선교사는 특히 프레스턴 선교사가 지치고 피곤하여 건강을 해칠까 염려했다. 산간 내륙인 광주에서 다른 산악 지역인 순천에 이르는 100km의 길은 산악 지역을 주로 관통하는 노선으로 5~6개의 험산 준령을 넘어야 했다. 2주간의 순회를 마치고 광주로 복귀하는 여정 내내 이들의 몸은 심하게 고통을 느꼈다. 이들은 동부 지역 교회를 돌보고 전도하기 위해서는 순천에 선교부를 세우는 일이 시급하다고 생각했다.

---

11 송현숙, "해방이전 호남지방의 장로교 확산 과정," 「한국기독교와 역사」 23 (2005. 9.): 25-46.
12 *Minutes of the Sixteenth Annual Meeting SPMK 1907*, 26-27.
13 R. T. Coit, "A New Station in Korea," *The Missionary* (Sep. 1910.), 468.

2. 전남 동부 지역에서 복음 전도를 행한 최초의 선교사
   : 레이놀즈? 벨? 피터스?

본격적으로 복음 전도를 동부 지역에서 행한 선교사는 누구일까? 이
지역을 지나간 선교사들은 3팀이 있다. 첫 팀은 레이놀즈(William D. Rey-
nolds, 이눌서)와 드루(Alessandro D. Drew, 유대모) 선교사였는데, 이들은 흥
양(고흥)에서 2그룹으로 나뉘었다. 드루는 배로 부산을 거쳐 서울로 갔고,
레이놀즈는 해안가를 따라 순천과 좌수영(여수)을 지나갔다.[14] 그는 1894
년 4월 28일 흥양, 5월 1일 순천에 도착하고, 5월 2일 좌수영에 들렸다.
그는 유망한 선교 거점으로 순천과 좌수영을 눈여겨보았다. 순천은 양쪽
에 큰 산이 있고, 그사이에 비옥한 계곡(삼산이수[三山二水])과 잘 정비된
성벽과 출입문, 대규모 마을들이 1마일에 걸쳐 이어졌다. 그러나 순천은
외국인들에게 비우호적이었다. 레이놀즈는 순천에서 3년간 살았다는 중
국인을 우연히 만났는데 그는 왜 미국인에게도 비우호적인지 모르겠다고
말했다. 이에 레이놀즈는 급히 순천을 떠났다. 좌수영은 선교부가 들어설
멋진 장소(glorious site for station)로 보였다. 그는 좌수영에서 설교했고, 전
도지를 대량 배포했지만, 결실은 알려지지 않았다. 그러나 좌수영에 대한
그의 찬사로 인해 선교사들은 이를 직접 확인하려고 좌수영 탐방을 시도하
였다.

둘째 팀으로 벨(Eugene Bell, 배유지) 선교사와 해리슨(William B. Harri-
son, 하위렴) 선교사가 레이놀즈의 일기 내용을 확인하기 위하여 1896년
9~10월에 좌수영을 방문했다. 이들은 동년 11월 3~6일에 있을 제5차 연례
회의에서 논의할 제3의 선교부 확정에 앞서 사전 답사를 한 것이다. 이들은

---

14 W. D. Reynolds, *Chulla Do Trip Mar 27*, '94 (Along Shore from Seoul to Fusan), 10,
   12-13, 20.

제물포에서 기선을 타고 부산에 도착하여 다시 작은 배를 타고 좌수영으로 들어왔다.[15] 서울 – 제물포 – 부산까지 325마일, 다시 부산에서 작은 배로 5일이나 걸려 100마일 거리의 좌수영에 도착하였다. 좌수영은 성벽으로 둘러싸여 대략 5,000명이 사는 도시였고, 그 주위 마을에는 더 많은 사람이 살았다. 벨 선교사는 장터에 모인 300~400명의 군중을 향해 서투른 한국어로 설교를 하며, 복음서를 나누어주었다. 해리슨은 여러 가지 병에 걸린 주민들을 치료하였다. 이들은 말라리아, 불결과 가려움으로 감염된 눈병과 귓병을 앓고 있었다. 또한 당시 가장 흔한 병으로 흉한 모양의 연주창을 앓는 사람들을 치료하였다. 한편 이들은 원래 좌수영에서 말을 타고 (100리 거리의 순천과 동부 지역을 거쳐) 서울로 돌아가려 했으나 말을 확보하지 못하였다. 이들은 다시 부산을 거쳐 기선을 타고 10월 5일 서울에 도착했다. 그러나 이들이 좌수영에서 행한 복음 전도가 어떠한 결실을 맺었는지 알려지지 않았다.

셋째로 미국성서공회 소속의 권서(Colporteur) 피터스(Alexander Albert Pieters, 피득)가 전남 동부 지역에서 권서 활동과 복음 전도를 하였다. 그는 1895년 한국에 입국하여 1898년까지 권서로 활동하였다.[16] 피터스는 1897년 3월 6일부터 5월 17일 사이에 전남 목포 – 나주(복음서 60부 판매)[17] – 영암(69부) – 장흥(군수의 환대에 신약전서 1권 증정) – 보성(신약전서 3권과 복음서 6부 판매) – 낙안 – 순천 – 광양(25부) – 순천 – 구례 – 곡성 – 남원(상당량의 복음서 판매) – 함양과 부산을 거쳐 서울에 도착했다. 그동안 그는 약

---

15 Eugene Bell, "Letter to My Dear Mother" (Seoul, Korea: Sept. 6, 1896); "Letter to my Dear Mother" (Fusan, Korea: Oct. 3, 1896).

16 이전에 피터스는 전라도를 2번 지나갔다. 1896년 1월 한 달 동안 광주 지역과 동년 3월부터 6주 동안 전라도와 충청도에서 활동했다. 류대영·옥성득·이만열, 『대한성서공회사 II: 번역·반포와 권서 사업』 (서울: 대한성서공회, 1994), 230-231.

17 피터스는 1897년 3월 15일경 나주에 들러 복음서를 팔았다. Eugene Bell, "Korea: Opening A New Station," *The Missionary* (June 1897), 275.

30개 마을에서 복음서 924권과 신약전서 96권을 팔았다.[18]

여기에서 피터스의 기고문을 되새기고자 한다.[19] 그는 낙안에 머무는 동안 비가 오지 않은 이틀은 각각 5마일과 10마일 거리의 장터에서 책자를 팔려고 노력했으나 실패했다.[20] 성공하지 못한 이유로 비가 계속 내렸다는 것, 그가 뒤늦게 알게 된 다른 이유가 있었다는 것이다. 즉, 작년(1896년)에 있었던 일로 자칭 서학도(西學徒, 기독교인)라는 불량배들이 전라북도에 출몰했다. 이들은 자기들의 뒷배는 선교사들이기 때문에 지방관들도 자기들을 함부로 다루지 못한다며 거침없이 행패를 부렸다. 이러한 서학도 불량배들의 행패 사실이 전북의 선교사들에게 알려지자 전킨 선교사(William M. Junkin, 전위렴, 당시 한국선교회의 제3대 회장, 임기 1895. 10.~1896. 10.)는 즉각 각 지방관청에 알려 이들을 보호할 것이 아니라 체포하여 국법에 따라 처리할 것을 통고했고, 이 통고문이 낙안성문에 계속 붙여져 있었다. 이로 인하여 주민들은 관청이 기독교를 인가하지 않은 것으로 이해하여 복음서를 구입하지 않았다고 피터스는 추측했다. 기독교에 대한 이러한

---

18 A. A. Pieters, "Colportage in Korea" (Seoul: May 31, 1897), *Bible Society Record* 42 (Sep 1897): 135-136; (Oct 1897): 149-150. 이 자료는 UCLA 아시아언어문화학과 임동순 · 임미자 한국기독교학 석좌교수인 옥성득 교수가 제공하였다. 이 자리를 빌려 옥 교수께 심심한 감사를 드린다. 류대영 · 옥성득 · 이만열, 『대한성서공회사 II』, 231.

19 A. A. Pieters, "Colportage in Korea," 135-136.

20 낙안에서 서남쪽 5마일 거리에 벌교와 동북쪽 10마일 거리에 송광면이 위치한다. 다음 IV에서 후술하는 낙안 출신의 지원근은 1898년 목포의 벨 선교사를 찾아가 그에게 세례를 받고 목포 양동교회의 교인으로 등록하여 그의 조사가 되었다. 한편 송광면 대곡리 출신인 조상학도 벨 선교사에게 세례를 받고, 그의 조사/권서가 되었다. 그러나 피터스는 낙안과 벌교나 송광면에서 누구를 만났다거나 책을 팔았다고 기록하지 않는다. 그는 비에 갇혀 지낸 9일간의 낙안에 대한 기억 (여인숙의 주거 환경과 비기독교적 불량배에 대한 통고문)에 대하여 기고문의 1/4을 할애하여 매우 부정적으로 (My recollection of that place will always be very unpleasant) 서술했다. 이러한 분위기에서 피터스와 이들의 관계를 어떻게 이해할 수 있을까? 그가 위의 두 사람 혹은 한 사람이라도 만났다면 이 기고문의 분위기와 문맥은 달라졌을 것이다. 추론하면 여기 두 사람은 피터스와 직접 접촉하지 못했으나 그의 낙안 방문을 뒤늦게 알았고, 이후 선교사가 있는 목포에서 기독교에 입문했다.

오해와 부정적 인식이 낙안과 순천에 퍼져 있어서 책 판매 실패를 불러온 이유가 된 것으로 이해된다.

3. 1898년 순천 장터에서 최의덕(Lewis B. Tate) 목사가 복음을 전하였는가?

김수진 · 한인수는 "[1894년 5월 이눌서 목사가 지나간 후] 이 지역주민들을 상대로 한 전도 활동은 그때부터 4년 후인 1898년에야 이루어졌다. 전주에 있는 최(의덕) 목사가 여기까지 순행하면서 장터에서 전도하며 전도지를 배포하였던 것이다"[21]라고 서술했다.

여기 이른바 최의덕 목사의 순천 여행과 장터 전도지 배포 사건의 근거(원자료)는 '전라북로회 25주년 기념식 준비위원회'가 배포한 남장로교선교 25주년(1917년)을 준비하는 자료집에 기록된 다음의 구절일 것이다. "이눌서 목사가… 지나갔으며 한 20년 전에 최(의덕) 목사가 그 지방에 순행하며 장에서 전도하며 전도지를 돌려서 그때 받은 (것을) 지금 순천 어느 주막집(여인숙)에 도배한 것을 보겠(았)습니다"[22](필자가 현대어로 고침).

이들 두 글의 저자들은 자세한 정보나 출처를 명확하게 밝히지 않는다. 그러나 내용상 후자를 전자가 인용한 것으로 보인다. 후자는 '누가' 장터에 있는 최 목사를 보았고 주막집의 도배지를 보았다는 것인가? 또한 '한 20년 전'이란 1917년 25주년 기념식을 기준하여 대략 20년 전, 즉 1896~1898년을 말한다. 후자는 주어를 적시하지 않고 내용도 애매하게 기술하고 있다. 그러나 전자는 단정적으로 "전주에 있는 최 목사가", "1898년에", "여기까지 순행하면서", "장터에서 전도하며 전도지를 배포했

---

21 김수진 · 한인수, 『한국기독교교회사』, 185.
22 전라북로회 25주년 기념식 준비위원회, 『전라도선교 25주년 기념』 (1917. 10. 23.), 25.

다"는 것이다. 이러한 단정적 표현은 후자의 내용을 기정사실로 받아들인 결과이다. 그렇다면 중요한 것으로 최 목사는 "어느 경로로", "무슨 목적으로" 순천에서 순행, 즉 순회 전도를 했는가 하는 질문이 생긴다. 전자는 이에 대한 언급이 없다. 왜냐하면 1917년 원본(후자)이 이들을 언급하고 있지 않기 때문이다.

본 필자는 여기에서 1896년부터 1898년 사이에 '전주에 있는 최 목사'의 행적을 살펴보고자 한다.[23] 1896년 1월 최의덕 목사 남매가 서울로부터 전주에 정착한 이래 처음으로 쓴 최의덕의 보고서(1897년 11월)에 의하면[24] 그는 순회 전도를 거의 하지 못했다. 그는 집을 짓는 재주가 있어서 선교부의 건축을 책임 맡아 직접 건축을 했고, 1898년에 최 목사 남매, 해리슨, 레이놀즈 부부 등 5인이 새집으로 이사할 수 있도록 건축에 집중해야 했다.[25] 이러한 상황에서 전주선교부 소속인 최의덕 목사가 순회 전도를 위하여 순천에 갔을 것으로 추측되지 않는다. 또한 그가 만약 1897년 혹은 1898년에 전주에서 순천까지 전도 여행을 했다면 선교 보고가 없을 리가 없다. 그러나 이 시기 그의 전도 여행의 흔적은 발견되지 않는다. 전주선교부가 완성된 1901년 이후 최 선교사는 전북의 거의 모든 지역을 돌며 순회 전도자로 활동했다.[26]

---

23 4가지 자료를 검토해야 한다. 먼저 최의덕(테이트)의 공적 보고서다. 그가 쓴 글이 1897년 11월 *The Missionary*에 실렸다. 둘째, 테이트 남매 각각 개인 서신이다. 그러나 이들의 전체 서신이 유실된 것인지 하나도 못 찾았다. 셋째, 한국선교회의 연례회의록에 그의 업무가 나타나 있지 않다. 넷째, 당시 주위 관련 자료를 검토해야 한다. 목포선교부 개설과 관련하여 1896년 11~12월 1달에 걸쳐 7인의 선교사가 전라도 서부 지역 탐사 여행했을 때 테이트가 팀을 떠나 홀로 순천 장터를 방문했을 것으로 추정되는 흔적은 찾을 수 없다. Lottie [Bell], "Letter to Dear Eva" (Seoul, Korea: Dec. 20, 1896); "Letter to Dear Papa" (Seoul, Korea: Nov. 12, 1896); Eugene · Lottie Bell, *Personal Reports of the Southern Missionaries in Korea* Vol. III (1896).

24 [L. B.] Tate, "Korea," *The Missionary* (Nov. 1897), 513.

25 류대영, "미국남장로교 선교사 테이트(Lewis Boyd Tate) 가족의 한국선교," 16.

26 송현강, "테이트 가족의 한국사랑: 테이트 남매와 잉골드," 한남대학교교목실 엮음, 『미

그렇다면 순천 장터 복음 전도와 주막집 도배 사건의 장본인은 누구일까? 앞서 언급한 레이놀즈, 벨 일행, 및 피터스에게서 실마리를 찾을 수 있다. 여기에서 피터스가 가장 유력하다. 그는 낙안에서 50리 떨어진 순천에 들러 1차로 시장에서 복음서를 팔다가 여의치 않자 30리 밖의 광양으로 가서 25권의 책을 팔았다. 다음날 마침 장날을 맞은 순천에 다시 들러 2차로 책을 팔려 하였으나 또 실패했다. 아쉬운 마음이 컸을 그는 순천을 떠나기에 앞서 여인숙(주막집) 벽에 전도지를 남겼을 것이다. 훗날 전도지를 발견한 기독교인들이 어느 선교사가 순천 장터를 다녀갔을까를 논의하다가 피득(피터스)과 이름이 비슷하고, 1896년 10월부터 1897년 10월까지 한국선교회의 제4대 회장을 역임한 최의덕을 그 선교사로 추정했을 것이다.

IV. 전남 동부 지역 토착 한국인들의 자생적 기독교 신앙 공동체의 형성과 확산

1. 지원근과 조상학의 초기 사역
: 전남 서부 지역의 기독교 공동체 형성과 확산에 기여

피터스가 1897년 봄에 9일간 머물렀던 순천군 낙안 출신인 지원근은 『조선예수교장로회사기』에 의하면 1898년 목포 양동교회 설립에 등록된 20여 명에서 이름이 명시된 7인 중 1인이다.

"목포부(木浦府) 양동교회(陽洞教會)가 성립(成立)하다. 선시(先是)에 선교사(宣教師) 배유지(裵裕祉, E. Bell, 1868~1925)와 매서(賣書) 변창

국남장로교 선교사 열전』 (서울: 동연, 2016), 74.

연(邊昌淵)이 당지(當地)에 래(來)하야 양동(陽洞)에 장막(帳幕)을 포진(布陣)하고 선교(宣教)를 시작(始作)하야 열심전도(熱心傳道)함으로 노학구(盧學九), 김만실(金萬實), 김현수(金顯洙), 임성옥(任成玉), 지원근(池源根), 마서규(馬瑞奎), 김치도(金致道) 등(等) 20여인(二十餘人)이 신종(信從)하야 교회(敎會)가 수성(遂成)되고 의사(醫師) 오기원(吳基元, Clement C. Owen, 1867~1909)이 적래(適來)하야 의약(醫藥)과 복음(福音)으로 예수의 자애(慈愛)를 실현(實現)하니 신도(信徒)가 축일증가(逐日增加) 하더라."[27]

이러한 지원근은 벨 목사에게 세례를 받았다. 초기 목포교회는 외지에서 유입된 지원근과 같은 사람들이 참석함으로써 정규 주일 예배를 드릴 수 있었다.[28] 외지인들은 희망을 찾아 신흥도시 목포를 방문했다. 목포는 외국인 거주가 합법화되어 근대식 서구 사상과 문화가 교류되고, 정기 노선을 통해 무역과 문물이 유통 가능한 도시였기 때문이다. 여기 지원근도 이러한 희망을 품은 인물이었다. 대개 이들은 양반가의 지식인들로서 한문과 유학을 공부하였고 새로운 사상과 문명을 수용할 의지가 있는 사람들이었다. 이러한 상황에서 1900년 양동교회는 14칸 규모의 기와지붕 교회를 증축하였는데 교인은 100여 명이 되었다.[29]

지원근은 1899년 12월 말에 목포에 도착한 스트래퍼(Frederica Straeffer, 서부인) 선교사의 어학 선생으로 일하였다. 그런데 1901년 4월 벨 선교사 부인의 죽음과 벨의 귀국, 1902년 5월 오웬 부부의 안식년, 이에 따라 독신 여성 선교사 스트래퍼는 1902년 6월 서울로 떠났다. 이러한 상황에서 지

---

27 차재명, 『조선예수교장로회사기 (상)』, 103.

28 Eugene Bell, "Mission Life at Mokpo," *The Missionary* (Oct. 1899), 459.

29 차재명, 『조선예수교장로회사기(상)』, 121.

원근은 김도인에게 복음을 전하여 1903년 장성군 황용리 교회를 설립하게 하였다.[30] 벨 목사는 목포의 지원근을 복음 전도와 신앙 지도 담당 전도사로 광주 지역에 파송하였다.[31] 1902년 12월 벨 목사가 미국에서 귀국하여 둘러본 광주 지역 선교 현장은 희망찬 조건을 갖추어 교회의 성장을 기약하고 있었다. 이러한 상황을 조성한 지원근 조사를 한국선교회의 1904년 연례회의는 그를 조사 대신에 전도사(Evangelist)로 불렀다(12).[32]

한편 조상학(1880~1950)은 낙안에서 산악 길로 10마일 정도 떨어진 순천군 송광면 대곡리 출신으로 지원근과 동향 지인이었다.[33] 지원근의 부인은 벌교 무만리 출신이고, 후술하겠지만 벌교의 김일현과 정태인은 조상학과 일가친척 관계에 있었다. 한문과 유학을 공부한 지역 유지였던 조상학은 벨 목사에게 세례를 받고, 1901년 광주군 송정리교회의 조사로 시무하였다.[34] 이 교회는 이보다 앞선 시기에 벨 선교사와 오웬 선교사가 복음을 전하여 교인들이 김일서 방에서 회집하다가 우산리에 예배당을 신축하여 회집하였고, 송정리로 이전하였다. 이때 조상학은 권서로서 광주선교부가 시내에 전도 책방으로 세운 영복서점을 운영하였다. 또한 그는 1905년 세워진 광주군 요기리 교회에서 한때 조사로 시무하였다.[35]

---

30 위의 책, 162.

31 "Personal Report of Eugene Bell 1904," 38-39.

32 본 글은 연례회의록의 내용에 대한 각주를 빈번하게 붙일 것이다. 그러나 여기에서 변형된 각주 형식, 즉 문장의 앞부분에 연도를 적고 뒷부분에 괄호와 그 안에 숫자를 넣는 형식의 각주를 매기고자 한다. 예를 들면 본 각주의 경우 문장 앞부분의 1904년은 1904년의 연례회의록을 말하고, 문장 끝의 괄호 숫자 12쪽(페이지)을 뜻한다. 이는 1904년 연례회의록 12쪽을 참고하라는 의미이다.

33 차종순, "순천지방 최초 목사 임직자: 정태인 목사의 삶과 목회," 국립순천대 인문학술원, 『전남동부지역 기독교 인물과 지역사회』(2018년 국립순천대 인문학술원 학술대회 자료집), 66-68.

34 차재명, 『조선예수교장로회사기』, 143.

35 위의 책, 200.

2. 전남 동부 지역의 자생적 기독교 신앙 공동체

여기 동부 지역에서 2개의 중심 교회를 통해 각 지역으로 신앙 공동체가 확산되었다. 하나는 보성군 벌교 무만리교회에서 보성과 고흥 및 순천으로 확산되었고, 다른 하나는 광양 웅동에서 시작하여 신황리 교회를 중심으로 주변으로 확산되었다.

1) 1905년 보성군 무만리교회가 성립되었다. 내력은 다음과 같다[36]

"보성군(寶城郡) 무만리교회(武萬里敎會)가 성립(成立)하다. 초(初)에 김일현(金日鉉)이 광주(光州)에 여행(旅行)하얏[였]다가 복음(福音)을 듯[듣]고 신종(信從)한 후(後) 대곡리(大谷里) 신자(信者) 조상학(趙尙學)으로[과 함께] 협력전도(協力傳道)하야[여] 김재조(金在祚), 정태인(鄭泰仁)과 그 가족(家族)이 밋[믿]고 김재조(金在祚) 가(家)에서 예배(禮拜)하더니 기후(其後)[그후]에 광주(光州)에 거류(居留)하난[는] 선교사(宣敎師) 오기원(吳基元, [Clement C. Owen, 1867-1909])과 조사(助師) 지원근(池元根)이 전도(傳道)하야[여] 김재찬(金在贊), 김재유(金在裕), 김재윤(金在潤), 김재원(金在元), 김진현(金振鉉) 등(等)이 상계신교(相繼信敎)하야[여] 교회(敎會)가 점차발전(漸次發展)되고 김재조(金在祚)가 예배당(禮拜堂) 11간(十一間)을 2차(二次)에 전단신축(全段新築)하니라."

전남 동부 지역의 기독교 신앙 수용과 확장, 교회 설립과 성장 과정은 김일현과 무만리교회의 경우가 전형적이다. 위의 내력을 풀어쓰면 1905

---

36 위의 책, 197-198.

년 100섬지기 김일현은 송사 사건이 있어서 전남도청 소재지 광주에 갔고, 복음 전도 책방을 하던 조상학(김일현의 처는 조상학의 사촌 여동생)을 만나 복음을 수용하고 무만리로 돌아왔다. 김일현은 매부인 정태인(김일현의 큰 누나가 정태인의 처)에게 전도했으나 서구의 문물을 비판하면서 복음 수용을 거부하자 광주의 조상학을 불러 그를 설득하였다. 조상학은 예수를 믿고 구원을 얻어 복을 받아야 한다고 설득하여 정태인이 개종하고, 김일현의 부친인 김재조와 무만리의 일가친척들에게 복음이 전해져 김재조(김일현)의 집에서 예배를 드렸다. 1907년 9월에 조상학의 주선으로 오웬 선교사와 지원근 조사가 방문하였다. 이에 김일현, 조상학, 정태인 등이 무만 동네 앞산(광대산) 언덕에 임시 천막 2개를 높게 치고 1주간의 전도부흥집회를 열었다. 이 집회에는 평소 인품이 좋은 김일현과 그의 일가친척과 소작전답을 얻어 사는 동네 사람들이 인산인해를 이루었다. 이들은 처음에는 일본의 침략 야욕 앞에서 미국인과 사귀면 향후 처세에 좋을 것이라는 생각으로 집회에 참가했다는 것, 차츰 예수 복음을 수용하여 1908년 10월에 무만동 앞산 언덕에 남녀를 구분하는 교회 건물을 세우고 예배를 드림으로써 무만리교회가 세워졌다.[37]

여기에서 신앙 공동체 형성과 제도적 교회의 설립을 논의할 수 있다. 첫째, 이전에 유교를 공부하여 글을 읽고 쓰는 지식인으로서 양반인 조상학이 목포와 광주에서 기독교 복음을 수용하여 벨 선교사의 조사가 되었다.[38] 둘째, 조상학은 친척인 김일현과 그 일가에게 복음을 전하였다. 또한

---

37 김채현, 『무만리교회 연혁사』[무만리교회 첫 시작의 역사] (별교: 연대미상), 1-4. 원본은 국한문 고어체의 손글씨본(4쪽)으로 후대에 이를 현대어로 타이핑한 글(2쪽)과 첨부된 가계도 1쪽이 전해진다. 저자 김채현(1897~1980)은 김일현과 6촌 형제로서 무만교회 장로로 30년(1940~1970) 동안 섬겼다.

38 조사는 2종류가 있었다. 선교부 소속 조사는 선교부가 연봉을 지급하는데 늘 선교사와 동행을 했다. 또 다른 조사는 교회나 기관에 채용된 조사로 이들은 소량의 쌀이나 신발값(shoe money) 정도를 받아 생활했다. 전자의 조사는 지원근이고, 후자는 조상학이다.

조상학과 김일현은 정태인에게 복음을 전하였고, 일가친척들이 복음을 수용하였다. 셋째, 기독교 복음을 수용한 김재조(김일현) 일가는 그의 집에서 예배를 드림으로써 신앙 공동체가 형성되었다. 넷째, 이후에 선교사 오웬과 그의 조사 지원근이 방문하여 전도 부흥집회를 열고,[39] 신앙교육을 하고, 교회를 세웠다.[40] 다섯째, 1908년 남녀 구분하여 앉도록 ㄱ(기역자) 초가 목조 온돌방의 예배당을 건축하고, 30여 명의 교인이 모였다. 1909년 초대 교역자로 지원근 전도사가 부임했고, 김일현 초대 장로를 장립했다. 여섯째, 1910년에 교회가 지역사회를 위하여 학교를 설립했고, 유년주일 학교를 세웠다.

무만리교회에서 보듯이 토착 한국인이 선교사를 만나거나 혹은 타지에서 복음을 듣고 동부 지역에 와서 전도하여 개인의 집이나 별도 예배당을 마련하여 신앙 공동체를 형성하였다. 이후에 선교사들이 도착하여 그들이 속한 교파의 제도교회를 세웠다. 순천 중심의 동부 지역, 특히 무만리교회와 직접적 혹은 간접적 관계를 맺는 교회들은 <표 1>과 같다.[41]

1904년의 어학 선생의 연봉은 일률적으로 60달러, 오웬 선교사의 조사는 연봉 60달러, 여성 독신 선교사 스트래퍼의 조사는 40달러, 오웬 부인의 조사는 45달러였다(25-26).

39 "섯두런[서투른] 韓國語로 毛色이 다른 外國人語勢와 처음 본 洋服 차림으로 西道라고 한[하는] 道人의 稱을 밧은[받은] 牧師난[는] 처음 듯난[듣는] 노래와 布敎을 하며 예수를 밋으면[믿으면] 福을 만이[많이] 밧는다난[받는다는] 意味 모른[모를] 말에…" 김채현,『무만교회 연혁사』, 1.

40 당시 선교사가 자생적 신앙 공동체(교회)를 방문하고 설교를 하거나 지도한 내용은 특정 신학을 전했다기보다 각주 39에서 보듯이 기본적 복음 전도, 즉 '예수를 믿고 구원을 얻을 것'을 강조했다. 또한 기본적인 성경 교육과 신앙 교육했는데 입교자, 학습자, 세례자 교육이었다. 초기 세례자 교육은 특별한 경우 외는 모두 6개월 혹은 그 이상의 교육을 받아야 했다.

41 차재명,『조선예수교장로회사기』, 197-238, 318-348.

<표 1> 보성군 무만리 신앙 공동체와 관련된 교회들

연도	교회 이름	전도인	복음 수용과 예배처	선교사
1905	보성 무만리교회	김일현·조상학	정태인 김재조 예배당 건축	1907년 오웬
1906	순천군 평촌교회	지원근	박응삼 이원백 예배당 건축	1905년 오웬
1907	여수군 장천교회	정태인 지원근 박응삼	조의환 이기홍 지재한	조상학 시무
1907	고흥 신흥리교회	서울 복음수용	한익수, 선영홍 집 예배 → 배교	본 교회 생김
1907	여수 우학리교회	무만리교회 채진영	명창순 예배당 신축, 사숙 아동교육	
1907	순천 용당교회	김대수	김혁주 정운찬 → 타락	코이트의 권면
1908	고흥금산 신평리	오석주 박수홍	대흥리 선영홍에서 분리-신흥리	
1908	순천 이미교회	정태인	정종희 정종운 - 예배당 건축	
1908	광양읍교회	오웬 지원근 배경수	조상학 - 박응삼, 김윤석, 박정진	1907년 오웬
1909	고흥 옥하리교회	박용섭 신우구	합심출연 동정리에 예배당 마련	
1909	순천읍교회	조상학 조의환	최사집 최정의 - 강시혁의 사저 예배	1909년 프레스턴
1909	순천 대치리교회	지원근	구례교인 윤병옥 - 예배처 마련	
1909	순천 구상리교회	정동섭	순천읍교회에서 분립	
1910	순천 월산리교회	김군옥	교회 설립	
1910	고흥 주교리교회	손대희, 최세진	무만리교회 왕래, 최세진 사저에서 예배	
1910	보성 대치리교회	이형숙 조규혁	무만리 교인 - 신성일·박문혁 - 예배당 건축	
1911	여수 서정교회	박바우 여사	여수 장천교회 제직이 예배 인도	

2) 광양권의 신앙 공동체 형성과 교회의 확산

전남 동부 지역 특히 광양 지역에서 일찍이 복음이 수용되었고, 신앙 공동체가 형성되어 교회가 성장하였다. 1895년 명성황후를 시해한 일본 낭인을 찾아 살해한 조선인 한태원이 전남 광양 백운산 웅동에 피신하였다. 그를 추적해 광양에 도착한 관리가 있었다. 이때 그가 노름하는 주민들에게 "광주에 야소교가 새로 들어왔는데 그 도를 믿으면 도박을 끊을 수 있고 좋은 사람이 될 수 있다"며 광주의 조상학을 소개했다.[42] 이에 박희원, 서경준, 장기용 등 3인은 3일을 걸어 광주에 도착하여 조상학에게 복음을 듣게 되었다. 이들은 웅동으로 돌아와 사랑방 1채를 빌려 지역 주민들과 함께 예배를 드렸다. 이 예배 모임이 광양 지역 신앙 공동체의 첫 시작이었고, 이날은 1905년 11월 3일이었다. 이후 신황리교회가 성립되었고, 이 교회에 다니던 교인들이 분립 교회를 세웠다. 당시 광양의 교회들은 <표 2>와 같다.[45]

<표 2> 광양 지역의 신앙 공동체 형성과 교회 성립[43]

연도	교회	전도인	복음 수용자	선교사
1905	웅동 신앙 공동체[44]	조상학	박희원 서병준 장기용	1909 프레스턴
1907	신황리교회	조상학 한태원	박희원 서병준 허준규	1907 오웬
1908	웅동교회	조상학 서병준	신황리교회에서 분립	
1908	대방리교회	한태원 박희원	서한봉-분립	
1909	백암리교회	신황리교회 교인 김평장	교회 분립	
1909	섬거리교회	신황리교회 교인 정주한	교회 분립	

---

42 사단법인 광양기독교선교100주년기념사업위원회, "광양 최초 복음의 도래지 웅동" (2005, 팸플릿), 2.

| 1909 | 지랑리교회 | 신황리교회 교인
강대오 | 교회 분립 | 강대오-만주
이거 |

3) 동부 지역의 자생적 기독교 신앙 공동체 형성의 특징

동부 지역 신앙 공동체 형성의 특징은 먼저 개종자의 친인척이나 지인들의 사회적 관계망을 통하여 지역적 확장이 이루어졌고,[46] 복음을 전파하고 신앙 공동체를 형성하였다. 순천 벌교 지역에서는 무만리교회가 중심을 이루어 지역 확산을 이루었고, 순천 동부 광양 지역에서는 신황리교회가 중심이 되어 복음을 확산하였다. 이들의 삶의 환경은 전반적으로 농어촌이었지만 특히 관아가 있는 큰 마을이나 도시에서 복음을 전하였다. 또한 이들은 지식인이나 양반 등이 전도의 대상이었다. 이는 한국선교회와 벨 선교사가 강조한 선교사 중심의[47] 순회 전도를 통해 진행된 네비우스 선교 방식과는 달랐다. 신앙 공동체의 개종자들은 개인적으로 혹은 자발적으로 서로 기금을 모아 마을의 집을 구입하고 예배를 드리고 예배공동체를 형성했다.

이러한 자생적 공동체가 형성되면 후일에 오웬과 지원근이 접근하여 남장로교의 제도교회의 틀을 놓았다. 이러한 교회들은 복음 전도를 위하여 학교를 세우고, 지역사회의 발전을 꾀하였다. 여기에서 중심 교회의

---

43 이외에도 1908년 이눌서[레이놀즈] 선교사가 전도를 받아 세워졌다는 순천군 신평리교회, 1908년 우여곡절 끝에 배유지[유진 벨] 선교사가 교섭하여 세워진 구례읍교회, 1907년 광주[목포]에 도착한 노라복[Robert Knox] 선교사와 조사 배경수에 의해 1910년에 세워진 보성군 문양리교회, 구례군 대유리교회 등이 전남 동부 지역에 존재하였다.

44 웅동교회, 『웅동교회 연혁』(광양: 2004. 4.), 1.

45 차재명, 『조선예수교장로회사기』, 197-238, 318-348.

46 송현숙, "호남지방 기독교 선교기지 형성과 확장에 관한 연구," 「한국기독교와 역사」 19 (2003. 8.): 225-260.

47 최영근, "미국남장로교 선교사 유진 벨(Eugene Bell)의 선교와 신학," 「장신논단」 40-2 (2014. 6.): 147-153.

역할이 중요하였다. 벌교의 무만리교회의 김재조는 교회 학교를 운영하였고,[48] 신황리교회는 학교를 세워 기독교 교육하여 교회의 지도자를 양성하였고 지역사회를 계몽하였다.[49] 이러한 과정에서 순천선교부가 개설되었고, 이후 순천읍교회가 순천선교부의 중심 교회로서 이 지역의 복음 전도에 주도적 역할을 하였다.

3. 광주선교부 소속 선교사들의 동부 지역 접근과 순천선교부 개설 참여

한국선교회는 전남 동부 지역에 새로운 선교부를 개설하기로 공식적으로 1908년 연례회의에서 결정하고 구체적인 실행안을 마련하였다(17). 광주선교부는 이를 위하여 중요한 역할을 맡았다. 여기에서 광주선교부 선교사들의 순천선교부 개설 참여를 논의할 필요가 있다.

1) 광주선교부의 전남 동부 지역에 대한 선교 시작

1904년 한국선교회는 연례회의에서 전북과 전남의 접경 구역을 담당할 선교부를 정하면서 광주선교부의 사업 목록에 구례, 곡성, 옥과를 포함시켰다(18). 전남 동부 지역인 구례와 곡성과 옥과가 처음으로 연례회의록에 언급된 것이다.

『조선예수교장로회사기』는 1904년에 "곡성군(谷城郡) 옥과리교회(玉果里教會)가 성립(成立)하다. 초(初)에 선교사(宣教師) 배유지(裵裕祉)[E. Bell 1868~1925]의 전도(傳道)로 김종수(金鍾洙)가 밋[믿]고 열심전도(熱心傳道)함

---

48 차재명, 『조선예수교장로회사기』, 346.
49 위의 책, 346; 신황리교회역사편찬위원회, 『신황리교회 역사(1905-2012)』 (서울: 대한예수교장로회 신황리교회 역사편찬위원회, 2012), 153-156.

으로 20 여인(二十餘人) 신자(信者)를 득(得)하여 자기사저(自己私邸)에서 예배(禮拜)하니라"라고 기록한다.[50]

이 자료에 의하면 벨 선교사가 1904년에 곡성군 옥과면에 복음을 전도하여 옥과리교회를 세웠다. 그러나 오늘날 교회 행정면에서 곡성군 옥과면 옥과리교회는 광주의 전남노회에 속한다. 반면 옥과면 외 곡성군의 교회는 순천노회에 속한다. 이러한 의미에서 교회사적 관점에서 엄격하게 따지면 동부 지역의 첫 선교사로 벨을 보기는 어렵다. 그러나 호남기독교사와 한국 민족사 관점에서 이 지역의 첫 복음 전도자로서 벨 선교사를 기록할 수 있을 것이다.

오웬은 전남 서부와 서남 지역에서 순회 전도를 할 때도 그가 1904년부터 지도하는 지원근 전도사를 통해 동부 지역 선교에 지대한 관심을 가졌다.[51] 오웬 선교사는 1905년에 낙안을 특별히 방문하였다.[52] 그가 지도하는 지원근은 그의 고향 낙안에서 박응삼과 이원백에게 복음을 전하였다. 이들은 예배당을 건축하여 예배를 드렸는데, 이 교회가 순천군 평촌교회이다.[53] 이러한 뜻에서 전남 동부 지역에 복음을 전한 첫 선교사는 오웬으로 볼 수 있다.

1907년에 이르러 한국선교회는 동부 지역 복음 전도 책임을 공식적으로 오웬 선교사에게 맡겼다(1926~1927). 이로 인하여 오웬은 보성 지역에 대한 책임과 동시에 동북과 동남 지역인 창평, 옥과, 곡성, 동복, 구례, 순천, 광양, 여수, 돌산, 흥양에서 순회 전도하였다. 이러한 오웬에게 복음 전도 전담 조사로서 지원근의 역할은 중요하였다(1926~1927). 1906년에 오

---

50 차재명, 『조선예수교장로회사기』, 175.
51 C. C. Owen, "Reports of Hard Work - Reenforcements Needed," *The Missionary* (Oct. 1905): 499-500; "Upspringing of a Church," *The Missionary* (Sep. 1905): 452-453.
52 "Personal Report of C. C. Owen 1905," 74.
53 차재명, 『조선예수교장로회사기』, 226.

웬과 지원근은 이 지역들을 이미 탐방하였고, 1907년 연례회의 석상에서 동남 지역에 관한 복음 전도 보고서를 제출했다. 한국선교회는 동부 지역에 선교부 개설을 기대하며 이를 접수했다(26-28).

한국선교회는 동부 지역 선교부 개설을 1908년 연례회의에서 공식적으로 결정하고, 구체적 실행안을 작성했다. 선교회는 이 안을 시행하면서 프레스턴에게 새 선교부 현장을 조사하고 연구하게 하였다(1912). 실행안은 첫째, 광주선교부에 속한 2명의 복음 전도 선교사를 순천 선교 현장에 투입하여 2년간 활동케 하고, 그 후에 새로운 선교부를 출범시킨다(1932~1933). 둘째, 오웬 선교사는 전남 동부 지역의 낙안, 흥양, 돌산, 여수, 순천, 곡성, 광양에서 순회 전도를 한다(1935~1936). 셋째, 한국선교회는 순천 지역 선교부 개설에 필요한 신규 선교사 파송을 본국 실행위원회에 요청한다(1940). 특히 광주선교부가 요청한 2명의 복음 전도 선교사 외에 별도로 2명의 복음 전도 선교사, 의사 1명과 훈련받은 간호사 1인, 2명의 독신 여성 선교사 파송을 요청한다. 넷째, 한국선교회는 오웬의 복음 전도 전담 조사인 지원근과 배경수의 활동비를 180달러로 인상하여 책정하였다(1926). 오웬의 선교 구역이 <표 3>과 같이 대폭 확대되었다.

<표 3> 오웬(오기원) 선교사와
관련된 교회 현황(1904~1909)[54]

연도	교회	선교사, 선교사/조사	연도	교회	선교사/조사
1904	광주 양림	배유지 · 오기원	1906	고흥 왕하리	오기원/오태욱
1904	완도 관산리	오기원/배경수	1907	광주 문흥리	담임
1905	나주 방산리	오기원/배경수	1907	화순읍교회	오기원/신나열 (여성)
1905	강진 도청리	오기원/배경수	1907	보성 운림리	오기원/배경수
1905	보성 신천리	오기원/배경수	1907	광양읍교회	오기원/지원근

1906	장흥 진목리	한때 오기원 담임	1908	보성 양동교회	오기원/배경수
1906	순천 평촌	오기원/지원근	1908	나주 내상리	오기원/지원근
1905	보성 무만리	오기원/지원근	1908	나주 동부면 학교 예배	오기원/배경수

한편 1908년 낙안, 흥양, 돌산, 여수, 순천, 곡성, 광양을 순회하면서 각 교회에서 전도 교육했던 오웬은 장흥 지역을 순회하던 중 몸이 아파서 급히 광주로 돌아왔으나 급성폐렴으로 전화되어 1909년 4월 3일 순직하였다. <표 3>에 나타난 바와 같이 광범위한 선교 구역은 그에게 헌신적 선교를 요구하였다.

2) 광주 선교사들의 동부 지역 접근과 순천선교부 개설 참여

광주선교부는 새로운 선교부 개설에 대한 후속 작업을 진행하였다. 우선 목포에서 활동 중인 프레스턴을 1909년 5월 광주로 다시 소환했다. 6월에는 2주간 벨과 프레스턴이 오웬의 선교 지역을 방문하였다.[55] 이들은 오웬의 초능력적 헌신, 현지 교인들에 대한 양육, 이들의 헌신성과 섬김을 최고도로 끌어올린 교육, 자생적 신앙 공동체가 취한 전략으로써 관청도시나 성읍 중심의 복음 전도 등은 높게 평가했다. 또한 이들은 특히 순천과 주변에 있는 22개의 교회를 통한 복음 전도의 가능성을 보면서 산악이 가로막은 교통의 험난성, 광주 복음 전도 선교사들의 건강 염려, 땅값의 급속 상승 등을 우려하며 새 선교부 기지의 신속한 매입을 권했다.

1909년 연례회의에서 한국선교회는 새 선교부에 10칸짜리 사랑채 2

---

54 위의 책, 163-238, 318-348.
55 "Southern and Southeastern Circuit," *Station Reports of Southern Presbyterian Mission* 1909, 38-41; "Southern and Southeastern Circuit: Dr. Owen," *KMF* (1909): 62-64; R. T. Coit, "A New Station in Korea," *The Missionary* (Sep. 1910): 468-469.

동을 우선으로 세우도록 권하면서 선교부의 부지 매입을 프레스턴과 코이트에게 맡겼다. 한편 동년 10월 목포의 해리슨과 전주의 니스벳(J. S. Nisbet, 유서백)과 광주의 윌슨(R. M. Wilson, 우월손)과 프레스턴 등 4인 위원회가 순천에 위치를 두는 순천선교부 개설에 대한 최종안을 확정했다.[56] 한국선교회는 순천선교부 개설을 위한 예산(시설 포함)으로 총합계 21,450달러를 확정했다(1938~1939).

1910년 한국선교회는 '항구적 시설 기금'에서 즉시 1,500달러를[57] 지불하고, 매곡동 언덕의 땅 10에이커[12,238평]의 토지를 구입했다(1931). 1911년에 순천선교부에서 일할 선교사 명단을 확정했다(1937~1938). 광주선교부 소속 프레스턴 부부, 코이트 부부, 여성과 어린이 담당 선교사 비가 (Meta L. Biggar, 백미다) 외에 입국할 신입 선교사들도 거명되었다.

3) 미국인 왓츠(George Watts)의 후원과 순천 선교 마을 건축

1912년 연례회의 도중에 한국선교회는 코이트가 동의하여 다음과 같은 특별 감사를 표하기로 결의하였다. "우리 한국선교회를 위하여 신입선교사들을 모집하고 선교 자금을 확보하여 찬란한 과업을 이룬 프레스턴 목사와 프렛(Charles Pratt, 안채륜) 목사에게 진심 어린 마음을 담아 감사를 드린다"(13). 도대체 프레스턴 목사는 무슨 일을 벌였던 것인가? 브라운은 이를 남장로교 선교 역사상 가장 극적인 이야기로 기록했다.[58]

프레스턴 선교사는 1911년 초 안식년을 맞아 본국에서 해결할 2가지 과제를 가졌다. 하나는 한국에 입국하여 일할 신입 선교사 33명을 모집하는

---

56 순천노회사료편찬위원회편, 『순천노회사』 (순천: 대한예수교장로회순천노회, 1992), 41.
57 1909년 예산에 의하면 토지 구입비 2,000달러가 포함되어 총예산은 21,450달러였다. 그런데 1910년 실행위원회의 예산 삭감 원칙에 따라 1,500달러가 삭감되어 총예산은 19,950달러로 축소되었다. 이에 따라 1910년 토지 구입 예산은 1,500달러로 축소되었고, 즉시 이 금액이 지불되었다(31).
58 George Thompson Brown, *Mission to Korea*, 92-95.

것, 다른 하나는 순천선교부 개설에 필요한 재정을 모금하는 일이었다. 그는 먼저 미국남장로교 총회의 도움을 받아 신입 선교사 건을 처리했다. 다음으로 그는 후원자인 그래함(C. E. Graham)과 그의 친구인 더럼(Durham, N. C.) 출신의 왓츠와 더럼 교회의 담임목사인 레이번(Dr. E. R. Leyburn) 박사의 도움을 얻었다. 그리고 그는 왓츠로부터 순천선교부의 모든 선교사 연봉과 운영비 일체로 연간 13,000달러를 후원하는 약조를 얻어냈다.

순천선교부 개설을 위한 인적, 물적 조건이 이렇게 갖추어지자 선교 마을 조성이 구체적으로 진행되었다. 그동안 땅값이 2년 전에 비해 6,000달러(4배)로 올랐고, 1912년 봄에는 매산 언덕에 1,500그루의 나무를 심었다.[59] 건축 선교사 스와인하트(M. L. Swinehart, 서로득) 장로는 한국인, 일본인, 중국인 인부들을 구하여 적재적소에 활용하였다. 매산 언덕 뒷산은 화강암이 많아 직접 화강석을 캐내어 건축에 활용하였다. 건자재 일부는 미국에서 수입하였다. 뒷산에서 흘러내리는 물은 깨끗하여 음료수와 목욕물 등으로 활용하였다.[60]

선교 마을은 크게 4구역으로 나뉘어 조성되었다. 교회 구역(교회), 의료 구역(병원, 간호사 숙소 등), 교육 구역(남학교와 기숙사, 여학교와 기숙사), 주거 구역(선교사 저택 2개, 여성 독신자 주택) 등이 조성되었다. 건축이 시작된 이후 1년 만에 선교 마을 공사가 마무리되었다.[61]

---

59 Robert Coit, "A Note of Cheer from Korea," *The Missionary Survey* (Oct. 1912): 908-909

60 1912년에 시작된 다양한 건축물에 대한 자료는 다음을 참조하라. 도선붕·한규영, "순천 선교촌의 형성과 건축 특성에 대한 조사 연구," 「한국농촌건축학회 논문집」 4-2 (통권 11호, 2002. 6.): 49-62; 우승완·남호현, "미국 남장로회 순천선교기지 선교마을들," 「인문학술」 제1호 (2018); 우승완, "전남지역 선교기지 구축과 건축 활동 - 윌슨과 스와인하트를 중심으로," 「인문학술」 제3호 (2019. 11.); 서만철, "전남 선교유산의 세계유산적 가치와 향후 과제," 사)한국선교유적연구회, 『전라남도 기독교 선교역사와 유산』 (전라남도 선교 유산의 세계유산추진을 위한 학술회의 II 자료집, 2017), 39-55.

61 선교 마을은 1916년에는 대지 30에이커(36,714평)에 선교사 저택 3동, 병원과 진료소가 입주한 건물 1동, 남학생과 여학생의 학교 각 1동, 성경반 교실과 작은 기숙사 1동, 마을에

V. 결론: 1913년 4월 순천선교부 개설과
교회 성장 및 역사적 문화적 의미

상기 배경을 가지고 설립된 1913년 순천선교부의 특징과 의미를 3가지로 서술할 수 있다. 첫째, 선교부 개설에 필요한 인적자원으로 복음 선교사 3인, 여성과 어린이를 위한 여성 선교사 4인, 남·여학교 교사 4인 및 의료선교사(의사, 간호사) 2인 등이 고루 갖추어졌다. 또한 순천선교부는 건축위원회를 조직하고 계속 건축물을 세워 순천선교부의 물적 기반을 더욱 확충하였다. 1913년 4월 현재 순천선교부의 선교 인력의 현황은 <표 4>와 같다.

<표 4> 1913년 순천선교부의 선교사 이름과 업무

Miss Biggar	여성 복음 전도와 여자성경반
Miss Greer	언어 공부와 진료소 사역,
Miss Dupuy	언어 공부, 여학교보조
Rev. Coit	광양 신황리 – 구례구역 복음 전도, 고흥 – 보성 지역의 교회들에 대한 합동 지도, 권서 담당, 남학교 담당
Mrs. Coit	언어 공부, 여자와 어린이 사역
Rev. Pratt	언어 공부, 코이트와 프레스턴과 순회 전도, 선교부 건축위원회 봉사
Mrs. Pratt	언어 공부

는 400명이 예배 가능한 교회를 갖추었다. R. T. Coit, "Soonchun, Our Newest and Last Mission Station in Korea," *The Missionary Survey* (Jan. 1917): 31-32; 이후 13년이 지난 1929년의 선교 마을은 교회 구역(순천교회, 왓츠기념관, 음악당), 의료 구역(안력산 병원, 전염병 환자실, 간호사 숙소), 교육 구역(남학교+공장+기숙사, 여학교+공장+기숙사), 주거 구역(선교사 저택 5동, 외국인학교, 여성 독신 선교사 집) 외에 창고, 물탱크 및 묘지가 따로 조성되었다. 남호현, "근대 순천지역 선교사 마을의 배치와 공간구성수법에 관한 연구 - Soonchon Compound 1929를 중심으로," 「대한건축학회연합논문집」 2-4 (통권 5호, 2000. 11.): 17-25.

Dr. Timmons	언어 공부, 의료 사역, 선교부 건축위원회 봉사,
Mrs. Timmons	언어 공부, 주일 학교 사역
Rev. Crane	언어 공부 (1913년 가을 입국 예정)
Mrs. Crane	언어 공부 (1913년 가을 입국 예정)
Rev. Preston	여수-곡성 지역 복음 전도 책임, 고흥-보성 지역 교회에 대하여 코이트와 합동 지도, 선교부 건축위원회 봉사.
Mrs. Preston	소녀들을 위한 여학교(Day School) 책임, 여성 복음 전도 사역.

둘째, 순천선교부의 개설을 이끈 자생적 신앙 공동체의 성격과 교회 성장 및 지역사회 발전에 대한 역사적 의미가 크다. 순천 지역의 지식인들은 진취성과 자발성 및 적극성을 가지고 1898년 목포에서 복음을 수용하여 광주와 전남 서부 지역에서 복음을 전하고, 교회 성장에 기여하였다. 이들은 다시 순천 지역으로 복귀하여 이 지역의 자생적 신앙 공동체 형성을 도왔다. 이러한 자생적 적극성이 1913년 순천선교부를 개설하는 주요 동인이 되었고, 선교부 설립 10년이 채 되지 않은 1922년에 전남노회로부터 분립하여 순천노회를 조직하고 독자적 성장의 길을 걸었다. 아래 <표 5>는 1922년 순천선교부의 빠른 교회 성장과 비교적 많은 헌금 통계를 보여 준다. 이는 순천선교부가 타 선교부들에 비해 늦게 출발하였지만, 특히 한국인 지도자들과 교인들의 자생적 영성과 물질적 헌신을 통하여 지역 교회들이 건전한 성장과 성숙을 이룬 것을 보여 준다.

또한 순천선교부는 예수 그리스도 복음의 터 위에 교회를 세우고 지도자를 양성하여 지역사회를 계몽하고 발전시켰고, 매산남·여학교를 세워 사회의 지도자를 배출하였다. 또한 안력산 병원은 지역사회의 보건과 위생 생활의 질을 높였고, 의료적 헌신과 봉사를 통해 지역 교회들이 이웃을

섬기는 삶을 살게 했다. 오늘날 이러한 순천 지역 교회들은 섬김과 희생의
정신으로 지역사회의 발전을 위하여 노력하고 있다. 특히 애양병원을 통
해 이러한 정신이 전수되고 있다.

셋째, 순천선교부가 있는 매산 언덕 선교 마을의 근대 기독교 건축물과
기독교 문화 유산의 보존이 중요하다. 순천의 선교 마을은 계획된 마스터플
랜에 의해 조성되어 공간 배치가 탁월하였다. 이는 4개의 구역으로 구분되
었다. 선교사들의 주택들로 이루어진 주택구역, 각종 학교와 교육 시설의
교육 구역, 병원과 의료 시설로 이루어진 의료 구역, 교회 구역으로 공간
배치가 구성되었다. 이러한 선교 마을의 건축물 중 상당수가 소실되었지만,
아직도 일부는 원형대로 보존되어 있다. 오늘날 세계적, 국내적으로 근대
기독교 건축물이나 기독교 문화재 등이 비교 관점에서 또한 보존 관점에서
연구되는 상황에서 순천 선교 마을의 역사적 의미는 중요하고 크다. 중요성
만큼 선교 마을의 건축 문화재에 대한 보존과 연구도 진행되어야 할 것이다.

<표 5> 1922년(1921. 6. 1.~1922. 5. 31.)
선교부별 교회와 교인 관련 통계62

선교부	개설 연도	선교사 수	한국인 협력자들	교회 예배처	성찬 수찬	평균 출석	주일 학생	헌금 총계 (엔)
전주	1896	18	128	149	2,748	6,325	7,074	23,924
군산	1896	14	42	101	1,583	4,753	4,775	19,831
목포	1899	13	37	110	1,847	4,438	7,778	12,062
광주	1905	25	56	153	1,934	5,679	7,594	12,099
순천	1913	13	35	81	1,412	4,153	3,191	16,587
총계, 비고	한국 선교회	85 (서울과 평양, 2명 포함)	298 (목사,남 여전도사, 권서 등)	593 (조직, 미조직 교회, 예배처)	9,524	25,348	30,412	84,503 (교역자 월급, 건물 수리비 등)

---

62 *Minutes of the Thirty-first Annual Meeting of SPMK* 1922, 60-63.

8 장
한국선교회의 광주선교부와 순천선교부의 산업 활동 선교 연구(1907~1937)

I. 서론

미국남장로교 한국선교회(Southern Presbyterian Mission in the U.S. in Korea, 이하 SPMK)[1]는 1904년까지 전주, 군산, 목포 및 광주에 선교 거점, 즉 선교부를 설치했고, 1908년까지 각 선교부 산하에 초기 형태의 남녀학교를 세웠다. 광주선교부의 오웬(Clement Carrington Owen) 선교사가 담당한 동부 지역에 기독교인과 신앙 공동체가 늘어나지만, 산악 지형으로 인한 교통의 불편 등으로 인하여 이 지역에 대한 선교적 접근이 쉽지 않았다. 이러한 상황에서 1908년 한국선교회는 전라남도 동부 지역에 선교부를 세우려는 논의를 시작했다.[2] 1913년에 이르러 순천에 선교 기지를 설립하

---

1 본 글은 미국남장로교 한국선교회를 줄여 한국선교회로, 미국남장로교 해외선교실행위원회를 실행위원회로, 연례회의록(*Minutes of Annual Meetings*)을 회의록으로, 전주선교부나 광주선교부 등 5개 선교부는 전주나 광주 등으로 줄여 기술한다.

2 전남 동부 지역 선교 거점 설치에 대한 구체적 논의는 1908년부터 시작되었다. *Minutes of the Seventeenth Annual Meeting of Southern Presbyterian Mission in Korea* 1908 (줄여서 *Minutes of Annual Meeting* 1908로 표기) (Chunju: September 17-28, 1908), 12, 17, 32-33, 35, 40. 1913년에 교회와 학교와 병원이 설치되어 순천선교부가 완전체의 모습을 갖추었다.

고, 선교부를 확정하여 순천의 은성학교를 세워 남녀 교육을 실시했다. 이로 인하여 한국선교회는 5개 선교부와 그 산하에 10개의 남녀학교를 갖게 되었다.

한국선교회의 미션학교는 기본적으로 기독교 지도자를 양성하는 데 목적을 두었다. 이는 "이교도를 복음화하고 기독교인들을 교육하는"(Evangelize the heathen and educate the Christians)[3] 것이었다. 이러한 복음화나 교육에 있어서 한국선교회는 자립을 강조했다.[4] 1897년 8~11월에 일본과 중국 및 한국의 선교 현장 특히 한국선교회의 제6차 연례회의에 참석한 실행위원회 총무 체스터(Rev. Dr. S. H. Chester) 박사는 방문 보고서에서 네비우스의 자립 정책을 강하게 지지하였다. 이러한 선교 정책에 따라 1904년 한국선교회는 한국교회가 최소한 학비의 반을 제공해야 남학교를 설립하여 운영할 수 있고, 비기독교인 학생은 담당 선교사가 조언하는 정도의 학비를 내야하고, 각 학교의 일과는 경건회로 시작하고, 성경, 한문, 한글, 산수, 지리, 역사, 위생을 포함시켜 교과를 꾸린다는 정책을 결정했다.[5] 교과과목은 북장로교선교회의 것에 준했고, 네비우스의 자립 정책을 채택한 한국선교회가 기독교 교육에 있어서 학생들은 학비를 지불해야 하는 정책을 했다.

이러한 교육정책하에서 입학생 수의 1/3 정도가 중도에 탈락하였다. 이들은 월사금, 기숙사 생활비 혹은 학비 등을 마련하지 못한 학생들이었다. 이에 1907년 한국선교회는 학교에 산업부(Industrial Department)를 설치하고 학생들을 산업 활동에 참여시켜 학비를 지원하려 하였다. 학비 지원에

---

3 George Thompson Brown, *Mission to Korea* (Atlanta[Ga]: Board of World Missions, Presbyterian Church U. S., 1962), 66.

4 Samuel H. Chester, "Report to the Executive Committee of Foreign Missions, by the Secretary, on His Visit to China, Korea and Japan, 1897," *Lights and Shadows of Mission in the Far East* (Richmond[Va.]: The Presbyterian Committee of Publication, 1899), 128-129.

5 *Minutes of Annual Meeting* 1904, 21.

대한 이러한 노력은 3가지 방향에서 발전적으로 진화했다. 첫째, 당시 유교 사회에서 유식자들이 육체적 노동을 천시하는 풍조를 바꾸어 노동 가치와 중요성을 가르치고, 산업 활동을 장려하였다. 둘째, 학생들이 졸업 후 직업을 갖도록 산업 활동을 했다. 이에 따라 학비 보조를 위한 산업 활동은 방과 후 활동으로 이해되어 보충 과정을 이수하도록 했다. 정규교과에 산업 활동이 포함됨에 따라 오전에 인문 교육, 오후에는 산업 활동을 하도록 만들었다. 셋째, 가부장제 사회에서 고통받는 여성들을 위한 산업 활동은 이들을 자립하게 하여 인간적 품위를 유지하며 살게 하는 사회선교 성격과 해방적 의미다.

그러나 개인적, 가정적, 사회적으로 긍정적 영향을 미친 한국선교회의 산업 활동 선교에 대한 체계적 연구는 아직 수행된 바 없다. 이에 본 연구는 한국선교회의 연례회의록을 분석하여 산업 활동에 대한 정책을 파악하고, 이들 5개 선교부와 그 산하의 12개 학교에 대한 책임자 임명과 활동, 산업 활동의 선교적 특징을 분석하려 한다. 끝으로 한국선교회의 산업 활동 선교가 오늘날 한국교회의 타 문화권 선교에 주는 함의를 서술한다.

이 글은 통합 학문적 특성을 갖는다. 본 글의 전반부는 역사적 접근으로 진행되고, 후반부는 선교학적 분석이 시도된다. 또한 이 글은 산업 활동에 대한 교육적 접근보다는 선교적 관점을 갖는다. 이러한 특성을 갖는 본 글은 우선 남장로교 선교 지역에서 행해진 산업 활동의 역사적 사실을 분석하고, 이를 통해 한국선교회의 산업 활동 정책을 도출하고, 이것이 산하 5개 선교부와 각 학교에서 어떻게 상호연관을 가지면서 행해졌는가를 다룬다. 당시 5개 선교부 지역의 사회경제적 조건은 대동소이하였다. 이러한 배경에서 학교장이나 산업 활동 담당자의 열정과 능력이 각 선교부의 산업 활동의 특성을 만들었다.

본 글은 한국선교회의 회의록과 담당 선교사들의 업무(선교) 보고와 기고문 및 관련 자료들을 분석한다. 또한 당시 미션계 학교들의 역사도 참고할 것이다. 그러나 본 글은 한계를 갖는다. 신사참배 문제로 학교 교육이 중단된 1937년까지를 연구하고, 나환자 수용소인 애양원의 환자 대상 산업 활동에 대해서는 언급하지 않는다. 또한 미국북장로교한국선교회나 호주장로교한국선교회 등의 산업 활동에 대해서도 필요한 사항 이외에는 언급하지 않을 것이다.

II. 미국남장로교 한국선교회의 산업 활동 선교 정책(1907~1937)

1. 남장로교한국선교회의 산업 활동의 사회적·경제적 배경

한국선교회의 산업 활동이 논의되고 진행되던 1907~1937년은 국내적으로 일본제국주의가 한국인을 억압하고 수탈하였다. 1905년 을사늑약 이후 일제의 침략이 제도화되면서 통감부 설치, 경제적 강탈을 합법화하는 토지조사, 일본인에게 무제한의 토지와 재산 소유를 보장한 규칙 제정, 1908년 동양척식주식회사를 만들어 대규모 토지 약탈의 시작, 1910년 조선을 독점 지배하는 각종 법률과 제도가 갖춰져 무단통치가 실시되었다. 이후 일본인 대토지 소유자가 생기고, 대다수 조선인은 소작농으로 전락되어 농민의 빈곤화와 몰락의 가속화로 이들은 날품팔이, 미숙련노동자, 빈민으로 떠돌았다. 1920년대에는 식민지 산업화가 이루어져 노동자 계층이 형성되지만, 노동 조건의 악화로 노동쟁의가 확산되고, 농민들의 소작쟁의가 전국적으로 빈번하였다.[6] 특히 농경을 주업으로 갖는 호남 지역

---

6 한국민중사연구회 편, 『한국민중사 II(근현대편)』 (서울: 풀빛, 1986), 15-218; 동학농민혁명

민들의 빈곤 상황은 더욱 심하였다.7

1896년에 시작된 군산선교부는 1899년 일제에 의하여 군산이 개항됨에 따라 선교부를 군산의 변두리 구암(궁말)으로 옮겼고, 지역민은 식민지적 수탈과 억압을 심하게 받았다. 전주는 이 씨 조선을 세운 지역이라는 역사적 연고를 강조하면서 유교적 보수성을 강하게 지니고 있었다. 유력한 선교 거점의 후보였던 나주는 완고한 보수성을 가진바 나주에 접근한 선교사가 1897년 고종이 개항한 목포로 이동하여 선교부를 세웠다. 전남의 내륙에 위치한 광주는 1904년 기독교 복음과 문화가 유입되면서 성장한 도시였다. 순천은 한국선교회의 선교 열매가 맺혀 1913년 형성된 선교 거점이었다. 이들 5개 선교 거점 지역민들의 대부분은 농경을 생업으로 가졌다. 이들 지역민에게 미치는 일제의 사회경제적 정치적 영향은 대동소이하였다.

한편 한국선교회가 선교를 진행하던 시기 한국의 가부장제 사회에서 고난 당하는 호남 지역 여성의 사회사적 단면을 선교사로서 글을 썼던 서로득 부인(Mrs. Lois Hawks Swinehart)은 다음과 같이 서술한다. "유서 깊은 나라 한국에서 여자아이 사랑이가 용(龍)의 해에 태어났다. 애 아버지는 아이를 한 번도 본 적이 없었다. 자신의 첫애가 여자아이라는 말을 들었을 때, 노발대발하며 집을 나가 먼 촌구석으로 사라진 뒤 다시는 소식을 알려오지 않았기 때문이다. 사랑이 엄마는 남편한테 버림받은 뒤 돈 많은 남자들의 변덕과 욕정에 얽매인 창부(娼婦)이자 무희(舞姬)가 되었다. 이들은 잔치나 명절 때 그녀를 집으로 불러 손님들의 흥을 돋우었다. 아름다웠던 자태가 시들면서 그녀는 귀신 불러내는 일을 시작했는데…."8

기념사업회 편, 『전북의 역사와 문화』 (서울: 서경문화사, 1999), 239-278; 무등역사연구회 편, 『광주 전남의 역사』 (파주: 태학사, 2001), 205-247.

7 강만길, 『일제시대 빈민생활사 연구』 (서울: 창작과비평사, 1987), 70. 1926년 자작농 이하 농민에 대한 궁농의 비율은 전북 11.2%와 전남 8.4%로서 평균 9.8%이다. 이는 이남 지역(경기, 충북, 충남, 경북, 경남)의 평균 6.5%에 비해 훨씬 높고, 이북 지역(황해, 평남, 평북, 강원, 함남, 함북)의 평균 3.1% 비해 3배 정도로 높게 나타났다.

남자아이를 낳지 못했다는 이유로 남편에게 버림받아 온갖 고난을 겪으며 정상적인 삶을 살지 못하고 힘겹게 살아가는 한국 여성의 절망적인 현실을 바라보며 미국 중산층 출신의 여성 선교사가 이 고통의 상황을 그냥 지나치기에는 자신의 기독교적 신앙과 교양이 부끄러웠을지 모른다. 여기 서로득 부인은 '사랑이 엄마' 혹은 비슷한 환경에서 현실적으로 고통을 겪는 여자들을 도와 자립할 수 있는 계기를 만들어주고 싶었을 것이다.

2. 기독교 남녀학교 교육과정으로서 산업 활동 - 회의록 분석

한국선교회는 매년 연례회의를 열어 임원 선출(회장, 총무, 회계)과 선교 현장에서 행할 각종 정책을 논의하고, 선교사들의 사역을 보고하고, 선교사 개인의 업무를 할당하고, 사업과 예산을 조정하고 관리하였다. 이러한 한국선교회의 모든 활동은 미국 총회의 실행위원회에 보고되었다.[9] 한국선교회의 산업 활동 선교도 실행위원회와 긴밀하게 소통하면서 진행되었다. 이러한 의미에서 미국남장로교의 선교사나 정책 연구에 있어서 회의록 분석은 가장 기본이 된다. 여기에서는 회의록이 기록한 자료를 최소한에서 가공하여 이해하기 쉽도록 정리했다.

1) 산업 활동 선교 정책의 변화
한국선교회는 산업 활동 선교를 위하여 상황에 맞게 논의하고, 정책을 만들고 실행하였다.

---

8 로이스 H. 스와인하트/송창섭, 『조선의 아이 사랑이: 선교사 부인이 구한 조선의 아이들』 (파주: 살림출판사, 2010), 10; Lois Hawks Swinehart, *Sarangie: A Child of Chosen - A Tale of Korea* (New York: Fleming H. Revell Company, 1926), 9.
9 "Korea Mission: Presbyterian Church in the United States, Rules and By-Laws," *Minutes of Annual Meeting* 1912, 60.

첫째, 1907년에 산하 4개 선교부(전주, 군산, 목포, 광주)의 8개 학교에 산업부를 설치하고, 모든 학생에게 산업 활동하도록 결정했다.[10] 이에 따라 학교들이 행동을 취하였다. 1909년 전주 신흥학교는 산업 활동을 담당할 선교사(manual and industrial educator) 파송을 요청하였다(27, 47-49).[11] 다음 해인 1910년 광주선교부도 산업 활동 선교사의 파송을 요청했다(20, 26). 그러나 산업 활동을 지도할 선교사는 충원되지 못하였다.

둘째, 산업 활동 담당 위원회인 교육위원회가 다음과 같은 규정을 만들었다. 1913년 교육위원회는 과학적으로 훈련할 수 있는 산업 시설(industrial plant)은 1개교에만 세울 수 있다는 것과 다른 7개 학교는 자조를 훈련하는 산업부(industrial department for self-help)를 설치하도록 의무화시켰다(70). 1914년에는[12] ① 모든 학생은 산업 훈련과 메뉴얼 훈련을 연계하는 훈련을 받아야 하고, ② 이 훈련은 졸업 점수에 계상되는 정규 교과 일부며, ③ 이 과정은 학교 수업 이후 가난한 학생들이 행하는 자조 목적 활동과 구별되며, ④ 4년의 문과 과정(literary course)의 경우 자조 활동을 하는 학생들을 위한 특별 계획, 즉 자조 활동으로 보낸 시간만큼 문과 공부 시간을 보충해야 한다. ⑤ 산업 훈련과 메뉴얼 훈련의 연계 실험이 성공적으로 드러나면, 이를 강화시켜 계속해야 한다. ⑥ 시장 판로에 한계가 있으므로 가난한 여학생들이 우선으로 산업 활동의 혜택을 받게 해야 한다(76). 이후 한국선교회는 학비 보조를 받기 위하여 자조 활동을 하는 학생들에게 우선으로 산업 활동을 시켰고, 산업 훈련과 메뉴얼 훈련을 졸업에 필수적인 의무교육으로 전환하였다.

---

10 *Minutes of Annual Meeting* 1907, 21.

11 여기 본 글 전체에 걸쳐 특정 연도와 뒤이어 나타난 괄호 안의 숫자는 해당 미국남장로교 한국선교회 연례회의록의 페이지를 뜻한다. 예를 들면 여기 숫자는 각각 1909년 연례회 의록의 27페이지와 47-49페이지를 뜻한다.

12 *Minutes of Annual Meeting* 1914, 76.

셋째, 여학생의 산업 활동에 대해서는 특별 관심을 가졌다. 1921년부터 여학생에게는 야간수업 활동에 대한 주의사항을 적시하여 위험을 최소화하였다. 산업부에 속한 여학생은 하루 최소 1시간 이상 야외 활동을 하고, 신체검사를 받고 의사가 정한 시간에만 일을 하였다(23).

넷째, 산업 선교사 혹은 담당자는 남학생에게는 구두 제조, 주석(함석) 작업, 주물 작업, 목수, 양복 기술, 농장 노동, 밧줄이나 새끼 꼬기, 토끼(친칠라) 키우기 등을 가르쳤다. 여학생에게는 보다 쉽게 접근할 수 있는 단추 만들기, 바느질, 자수, 수예, 옷 짜기, 뜨개질, 가사(가계), 요리, 병자 간호, 뽕나무 심기와 누에치기 및 비단 제품 생산 등을 가르쳤다. 이러한 항목 선택과 실천은 각 선교부에 속한 산업 활동 책임자나 담당자의 지도 능력에 따라 결정되었다.

다섯째, 한국의 선교 현장의 변화에 따라 특정 지침을 정하고 실행하였다. 미국과 전 세계의 불황기인 1930년 한국선교회는 각 여학교에서 산업 활동이 진척되어야 한다는 것, 남학교의 산업 활동은 YMCA의 농촌 사업과 연계하여 진행할 것을 강조했다(67).

2) 한국선교회 내 중심학교 혹은 지정학교 확정과 산업 활동

한국선교회의 교육 선교 초기에는 산하 각종 학교에 대한 재정 지원의 문제로 1915년 이후에는 일제가 요구하는 교육 여건의 충실도를 높이기 위하여 지정학교 논의가 이루어졌다. 여기에서는 산업 활동 교육과 관련한 논의를 할 것이다.

첫째, 1904년 한국선교회는 당시 전주선교부, 군산선교부 및 목포선교부 등 3개 선교부 산하 9개교(day schools)의 남학생 126명 중 다른 학생들보다 성취도가 높은 학생들이 진학하여 공부할 학교로 군산남학교(Academy at Kunsan Station)를 추천하였다.[13] 그러나 1907년 한국선교회 내에 고등과

(high grades) 학교는 1개교만 두되 전주에 둔다고 결정했다(20).

둘째, 이러한 지정학교 혹은 중심학교 논의는 1923년까지 끊임없이 진행되었다. 1911년에 한국선교회는 남학생 교육의 지정학교(Academy)로 군산의 영명학교를 정하고(29-30), 산업 훈련 선교사도 군산선교부에 우선 배치하기로 결정했다(43). 그러나 1912년 전남과 전북에 각 1개교씩 중심학교(Central Academies)를 설치하고, 전북에는 군산 영명학교, 전남은 광주 수피아여학교로 결정하고 산업부도 두기로 했다(49, 57). 1914년에는 남자 지정학교를 전북과 전남에 1개교씩 군산 영명학교와 광주 숭일학교로 정하여 고등과+별과(4년제)를 시행하고, 나머지 남학교는 보조학교(보통과+고등과 2년)로 남았다. 지정학교(고등과+별과: 4년제)에는 문과(literary) 선교사 1인과 산업(industrial) 선교사 1인을 둔다. 이들 지정학교가 된 남자학교는 산업 훈련 과정(course)을 두고, 보조학교에는 메뉴얼(manual) 훈련 과정을 두기로 했다. 여자 지정학교(Academy)는 전주기전학교와 광주수피아학교였고, 나머지는 보조학교였다. 또한 순수한 기술학교(purely technical school)는 한국선교회 내에 단 1개교만 세운다고 결정했다(61).

셋째, 길고 지루한 중심학교 혹은 지정학교 논의가 실질적이고 현실적인 문제로 일단락되었다. 총독부의 통제 정책과 관련하여[14] 한국선교회는 1923년에 지정학교로 남학교는 전주 신흥학교, 여학교는 광주 수피아를 확정하였다(40-41).[15]

넷째, 위에서 언급했듯이 한국선교회는 산업학교(industrial plant) 1개교를 세우기로 했다(1913, 70; 1914, 61). 이를 실행하기 위하여 1926년 전주

---

13 *Minutes of Annual Meeting* 1904, 21.

14 '개정사립학교 규칙'(총독부령 제24호, 1915년 3월 24일 공표)과 '포교규칙'(조선총독부령 제83호, 1915년 8월 16일 공표)을 준수해야만 하는 상황에서 한국선교회는 산하 2개 지정학교의 건물, 시설, 교사를 확충하여 질적 수준을 높이기 위하여 이러한 결정을 하였다.

15 군산제일고등학교총동문회, 『군산제일100년사』(군산: 영문사, 2011), 128-131.

에서 특별총회가 열렸다. 이 학교의 위치 선정을 결정하는 과정에서 전주와 광주 간에 긴장이 일었다. 당시 산업 빌딩을 갖추는 등 산업 활동을 활발하게 진전시킨 광주의 선교사들과 한국인들도 이 특별총회에 참석하여 장시간 논의를 벌였다. 7인 선발대의 선두주자로 전주선교부에 속하여 한국선교회의 여러 대외 활동의 대표자로 활동하는 이눌서 선교사가 사회를 맡았다. 결국 이 산업학교의 위치는 지정학교인 신흥학교에 두기로 결정되었다(87, 92, 95-96). 이후 광주의 산업 활동은 침체기에 들어갔다. 그러나 신흥학교는 1927년 이 산업학교를 '공업과'로 축소 설치하여 산업 활동을 활성화했으나 1931년 재정 문제로 폐과하였다.[16] 실행위의 정책은 선교사 인건비는 지급하지만, 선교 현장의 사업비는 한국인들이 충당하게 하는 원칙을 세웠다.

다섯째, 1929년이 지나 신흥학교와 수피아여학교는 각각 본관을 신축하고 총독부가 요구한 지정학교의 조건을 갖추려 하였다. 총독부는 1933년 신흥학교를 지정학교로 인가하였다.[17]

3) 한국선교회의 각종 지원: 산업 장비 및 시설을 위한 재정 지원

한국선교회는 산업 활동을 위한 재정을 지원하였다. 산업 장비나 기계, 상품 전시장, 농장 구입, 운영비, 산업 활동 운영 자금, 학습장으로서 교실이나 건물 건축과 자금도 지원했다. 산업 빌딩과 건축 모금은 공동 모금으로 혹은 선교부가 특정 선교사를 모금 담당으로 임명하고, 한국선교회가 실행위에 청원하여 모금을 허락하도록 했다. 상세하게 분석하면 다음과 같다.

첫째, 초기 준비기(1909~1910)에는 주로 산업 활동 준비와 운영을 위한

---

16 위의 책, 56-58.
17 강봉근, 『신흥90년사』, 63.

재정 지원이 이루어졌다. 1909년 전주선교부에 산업부 설치와 장비 구입비 100달러를 책정했고(35), 군산선교부에 산업 훈련 지원금 200달러를 편성했다(36). 뒤이어 1910년 광주선교부와 목포선교부에도 각각 100달러와 50달러의 산업 훈련 예산을 책정했다(35). 이렇듯이 한국선교회는 각 선교부의 요청에 따라 기본적인 재정 지원을 하였다. 순천선교부는 학교 개설 준비단계에 있었기 때문에 산업부 설치와 교육에 대해 논의하지 않았다.

둘째, 성숙기인 1914년 이후[18] 한국선교회는 농장 구입비나 산업 빌딩 건축비도 지원하였다. 선교부 산하 각 학교의 교장이나 담당 선교사의 열정과 비전에 따라 재정 지원의 크기가 달라짐으로써 결국 재정 지원의 차등화가 일어났다.[19] 광주선교부의 산업 활동에 대한 비전은 남달랐다. 1914년에는 타마자(John Van Neste Talmage) 선교사가 750달러를 조달하는 조건으로 광주 남학교의 산업 건물 건축비 1,250달러의 예산을 확보했고(42, 52), 산업지원비 635달러(47)도 지원받았다. 1918년에는 남학교 산업부를 위한 건물건축비 3,000달러를 요청했는데(23) 1919년 3,000달러가 지불되었고, 여학교의 행정 빌딩(산업 활동 포함) 건축비 2,500달러도 확보되었다(51). 1920년에는 여학교 산업자금 1,000엔과 운영비 500엔이 지원되었다(50). 1921년에는 남학교 지원금 500엔(52)이 책정되었다.

셋째, 군산선교부, 전주선교부, 목포선교부의 산하 학교에 대한 재정 지원 상황은 다음과 같다. 군산선교부 남학교에 1914년 산업 활동 지원비 500달러(47)가 지원되었다. 1916년에는 베너블(W. A. Venable) 선교사가 교

---

18 1922~1935년의 산업 활동과 관련된 예산과 재정 지원에 관한 내용은 편의상 생략한다.
19 여기에서 1911~1913년 각 선교부의 예산 책정을 비교하면, 광주의 경우 1911년 200달러 (49) 1912년 산업 기금과 활동 지원금 750달러와 산업 생산물 판매 운영실 100달러(40), 1913년 산업 활동을 교육하는 남녀학교에 각각 500달러(48)가 지원되었다. 전주의 경우 1912년 125달러(37)와 산업학교 설치 준비금 125달러(45)를 지불했다. 군산에는 1912년 남학교 산업 훈련 지원금 500달러(38)와 1913년 산업 활동비 400달러(46)의 예산이 책정되어 실행되었다.

장으로 있는 남학교에 농장 구입과 자조부 운영비 600달러가 지불되었다(45). 1921년에 여학교 산업 활동 지원비 500엔(74)이 지원되었다.

전주선교부에는 1919년 남학교 산업 빌딩 건축 3,000달러와 장비 구입비 2,000달러, 여학교의 산업부 빌딩 건축비 1,500달러 그리고 장비 구입비 500달러가 예산으로 책정되었다(48). 한편 목포선교부에는 1914년 여학교 산업 활동비 25달러가 지원되었다(50).

넷째, 순천선교부의 남학교는 1912년 개학했지만, 성경 교육 문제로 총독부에 의하여 강제로 1916년에 폐쇄되었다. 그러나 순천선교부는 1918년 학년도(4. 1.~1919. 3. 31.) 40명의 남학생을 광주남학교로 보내 산업 활동 교육을 받을 수 있도록 1인당 연 수업료 40엔과 교통비 2엔 등 총 1,680엔(=840달러)을 예산으로 책정했다(1917, 87). 1921년 재개교한 남학교에 산업 지원비 500엔과 여학교 지원금 500엔(52)을 지원하였다. 뒤늦게 시작했지만 순천선교부의 이러한 산업 활동 교육에 대한 열정은 지속하여 이어져 1920년대부터 1937년까지 산업 인력을 배출하는 원동력이 되었고, 총 983명을 훈련시켰다(<통계표 1>을 참고).

3. 여자성경학교와 일반 여성 산업학교와 벤스 부인

1) 초급여자성경학교 - 회의록 검토

한국선교회의 여성선교사회는 한국 여성을 위한 성경 교육과 전도부인 양성을 위하여 기존 교육과정과는 다른 별도의 여성성경학교를 세울 결의를 했다.[20] 이 결정을 넘겨받은 복음 전도위원회의 권고에 따라 1923

---

20 미국 남북전쟁 이후 강조된 미국교회해외선교위원회의 "여성을 위한 여성의 사역"(Woman's Work for Woman) 정책에 따라 한국선교회 여성선교사회의 결의로 이 두 여자성경학교가 각각 설립되었다. Dana L. Robert, *American Women in Mission: A Social History of Their Thought and Practice* (Macon[Ga.]: Mercer University Press, 1997), 125-169.

년 전주선교부는 전주에 1개교, 광주선교부는 광주에 1개교의 초급여자성
경학교(Junior Bible School for Women)를 각각 세우기로 했다(42). 우선 동
년 9월에 전주선교부는 전주에 전북초급여자성경학교를 세웠고, 1924년
광주선교부는 광주에 이미 존재한 여자성경학교를 전남초급여자성경학
교로 승인했다.[21]

한국선교회는 1924년부터 전북초급여자성경학교(1928년 한예정여자성
경학교로 개명)와 전남초급여자성경학교(1926년 이일여자성경학교로 개명)에
산업 활동 자금을 지원하였다. 내역을 보면 전주의 경우 1924년 400엔
(66), 1925년 400엔(48), 1926년 1,000엔(43)을 지원했다. 광주선교부에도
전주에 할당한 금액과 동일하게 지원하였다. 1927년 이후에도 지속 지원
했으나 차등적으로 지원하였다. 1927년 전주 268엔, 광주 338엔(23), 1934
년 전주 268엔, 광주 360엔(28), 1935년 전주 345엔, 광주 360엔의 예산이
책정되었다(1934, 30).

2) 일반 여성 산업학교[22]

가부장제적 남성 중심의 한국 사회에서 억압받는 여성들, 가난한 여성,
소박맞은 여성, 과부, 불우한 여성들을 대상으로 1913년 광주선교부의 서로
득 부인 선교사가 산업 활동을 전개했다. 이들은 생존을 위하여 자수 산업에
참여하여 제품을 생산하고, 생산품을 수출하고, 판매한 이익금을 나누고 더
불어 살았다. 이들은 가정에서 산업 활동(cottage industry)을 했으나 최상의

---

21 한국선교회가 시행한 여성 성경 교육 제도와 여성 지도자 양성에 대해서는 다음의 글을
참조하라. 임희모, "마요셉빈 (Mrs. Josephine Hounshell McCutchen) 선교사의 사역,"
「장신논단」 50-3호 (2018. 9.): 235-262. 전주 한예정학교와 광주 이일학교는 한국선교
회의 결정에 따라 1961년 전주 한일여자신학원으로 통합되었고, 오늘날 한일장신대학교
의 모체가 되었다.

22 Mrs. Lois Hawks Swinehart, "Industrial Work among the Women and Girls of
Korea," *The Korea Mission Field* (1918): 12-13.

이익을 낼 수 있게 여학교의 공간에서 활동하도록 배려가 주어졌다(1916, 71).

이들의 산업 활동은 과부나 가난하고 나이 많은 여성들의 경제적 자립과 직업을 갖게 하는 사회 선교적 성격을 가졌고, 이를 통해 불우한 여성들이 여성 해방을 이루고, 자존감을 유지하였다. 이것은 1920년부터 광주 동부 지역을 순회 전도하면서 불우한 여성들을 자수 산업 활동에 끌어들인 서서평 선교사(Elisabeth J. Shepping)와 이들에게 자수 산업 활동을 지도한 서로득 부인이 서로 돕는 상생적 사역의 결과로 이루어졌다.[23] 이러한 협력적 사역으로 서서평 선교사는 과부와 불우 여성 등 38명과 더불어 살았다.

3) 서로득 부인과 벤스 여사

1920년 서로득 부인이 여학교와 여성 산업학교(Women's day school)의[24] 자수 산업 활동에 관하여 한국선교회 연례회의 석상에서 보고하였다(11). 보고를 청취한 후에[25] 한국선교회가 결정하여 선교회 총무가 벤스 여사에게 감사장을 보냈다(12). 또한 1926년 벤스 여사가 한국선교회의 선교 지역을 방문했을 때 한국선교회는 그동안 선교 학교들이 생산한 제품

---

23 Lois H. Swinehart, "Kwangju Girl's Industrial School," *KMF* (Jan. 1915), 22; Lois H. Swinehart, "Letter from Mrs. Swinehart," *The Missionary Survey* (Jan. 1923): 32-33; 임희모, 『서서평 선교사의 통전적 영혼 구원 선교: 20세기 선교와 21세기 한국교회의 선교 신학』 (서울: 동연, 2020), 50-54.

24 *Minutes of Annual Report* 1922, 48.

25 다음과 같은 내용의 보고를 했을 것이다: 서로득 부인이 1918년 안식년을 맞아 미국에서 후원자를 대상으로 방송을 했다는 것, 내용은 한국의 가부장적 사회에서 고통 받는 여학생들과 불우한 여성들이 자수와 수예를 하지 않을 수 없는 사정, 이러한 바느질 물품이 작은 소포로 포장되어 미국의 후원자들에게 전달될 때 달러 당 70센트의 고관세를 미국 정부가 부과하고 있다는 사실, 이로 인한 자수 활동의 어려움과 자립이 어려워지는 한국 여성들의 사정 등. 이 방송을 들은 어느 청취자가 반응을 보였는데 서로득 부인이 이 사람을 만나 문제 해결을 위한 협력 관계를 맺었다는 것, 이의 결과로 자수 물품을 수입하고 통관하고 판매한 물품 대금을 한국에 보내는 일 등의 책임자로 벤스 여사와 계약(Partnership)을 확정했다는 것 등이다. 그동안 서로득 부인의 선교 보고나 후원자들에게 보낸 수많은 서신에서 그녀의 노고와 땀과 열정과 고충이 확인된다.

을 수입하고 판매한 물품 대금을 고루 분배한 것에 대하여[26] 감사의 마음을 담은 표창장을 벤스 여사(Mrs. Flora Vance)에게 수여하였다(111-112).

III. 한국선교회의 5개 선교부의 산업 활동 선교와 특징

1. 회의록에 나타난 연도별 선교부별 산업 인력 양성 현황 (1922~1937)

아래 <통계표 1>은 회의록에서 연도별, 선교부별, 학교별, 남녀학생별로 구분하여 산업 인력 숫자를 정리하였다. 산업 활동은 1907년부터 시작되었지만, 회의록은 1922년부터 이에 대한 통계를 기록하였다.[27]

<통계표 1> 연도별 · 선교부별
산업 인력 양성 현황(1922~1937)

연도	남/여 구분	전주 선교부	군산 선교부	광주 선교부	목포 선교부	순천 선교부	합계
1922	남학생	–	75	20	–	20	115
	여학생	–	30	130	–	35	195
1923	남학생	–	–	55	–	–	55
	여학생	–	–	8	–	–	8
1924	남학생	–	–	–	–	–	–
	여학생	–	–	90	–	–	90
1925	남학생	–	–	50	–	30	80
	여학생	–	–	50	–	50	100
1926	남학생	–	–	20	–	–	20
	여학생	–	–	–	–	–	–
1927	남학생	–	–	–	17	–	17

---

26 1929년에는 벤스 여사가 153,000달러를 보냈다고 한다. 양국주, 『그대 행복한가요?』 (서울: Serving the People, 2016), 278.

연도	남/여 구분	전주 선교부	군산 선교부	광주 선교부	목포 선교부	순천 선교부	합계
	여학생	–	–	–	57	–	57
1928	남학생	25	–	–	–	20	45
	여학생	30	13	35	–	48	126
※1929	남학생	–	–	–	–	–	–
	여학생	–	–	–	–	–	–
1930	남학생	25	–	–	–	50	75
	여학생	54	–	–	–	55	109
1931	남학생	32	–	–	–	51	83
	여학생	54	–	–	–	35	9
1932	남학생	–	–	–	–	50	50
	여학생	46	–	12	–	50	108
1933	남학생	–	–	–	–	42	42
	여학생	–	–	18	–	42	60
1934	남학생	–	–	241	–	50	291
	여학생	36	–	159	–	24	219
1935	남학생	–	–	–	–	45	45
	여학생	27	–	–	–	51	78
1936	남학생	–	–	–	–	56	56
	여학생	15	–	60	–	66	141
1937	남학생	–	–	–	–	62	62
	여학생	–	–	–	–	51	51
합계	남학생	82	75	386	17	476	1,036
	여학생	262	43	562	57	507	1,431

한국선교회는 1922~1937년의 15년간 산업 인력으로 총 2,467명(남학생 1,036명, 여학생 1,431명)을 배출했다. 이들은 순천선교부 총 983명(남 476명, 여 507명), 광주선교부 총 948명(남 386명, 여 562명), 전주선교부 총 344명(남 82명, 여 262명), 군산선교부 총 118명(남 75명, 여 43명), 목포선교부 총 74명

---

27 <통계표 1>의 공란은 회의록의 해당 항목에 숫자가 명기되지 않은 것을 나타낸다. 각 학교마다 교장의 주관하에 자조활동을 했을 것으로 추측된다. 그러나 이들을 산업 인력으로 간주했는지 여부는 알 수 없다. 1921년과 그 이전의 산업 훈련 관련 통계는 회의록에 기재되어 있지 않다. ※1929년 회의록의 통계자료는 확보하지 못해 여기에 명기하지 못하였다. 추후에 자료를 수집하여 완성해야 한다.

(남 17명, 여 57명)이다. 각 선교부가 행한 산업 활동 선교를 분석하면 다음과 같다.[28]

2. 각 선교부별 산업 활동 담당자 임명과 산업 활동 선교

1912년부터 회의록은 각 선교부의 산업 활동 담당자를 임명하였다. 여기에서는 이들이 활동하고 실행위에 공식적으로 보고한 선교 서신과 국내외의 선교 잡지에 기고한 글을 분석한다. 또한 1907년부터 몇몇 선교사들은 학교 내에 자조부를 만들어 학생들에게 산업 활동을 교육하고 KMF 등에 게재했는데 이들의 글도 분석할 것이다. 그러나 한국선교회는 산업 활동 담당자를 5개 선교부에 모두 임명하지는 않았다. 활동이 분명한 선교부에는 담당자를 임명했지만, 저조한 선교부에는 책임자를 할당하지 않았다.

1) 전주선교부

1910년대부터 신흥학교는 여부솔(Finley M. Eversole) 교장 때 가난하여 학비 조달이 어렵거나 시골 멀리서 유학을 온 학생들에게 자조부에 들어가 산업 활동을 하여 월사금과 기숙사 생활비 등을 조달하게 하였다.[29] 이들은 교내 매점, 변소 청소, 강당 청소, 기숙사의 식량 관리, 교내 농장에서 일을 했고, 선교사 집에서는 장작 패기, 물 긷기, 등사, 전도지 배부 등 주로 돕는 일을 했다. 또한 학교 농장에서 감자, 마늘, 고추, 생강 등 채소와 딸기 등을 생산하여 학비를 마련하게 하였다. 이외에도 학교는 축산 강습 등을 실시하였다.[30]

---

28 송현강은 전주와 군산의 학교 교육 부분에서 산업 활동에 대하여 산발적으로 간략히 소개한다. 송현강, 『미국남장로교의 한국선교』 (서울: 한국기독교역사연구소, 2018), 109-124.
29 강봉근, "초창기의 신흥학교", "1920년 신흥학교 개황," 신흥90년사 (인터넷 자료); "초창기의 신흥학교", "1920년대 신흥학교 개황" (https://www.sh100.org).

1922년 한국선교회는 전주 남학교에 스위코드(Donald A. Swicord) 선교사를 산업교육 책임자로 임명했다(46). 1923년 한국선교회는 남학생 교육의 중심학교(지정학교)로 신흥학교를 선정하였고, 1926년에는 한국선교회 내 학교들의 산업 활동과 교육을 모범적으로 이끌 특화된 산업학교를 신흥학교 내에 두기로 결정하였다. 그러나 신흥학교는 산업학교에 걸맞은 규모가 아니라 이를 축소하여 공업과를 설치하고 목공을 가르쳐 선교회 내의 산업 활동 교육을 견인하였다. 1927년부터 이눌서 선교사의 아들인 평신도 이보린(John Bolling Reynolds)이 산업 활동의 감독을 맡아(27) 1928년과 1929년까지 산업 활동을 진행했다. 공업과는 1931년 재정을 확보하지 못하여 폐과되었다.

신흥학교는 이전부터 학비 조달 목적의 자조부 활동을 넘어서 직업교육을 실질적으로 시킬 수 있는 이른바 수공생 제도를 체계화했다. 1927년에 공업과는 학생 25명을 뽑아 목공 등 산업 활동을 시켰다.[31] 수공생 곧 공업과 학생들은 1927년 이후 학교 내의 철공장과 목공장에서 훈련을 받아 비누와 양초 등을 생산했다. 이들은 졸업 후 이러한 직업에 종사할 인재들이었다. 당시 월사금은 30전이었는데 수공생이 받는 돈은 월사금과 생활비를 지불하고도 남았다. 수업은 오전 4시간과 오후 2시간 총 6시간이었다. 비누 공장에서 일감이 없으면 농장에서 밀, 보리, 감자, 마늘, 고추나 딸기밭에서 딸기를 땄다.[32] 신흥학교는 산업 활동을 통해 학생들에게 자조와 자립정신을 함양시켰고, 노동을 통한 직업 훈련을 시켰다. 남학생 산업 인력으로 1928년에는 25명, 1930년에 25명, 1931년에 32명을 배출했다.

---

30 "축산 강습소," 「대한매일신보」 1910. 7. 1.; "실업강습소 설립," 「대한매일신보」 1910. 7. 16.
31 "중흥하는 신흥학교 - 1920년대 신흥학교 개황," (https://www.sh100.org).
32 이재근 "남장로교의 전주 신흥학교·기전여학교 설립과 발전," 「한국기독교와 역사」 42
   (2015. 3. 25.), 61.

전주 기전여학교는 1915년 마티 테이트(Miss Mattie Tate)가 산업 활동을 맡았다(34). 음악을 가르친 제니트 크레인(Miss Janet Crane) 선교사가 1923년부터 산업 활동을 담당하여(48) 1931년 안식년을 보내고(20), 1934년 초반까지 지도했다(1933, 13). 기전여학교는 고등과(중학교) 1~3학년 학생은 매주 1시간씩 재봉 훈련을 받았고,[33] 산업 활동으로 수공 편물을 만들었는, 레이스 뜨기 편물, 특히 태팅 레이스를 짰고, 코바늘 레이스 뜨기와 한국 풍속 그리기에 집중했다. 오전 학교 수업이 끝나면 오후에 수공실에서 레이스 뜨기를 했는데 이를 미국으로 수출하였다. 기숙사 생활을 하는 학생들은 자조부의 이러한 산업 활동에 참여하여 학비와 생활비 등을 마련하였다.[34]

한편 전주선교부에 소속된 전주 초급여자성경학교(1928년 한예정여자성경학교로 개명)는 1928년(20)부터 1935년(19)까지 의료 선교사 보그 부인(Mrs. L. K. Boggs)이 재봉과 자수 활동을 지도하였다. 특히 보그 부인은 여자성경학교 학생들 중 상당수에 이르는 과부나 '밑바닥 과부'(grasswidows)와 극히 가난한 학생들이 자조(self-help) 활동으로 손수건을 만들어 팔아 학비와 생업을 유지할 수 있도록 1~2스퀘어(100제곱피트)의 아마포(linen)을 보내 달라는 도움 요청을 담은 편지를 미국 친구들에게 보냈다.[35] 이 학교의 연도별 입학생 수는 다음과 같다.[36] 1928년 27명, 1929년 53명, 1930년 45명, 1931년 42명, 1932년 30명, 1933년 41명, 1934년 32명, 1935년 40명, 1936년 40명이었다. 이 숫자는 전주선교부가 배출한 여성 산업 인력 수와 거의 일치한다.

---

33 기전70년사편찬위원회, 『기전70년사』, 127; 기전80년사편찬위원회, 『기전 80년사』, 152, 223.
34 위의 『기전70년사』, 38, 99, 103-105; 『기전80년사』, 224-225.
35 Margaret P. Bogg, "Why an Industrial Department," *Presbyterian Survey* (1927), 622.
36 이순례, 『한일신학대학70년사』 (전주: 한일신학대학, 1994), 91.

2) 군산선교부

군산은 김제와 옥구에서 생산된 쌀을 정미하여 일본으로 반출하는 기지였다. 이에 따라 많은 쌀부대가 필요했는데 영명학교가 가마니 짜기 산업 활동을 했다. 1907년에 해리슨(W. B. Harrison) 선교사의 지도하에 영명학교 학생들이 볏짚부대(straw rice sacks)를 만들어 일본인에게 팔았다.[37] 학생 3명이 반나절에 걸쳐 부대 1개를 만들었는데 7센트(금)를 받아 학비에 보탰다.[38] 시간이 지나면서 일본인 자본가들이 규모 있는 공장을 만들어 가마니를 제조했기 때문에 이러한 간헐적 노동이 지속되지 못하였다. 영명학교는 자조부를 통해 학생들에게 매달 20전에 해당하는 학비와 기숙사비 및 필요 경비를 지급하였다.[39]

1912년 한국에 입국한 미국 조지아공과대학 출신인 인돈(W. A. Linton) 선교사가 평신도로 입국하여 1913년부터 군산 남학교의 산업부를 책임 맡았고, 1917년부터 교장으로서 산업교육도 실시했다. 이렇듯이 제도로 정착되어 가는 과정에서 1916년 남학생 25명이 자조적 산업 활동으로 학비 보조금을 받았다. 메뉴얼부는 서울 전람회에 도시락통과 연필통 등 2개를 출품하여 학교가 총독부로부터 상을 받기도 했다.[40]

군산 멜볼딘여학교는 한국 최초의 간호학교를 세우고, 남장로교 선교사 해리슨과 결혼한 남감리교 간호 선교사인 해리슨 부인(Mrs. Margaret Edmunds Harrison)이 1915부터 산업 활동을 감독했고(36), 1916년에는 해리슨 부인과 서서평(Elise J. Shepping) 간호 선교사와 순천선교부에서 전입

---

37 송현강, "윌리엄 해리슨(W.B. Harrison)의 한국 선교," 「한국기독교와 역사」 37 (2012. 9. 25.), 50.

38 군산제일고등학교총동문회, 『군산제일100년사』, 38-39.

39 위의 책, 60, 133.

40 W. B. Harrison, "Southern Presbyterian Mission in Korea. A Portion of the Report of Kunsan Station for the Year 1916," *KMF* (1917): 51-54, 특히 52.

한 신임 교장인 두애란(Lavalette Dupuy) 등 3인이 주당 14시간의 산업 활동을 지도했다. 순천에는 1913년에 입국한 구례인(Mrs. Florence Hedleston Crane; Mrs. J. C. Crane) 부인이 산업 미술에 조예가 깊어 순천의 단추 공장에서 생산된 한국의 전통적 단추에 매료되어 있었는데,[41] 두애란이 이 단추 산업을 군산에서 바느질에 활용하였다. 두애란은 단추 공장을 만들어 여학교에 넘겨주고 자조부의 학생들이 단추 산업과 바느질 활동을 통해 학비를 충당하도록 도왔다.[42] 당시 18명의 여학생이 기숙사 생활을 했고, 25명이 바느질부에서 다양한 바느질과 자수 활동을 벌였다. 학생들은 91엔을 벌기도 했는데 이를 월사금 등 학비에 충당했고, 각 개인에게 돌아간 몫은 총 25엔이 되었다. 의료 선교사 부란도 부인(Mrs. L. B. Brand)도 1927년(29)과 1928년에 산업 활동을 지도하였다(29).

<통계표 1>에 의하면 이러한 교육 환경에서 군산선교부는 1922년 남자 인력 75명과 여성 인력 30명을 양성하였다. 1928년 여학생 인력 13명이 배출되었는데 이는 부란도 부인이 산업 활동을 1927년부터 지도한 결과였다(29).

3) 광주선교부

1910년 산업 활동 예산을 요청한 광주선교부는 1912년 농장과 수공을 나누어 접근했고, 자조부와 직업부에 관하여 논의했다. 남대리(LeRoy Tate Newland) 선교사가 광주 남학교의 농장 관련 훈련과 활동을 맡았고, 윌슨(Robert Manton Wilson) 선교사는 농장 이외의 산업 활동을 책임졌다(26, 29). 1913년 윌슨이 안식년으로 떠나자 타마자 선교사가 남학교를 맡았다(34). 이때 선교사들 간에 인문교육과 실업교육에 대한 논의가 심도 있게 진행

---

41 Florence Hedleston Crane, "The Soonchun 'Button Factory'," *KMF* (1915): 264-265.
42 W. B. Harrison, 위의 보고서, 52; George Thompson Brown, *Mission to Korea* (Atlanta[Ga]: Board of World Missions, Presbyterian Church U. S., 1962), 97-98.

되었다. 실업교육을 강조한 윌슨이 안식년으로 떠나자 타마자 선교사가 중도적 통합 과정 입장에서 글을 썼다.[43] 그는 산업 활동을 교육의 통합 부분(an integral part of the school)으로 이해했다. 산업부 활동은 한국사회 식자들의 노동 경시를 배격하면서 노동의 중요성을 일깨우고, 가난한 학생을 위한 자조 활동, 졸업 후에 가질 직업 훈련 과정으로 정리했다. 이러한 논의를 거쳐 광주선교부는 1914년 시급히 산업 빌딩을 마련해야 한다는 결론을 내렸다. 1919년에는 건축과 행정을 맡은 평신도 서로득(Martin Luther Swinehart) 선교사가 산업 활동을 지도했다(38). 1920년 남학교의 산업부는 로라복(Robert Knox) 선교사가 임시로 담당했고(40), 평신도 선교사인 이보린이 안식년을 끝낸 이후부터 산업부를 맡았다(43).

광주의 선교사들은 주변에 많은 대나무를 감안하여 "목공과 죽공과 실디(실제) 로(노)동과를 두어 지극히 어려운 학생으로 약간의 학자금을 보용케"[44] 하였다. 로라복 선교사가 교장으로 재직 시 학생들은 학비와 기숙사비를 벌기 위해 방과 후에 노동했고, 일부 학생들은 장래 직업 가능성을 찾아 목공과 죽공부에서 실습했다.

서로득 부인(Mrs. Lois Hawks Swinehart)은 1911년에 입국하여 1912년부터 본격적으로 바느질, 뜨개질 및 자수 활동을 시작하여 한국선교회 전체에 영향을 주었다.[45] 그는 1913년부터(34) 1928년까지 수피아의 여학생은 물론 일반 여성에게도 산업 활동을 지도하고 감독했다(35). 1918년 서로득 부인이 안식년을 떠나자 벨 선교사 부인(Mrs. Margaret B. Bell)이 맡았고(27), 1924년 안식년에는 마틴(Margaret Martin) 선교사가 대신했고, 코바늘뜨기는 페이즐리(Mrs. Florence Paisley) 여사가 담당했다. 1920년대에 들어 수

---

43 John Van Neste Talmage, "Notes from Kwangju," *KMF* (1914): 250-252.
44 "光州崇一學校,"「基督申報」(1923. 1. 17.), 7.
45 Mrs. L. H. Swinehart, "Industrial Work at Kwangju: A Retrospect," *KMF* (1930), 114.

피아여학교와 이일성경학교의 산업 활동을 서서평 선교사도 지도하였다.[46] 1928년 서로득 부인이 이일학교의 산업 활동도 맡았다(24). 서로득 부인이 뒤를 이어 서서평 선교사가 이일학교의 산업 활동을 지도했다.

기숙사에 거주하는 수피아의 대다수 여학생은 방과 후 레이스 뜨기와 태팅을 하여 수예품을 만들었다. 한국선교회가 재정을 지원하는 이일성경학교의 여학생들도 방과 후 뽕나무를 심고, 누에를 키워 실을 뽑고, 명주실로 배를 짜서 옷을 만드는 등 비단 제품을 생산했다.[47]

1918년 미국에서 안식년을 보내면서 서로득 부인은 그동안 한국 여성들이 만든 자수 제품을 구매한 후원자들을 만나 대화를 하였고, 더 나아가 미국의 자수 시장을 관찰하고 한국의 자수 산업의 수준과 구조와 발전에 대하여 숙고하였다. 우선 서로득 부인은 한국 자수의 질이 중국, 필리핀, 일본에서 생산된 제품의 질적 수준을 능가해야[48] 미국 시장에서 경쟁이 가능하다는 사실을 알게 되었다. 한국에 복귀하자마자 서로득 부인은 자수 방법, 문양, 재질을 연구하기 위하여 중국 지푸의 자수학교와 공장을 자기 개인 비용으로 2회 방문하였다. 그리고 수피아 여학생 2명을 지푸의 공장으로 데리고 가서 4개월간 실습시켜 실력을 쌓게 하였다.[49] 이러한 훈련을 통해 자수 전문가로 성장한 이 학생들이 자수를 선교회 내 여성들에게 가르쳐 자수의 수준을 높였다. 이러한 자수 산업 교육의 활성화가 소문이 나자 한국 내 다른 선교회가 반응을 나타냈다. 특히 호주장로교한

---

46 수피아여중 · 고역사편찬위원회, 『수피아100년사』, 218-219; *Minutes of Annual Meeting* 1924, 33.

47 이순례, 『한일신학대학70년사』, 110.

48 Mrs. Lois Hawks Swinehart, "Industrial Work among the Women and Girls of Korea," 12-13.

49 Mrs. M. L. Swinehart, "Adventures in the Lace-making Industry," *The Missionary Survey* (May 1920): 265-266; "Adventures in the Lace-making Industry: Second Trip," *The Missionary Survey* (Oct. 1920): 635-638; "Adventures in the Lace-making Industry, No. 3" *The Missionary Survey* (Jan. 1921): 30-31.

국선교회의 통영 소재의 여학교가 자수 전문가가 된 김양순[50]을 초청하여 여름 내내 자수를 가르치도록 했다. 또한 김양순에게 일본의 초청자가 자수 교육을 의뢰했고, 여기에 응한 김양순은 일본에서 자수를 가르쳤고, 한편 일본에서 공부를 계속하여 후에 수피아 학교의 교사가 되었다.[51]

또한 1918년 안식년 동안 서로득 부인은 그동안 한국의 자수 제품을 구입한 후원자들을 만나 이들의 반응을 확인했다. 몇 가지 제품이 포장된 소포가 후원자에게 전달될 때 고율의 수입 관세가 붙어 국가에 세금까지 내야 했다는 것이다. 이러한 사정을 확인한 서로득 부인은 미국 측 협력파트너로서 벤스 부인을 대리인으로 선정하였다(1920, 11-12). 벤스 부인은 미국 버지니아의 웨인스보로(Waynesboro)의 제일국립은행의 부행장으로 36년을 봉사한 남편과 함께 제일장로교회에서 봉사했다. 남편보다 더 널리 미국 남부 지역에 알려진 플로라 벤스 여사는 성격과 인품이 좋고 사교성과 기획력이 탁월하였다. 그녀의 도움으로 경제적으로 어려운 한국의 여학교들이 회생하였고,[52] 학생들은 학비를 조달하고 직업교육을 받을 수 있었다.

서로득 부인은 자수 제품의 질을 높여 시장성을 갖추도록 각 여학교의 산업 활동을 전문화 체계로 만들었다. 목포 정명은 바느질을 하고, 군산 멜볼딘은 예술 단추를 만들고, 전주 기전은 태칭과 크로셰 제품을 생산하고, 순천 매산여학교는 자수를 만들었다.[53] 1920년 후반과 1930년대에는

---

50 Mrs. L. H. Swinehart, "A Recognized Middle School for Girls," *The Presbyterian Survey* (Oct. 1926), 614; 수피아여중·고역사편찬위원회, 『수피아100년사』(광주: 도서출판 예원, 2008), 268, 274.

51 Lois H. Swinehart, "The Korean Torchon Lace Makers," *The Korea Mission Field* (1921), 231; "A Recognized Middle School for Girls," *The Presbyterian Survey* (Oct. 1926), 614.

52 "Mrs. R. G. Vance," *The New Leader* (Virginia: Staunton, Wed. 15 April 1942), 2.

53 Lois H. Swinehart, "Supplementary Note on the 'Overflow'," *The Korea Mission Field* (1921), 230.

순천여학교는 비단 제품을 생산했고, 전주 한예정은 바느질과 손수건 자수, 광주 이일은 비단 제품을 만들었다.

서로득 부인은 또한 서서평 선교사의 도움으로 광주 지역의 고통 받는 여성들의 자립과 해방을 위하여 자수 산업을 활성화시켰다.[54] 1920년부터 광주와 이에 인접한 화순과 보성 지역을 순회 전도하던 서서평은 불우한 여인들을 서로득 부인에게 소개하고 일자리를 마련하였다. 특히 서서평은 억압받고 가난한 여성 38명과 살면서 이들의 경제적 자립을 도왔고, 사회적 해방감을 누리며 살게 했다.[55] 이러한 여성들은 자기들의 집에서 자수하여 자활을 길을 찾는 오두막 산업을 일으켰다.

이러한 제품들이 서로득 부인의 노력으로 미국남장로교의 벤스 부인에게 수출되었다. 이를 통해 한국에서 산업 활동이 활성화되었고, 제품의 질도 높아져 미국의 자수 시장에서 다른 나라의 제품과 경쟁할 수 있었다. 이는 전적으로 서로득 부인의 헌신적 노력으로 인한 것이었다. 서로득 부인은 자수 산업의 수준을 높이고 활성화를 위하여 전심전력을 다한 결과 기력이 쇠하여 1928년에는 자수 사역에서 손을 뗄 수밖에 없었다.

위의 <통계표 1>에 나타난 바와 같이 1922년부터 1926년까지 광주 남녀 학교에서 고루 산업 활동이 활발하였다. 그러나 1926년 산업학교를 전주로 옮김으로써 남학생들의 산업 인력 배출이 시들해졌다. 이러한 상황에서 1930년 한국선교회는 산업 훈련을 농장 활동과 연계할 것을 강조했다. 1933년 광주에 거주한 어비슨(Gordon Wlberforce Avison)은 선교사들과 갈등을 겪으면서까지 사회 선교를 강조한 최흥종 목사와 만나 광주YMCA농업실습학교(어비슨 농업학교)를 세워 농촌 개발 인재를 양성했다. 이 학교와 연

---

54 임희모, "서서평(쉐핑, Elisabeth J. Shepping, R. N.) 선교사의 사회선교 사역과 선교 교육," 서서평연구회 편, 『서서평 선교사의 사회선교와 영성』(전주: 학예사, 2019). 17-62, 특히 47-49.
55 Lois H. Swinehart, "Letter from Mrs. Swinehart," *The Missionary Survey* (Jan. 1923): 32-33.

계되어 농촌 지도자 교육을 받은 남녀학생들이[56] 늘어나 1934년 갑자기 산업 인력의 수적 급상승이 일어났다. 한편 통계표의 여성 인력 양성 부문의 통계는 이일학교의 산업 활동의 영향이 - 대부분 숫자가 누락되어 있지만 - 일정 부분 작용한 것으로 이해할 수 있다.[57]

4) 목포선교부

목포 영흥학교에 대한 산업 활동 기록은 연례회의록(1907~1937)에 나타나지 않는다. 그러나 해리슨(W. B. Harrison) 선교사(목포 근무 1908~1912)가 영흥학교에서 목공일을 시작하였고, 목포 정명여학교는 바느질을 시작했다.[58] 정명여학교는 1913년에 힐 선교사 부인(Mrs. Pierre Bernard Hill)이 처음으로 산업 활동을 맡았고(36), 1914년에 남대리 선교사 부인(Mrs. Newland)(38), 뒤이어 1915년부터 1916년까지 파커 선교사 부인(Mrs. Parker)이 각각 책임을 맡았다(37). 1917년부터 1924년까지 맹현리 선교사 부인(Mrs. MaCallie)이 산업 활동을 지도하고 교육하였다(36). 이후 후임자도 정해지지 않았고 산업 훈련비도 지원되지 않은 상황에서[59] 맹현리 선교사 부부는 1927년 1월 1일자로 무기한 휴가를 떠났다.[60] <통계표 1>에 의하면 이러한 목포의 상황에서 1927년 여학생 산업 훈련생 57명이 배출되었다. 그

---

56 이에 대한 자료는 다음을 참조하라. 이은희, "농촌개발의 개척자 어비슨," 이용교 편, 『한국 사회복지를 개척한 인물』 (광주: 광주대학교출판부, 2013), 73-84; Edmund deSchweinitz Brunner, *The Christian Mission in Relation to Rural Problems - Rural Korea: The Preliminary Survey of Economic, Social, and Religious Conditions* (New York: International Missionary Council, 1928), 58-73; 장규식, "1920~30년대 YMCA 농촌사업의 전개와 그 성격," 「한국기독교와 역사」 4호: 240-241.

57 1931~1933년 이일학교의 교사였던 조아라는 매년 등록생이 보통과는 70~80명, 성경과는 30명 정도라고 했다. 이순례, 『한일신학대학 70년사』, 109.

58 George Thompson Brown, *Mission to Korea*, 97-98.

59 정명여자중·고등학교100년사편찬위원회, 『정명100년사(1903~2003)』 (목포: 이홍인 쇄, 2003), 111-120.

60 *Minutes of Annual Meeting* 1926, 11.

러나 남학생 17명의 배출에 대해서는 누가, 언제, 무엇을 지도했는지 인과 관계를 찾기가 쉽지 않다.

5) 순천선교부

1912년에 개교한 순천 왓츠남학교(매산남학교, 후에 은성학교)는 1915년부터 야심차게 농장부(farming department)를 만들어 최신 농법, 유실수 과일나무를 심고 가꾸기, 염소 기르기, 채소 가꾸기 등을 실험했으나 총독부는 1916년 학교를 강제로 폐쇄하였다. 이로 인하여 1916년 학생들에게 산업 훈련을 시킬 수 없어서 산업 보조금을 광주선교부로 넘겨야 했다(43). 그러나 1917년에는 산업 훈련 특별반(special class)을 운영하였고(87), 1918 학년에는 남학교 학생 40명이 광주 숭일학교에서 산업 활동 교육을 받았다.

1921년에 매산학교가 다시 개교하면서 보통과 5~6학년에서 실업 과목, 고등과에서 2년간 직업 과목을 의무적으로 가르쳐 산업 활동을 했다.[61] 1921년 이눌서 선교사의 아들로서 전문인 평신도 산업 선교사로 활동한 이보린은 매산남학교의 산업부 책임을 맡았다(46). 그가 1922년 어학 공부 과정을 마치자 1923~1924년 매산남학교 교장으로 일하다가 광주남학교의 교장으로 떠났다. 그의 지도로 매산학교는 1922년부터 목공예 훈련을 했다.[62] 광주선교부의 복음 전도 선교사로 1921년에 입국한 원가리(James Kelly Unger) 선교사는 1925년에 매산남학교 교장으로 부임하였다. 그는 빈궁한 학생들의 경제적 사정을 전혀 감안하지 않고 우월적 입장에서 정

---

61 매산100년사편찬위원회, 『매산100년사(1910~2010)』 (순천: 아름원색, 2012), 254.
62 이보린은 1925~1926년 광주 남학교의 교장으로, 1927년~1929년 전주 남학교의 산업 활동 감독으로 활동했고, 1930년 미국으로 돌아갔다. 그의 산업교육에 대한 관점은 다음에서 엿볼 수 있다. "Industrial Education as a Part of the Missionary Problem," *KMF* (2016): 214-215. 그는 인문교육과 실업교육의 병행 문제, 커리큘럼 문제, 농업과 공업의 병존 문제 등을 지적했다. 이러한 문제 인식으로 인한 것인지 그는 매산학교 근무 시기에 산업 인력을 양성하지 못했다.

한 기한에 월사금을 납입하지 않으면 퇴학시킨다는 것을 주지시키고 그대로 처리하였다. 이로 인하여 그는 악명이 높았다.[63] 그러나 1930년 23,000엔을 들여 양옥 3층의 건물을 짓고 유기·놋쇠주물 제품과 양토원에서 친칠라토끼털을 생산케 하여[64] 산업부 활동과 교육을 활성화시켰다(19). 그는 친칠라토끼를 미국에서 들여와 사육 방법을 연구하여 학생들에게 보급하고 털가죽을 일본과 미국으로 수출하였다. 또한 토끼 사육장에서 잘 키운 토끼를 출품하여 금상을 받았다.[65] 토끼 품평회에서 금상 인증을 6마리나 받았고, 이들을 모두 평양의 독지가에게 마리당 15엔씩을 받고 넘기기도 했다. 이러한 공적으로 엉거 교장은 "불비한 교제를 만회하여"[66] 1935년 교장취임 10주년 기념을 성대히 맞고, 안식년을 미국으로 떠났다. 그동안 비가(Miss Meta Louise Biggar)여학교 교장이 제니트 크레인 선교사와 함께 남학교 산업부 활동을 일시적으로 도왔고, 윌슨 선교사도 여기에 가담하였다. 복귀 후 1936년 원가리 교장은 산업부 책임을 맡았다(19).

매산여학교 산업부는 1915년부터 구례인 부인(Mrs. J. C. Crane)이 맡았다(38). 구례인 부인은 미시시피대학교에서 식물학을 전공하였는데 왓츠여학교에서 산업 미술을 가르쳤다. 1918년에는 비가 선교사가 여성을 위한 초급학원(a primary institute)을 만들어 1918년 봄 2달 강의를 개설하여 한국선교회의 경비 지원 없이 산업교육을 했다.[67] 1921년에 여학교도 다시 문을 열어 보통과 5~6학년에서 재봉, 고등과에서 수공과 직업 과목을 공부시켰다.[68] 1920~1928년에 구례인 부인이 여학교 산업부를 책임 맡았고,

---

63 "基督愛를 壓伏하는 金力, 月謝未納으로 退學,"「동아일보」 1925. 10. 16.; "橫說竪說,"「동아일보」 1925. 10. 17.; "米人校長 排斥으로 梅山學校生 盟休,"「동아일보」 1925. 12. 13.
64 "3층 洋屋으로 梅山校 新築,"「동아일보」 1930. 11. 9.
65 Mrs. M. L. Swinehart, "The Industrial Work of Soonchun, Korea," 377-378.
66 "엉거 校長의 教育十週記念,"「동아일보」 1935. 5. 19.
67 Minutes of Annual Meeting 1918, 45.
68 매산100년사편찬위원회, 『매산100년사』, 254.

안식년 기간에는 비가가 담당했다(25). 1929년부터 1936년까지 비가가 여학교 교장으로서 산업부 책임을 맡아 학생들을 지도하였다(26). 이러한 노력이 결실을 맺어 1933년 무척 빈궁한 가정 출신의 학생 장복달이 전국대회에서 초등부 수공(날염직물) 부문에서 상을 받았다.[69] 비가 교장을 중심으로 구례인 부인과 로저스 의사 부인(Mrs. J. M. Rogers)이 산업부 활동을 보조했다(28). 1937년 하반기 비가가 안식년을 떠나자 음악을 가르치는 제니트가 여학교 부교장으로, 그녀의 올케인 구례인 부인은 산업부를 담당했다. 1938년 6월 15일 둘 다 안식년을 떠났고(15), 이후 원가리 교장이 여학교도 책임을 맡아 관리했다.

1930년대 매산학교의 교육은 산업 활동을 강조하였다.[70] 1922년에는 목공일을 실험적으로 실시했고, 마침내 1930년대에 들어 60명의 학생이 놋쇠공장, 토끼 사육, 톱으로 나무 썰기 등 산업교육을 하여 학비를 조달했다. 평일 오전에는 공부하고, 오후에는 산업 활동을 했다. 친칠라토끼와 뉴질랜드 화이트 토끼를 키워 고기를 만들어 팔고, 최고급으로 인정된 가죽은 수출하였다. 놋쇠 제품부의 학생들은 월평균 2달러를 지급 받고, 이 금액의 1/20은 자발적으로 미복음화된 마을을 방문하여 복음을 전하는 데 사용하였다.[71] 놋쇠 그릇, 촛대, 장신구 등의 모형은 프레스턴(J. F. Preston) 선교사의 딸 셰논(Shannon Preston)이 만들었고,[72] 학생들이 이들을 제작하고 포장하여 배에 선적하여 미국의 밴스 부인에게 보냈다. 1935년의 놋쇠 제품의 판매금액은 5,000엔을 넘었다.[73]

---

69 "어려운 살림 속에 불타는 거룩한 生活意識,"「동아일보」1933. 10. 1.

70 J. C. Crane, "The Boy's School and Industrial Work," *KMF* (1936), 144.

71 Mrs. M. L. Swinehart, "Industrial Work of Soonchun, Korea," *The Presbyterian Survey* (1931): 377-378.

72 위의 글, 378.

73 J. C. Crane, "The Boy's School and Industrial Work," 144.

매산여학교의 산업 활동은[74] 보통학교 5~6학년과 고등부 1~2학년의 학생들이 참여했다. 1935년 11명의 학생은 전일제 노동을 하여 번 돈을 다음 해의 학비로 저축했다. 30명의 여학생은 방과 후 일을 하여 얻은 수입금을 기숙사 비용으로 썼다. 자조부에 속한 학생들은 4~5천 야드의 원단(천)으로 학교나 병원에서 쓸 책상보, 목욕 타월, 침대보, 냅킨 등을 만들어 팔았다. 또한 뽕나무 7,500그루를 심고, 수천 마리의 누에를 키워 실을 뽑고 옷감을 짜고 옷을 만들어 수출하였다. 1927년 매산여학교는 종이 인형 56,000개를 만들어 서로득 부인을 통해 미국의 벤스 부인에게 수출했다.[75] 1926년 벤스 부인이 방문하자 매산남학교와 매산여학교는 그를 환영하면서 각각 그의 이름을 딴 '플로라 벤스 우물'(The Flora Vance Fountain)을 파서 공적을 기리고 감사를 표했다.[76]

순천선교부 여학교는 기독교 교육과 산업 활동을 병행하고, 양잠과 옷 재단을 훈련하여 학비 마련과 장래의 직업을 갖도록 지도하고, 기독교 교육자와 가정 지킴이로 양육하였다. 남학교는 놋쇠 제품 공장과 토끼 사육장을 만들어 기술교육과 산업교육을 하고, 학생들이 학비를 충당하고 장래의 직업을 준비하게 하였다.[77] 산업 활동을 통해 수입을 얻은 학생들은 자발적으로 수입의 1/20을 헌금하고, 확장 주일 학교나 마을 전도에 참여하여 복음을 전하였다.

---

74 Meta L. Bigger, "Christian Education and Industrial Training for Girls," *KMF* (1936), 143.

75 George Thompson Brown, *Mission to Korea*, 98.

76 "Mrs. R. G. Vance," *The News Leader* (Staunton[Va]: Wed. 15 April 1942).

77 순천시사편찬위원회, 『순천시사: 문화예술편』 (순천시, 1997), 95; Mrs. M. L. Swinehart, "The Industrial Work of Soonchun, Korea," *The Presbyterian Survey* (June, 1931): 377-378.

3. 한국선교회의 산업 활동 선교의 특징

1) 산업 활동의 4가지 목적

한국의 전통적 가부장적 유교 사회의 노동 천시 상황에서, 거의 모든 한국인이 절대적 빈곤을 겪으며 자식들에게 교육할 수 없는 경제적 여건 속에서 한국선교회는 효율적인 교육정책을 실시하였다.

첫째, 모든 학교에 자조부를 만들어 가난한 학생들이 스스로 노동하여 학비나 기숙사비를 조달하여 학업을 마치도록 도왔다. 둘째, 이러한 노동을 통해 전통적 한국 사회의 노동관, 즉 글을 읽을 줄 아는 유식자는 육체적 노동을 하지 않는 풍조를 바꿈으로써 노동의 중요성을 학생들에게 교육하였다. 셋째, 자조적 성격의 노동관을 좀 더 적극적으로 이해시켜 졸업 후의 직업을 준비하도록 도왔다. 넷째, 광주선교부는 사회 선교와 사회 구원 차원에서 가난한 여성들을 교육하고 훈련시켜 이들이 수예 산업 활동에 참여하여 직업을 갖게 하고 이를 통해 자활과 자립을 할 수 있게 하였다.

2) 다양한 전문인 평신도 선교사와 산업 활동 담당자

다양한 배경을 지닌 선교사들이 상기 산업 활동의 목적을 이루기 위하여 노력하였다. 첫째 부류는 전문인 평신도 산업 선교사들이었다. 선교 초기의 인돈 선교사는 공대를 졸업한 평신도 산업 선교사였다. 제니트 크레인은 음악과 성경을 가르치며 산업교육을 담당했다. 이보린은 전문인 평신도 선교사였다. 서로득 선교사는 건축과 행정 담당 평신도(장로) 선교사였다.

둘째 부류는 남편 선교사의 부인으로서 남편과 다른 산업 활동을 지도했다. 서로득 부인 선교사는 문필가와 작가로서 선교 문학 장르의 책 3권과78 이외에 시를 썼고, 서서평 선교사 소전을 썼다. 그는 한국선교회 전체에

---

78 Lois Hawks Swinehart, *Jane in the Orient* (New York: Fleming H. Revell Company,

걸쳐 자수 산업을 활성화시켰다. 구례인 선교사 부인은[79] 식물학을 전공하여 한국야생화 식물도감(영문판)을 출판하였고,[80] 산업 미술을 가르쳤다. 의사 선교사의 부인 보그 여사는 한예정성경학교 학생들을 꾸준히 지도하였다.

셋째 부류는 간호사 경력의 부인들인데, 맹현리 선교사 부인, 해리슨 선교사의 부인, 이외에 간호사 신분을 지닌 서서평 선교사 등이 자수나 수예를 지도하였다. 넷째 부류는 남학교나 여학교의 교장으로서 산업부를 책임지고 육성시킨 선교사로는 인돈 선교사, 원가리 선교사, 백미다 선교사 등이다. 다섯째 부류는 산업예술(industrial arts)로 음악과 미술과 모형을 가르쳤다. 구례인 선교사의 부인은 미술을 가르쳤고, 그녀의 시누이인 제니트 크레인은 음악을 가르쳤다. 프레스턴 선교사의 딸 셰논은 놋쇠 제품의 모형을 만들어 제품으로 생산하도록 도왔다.

3) 산업 활동에 대한 접근 방식

첫째, 학교마다 특화된 기술을 가르쳐 전문성을 키웠고, 작업의 분업 체계를 이루었다. 남학교의 경우 군산 영명은 가마니 짜기, 전주 신흥은 비누 제조와 채소(딸기) 재배, 목포 영흥은 목공, 광주 숭일은 목공과 죽공, 순천 매산은 놋쇠 제품과 토끼 키우기 등이었다. 여학생의 경우 군산 멜볼딘은 예술 단추, 전주 기전은 태팅과 레이스 짜기, 목포 정명은 편물, 광주 수피아는 자수와 태팅, 순천 매산은 한국 전통 자수와 비단과 인형, 전주

1924); *Sarangie: A Child of Chosen - A Tale of Korea* (New York: Fleming H. Revell Company, 1926); *Korea Calls - A Story of the Eastern Mission Field* (New York: Fleming H. Revell Company, 1929); "Elise Johanna Shepping - A Missionary Deborah," Sarah Lee Vinton Timmons, edited, *Glorious Living* (Atlanta[Ga]: Committee on Woman's Work PCUS., 1937), 147-184.

79 이진구, "남장로교 선교사 존 크레인(John C. Crane)의 유산: 전도자 교육자 신학자," 「한국기독교와 역사」 45 (2016. 9. 25.): 124-125.

80 Florence Hedleston Crane, *Flowers and Folklore from Far Korea* (Tokyo: The Sansheido Co. Ltd., 1931).

한예정은 자수와 손수건, 광주 이일은 비단 제품을 특화했다.

둘째, 이러한 특화 교육은 산업 활동을 주도하는 학교장이나 담당 선교사의 취향이나 능력에 따라 이루어졌다. 군산 영명은 해리슨 선교사가 떠난 이후 지속되지 못했고, 목포 영흥 역시 목공을 시작한 해리슨이 떠난 후 산업 활동이 이어지지 못했다. 여학생의 경우 서로득 부인의 노력으로 한국선교회 내 여학교의 분업 체계가 가동되고 지속되었다.

셋째, 가난한 일반 여성의 수예 산업은 사회선교와 사회복지의 결합으로 행해졌다. 서서평 선교사는 1920~1925년 사이에 광주 외곽에서 순회 전도를 했다. 이때 만난 불우 여성들을 돌보고 치유하고 자립을 위하여 일거리를 제공하는 차원에서 서로득 부인의 자수 산업과 결합했다.[81] 서로득 부인은 이들에게 자수를 가르쳐 직업을 갖게 하고, 자립하도록 도왔다.

넷째, 산업 제품의 미국 수출은 비즈니스 선교의 선구자적 모델이 되었다. 서로득 부인의 노력으로 한국의 학생들과 여성들이 중국의 진보된 기술을 받아들여 고급화된 자수 제품을 생산하고, 이를 미국으로 수출하여 학생들과 여성들이 학자금과 생활비 혹은 자활 기금을 취득하였다. 매산남학교는 놋쇠 제품 공장과 양토원을 만들어 직업을 가지려는 학생들에게 산업과 기술을 교육하여 생산된 제품을 미국에 수출하여 자활적 삶과 미래 직업을 준비시켰다. 서로득 부인은 전문인 비즈니스 선교를 성공적으로 이끌었다. 여기에는 미국의 파트너인 벤스 여사가 도왔다. 이러한 비즈니스 선교 모델은 1920년대와 1930년대 한국 학생들의 경제적 어려움을 이기게 했고, 더 나아가 선교 학교의 재정난을 해소하는 데 기여하였다.

---

81 Lois H. Swinehart, "Letter from Mrs. Swinehart," *The Missionary Survey* (Jan. 1923): 32-33.

4. 모범 사례: 순천선교부 매산학교의 활동과 광주선교부의 여성 산업 활동 분석

1) 순천선교부의 매산남학교와 매산여학교

첫째, 순천 매산 남녀학교의 산업 활동은 인문 교육에 산업 활동을 끼워 넣는 식으로 진행되었다.[82] 매산학교의 과목 배치에 있어서 1개 혹은 3개에 그친 실업 과목에 비하여 인문 과목들이 절대적으로 수의 우위를 유지하였다. 1921년의 매산남학교 고등과(2년)의 교과를 보면 총 15과목인데 이 중 단 1개만이 '직업' 과목으로 산업 활동에 해당되었다. 1930년 매산여학교 고등과(2년)의 교과를 살펴보면 총 15개 과목에 실업 과목은 3과목, 즉 재봉, 수공 및 직업 과목이었다. 이렇듯이 인문 교육 과목에 비하여 실업 과목은 불균형적으로 적은 것이 사실이다.

둘째, 순천 매산학교는 농업과 공업의 병존을 유지하였다. 농업 교육 활동으로 매산남학교는 친칠라나 뉴질랜드 화이트 토끼 등을 키워 고기와 가죽을 미국과 일본으로 수출하였다. 남학생이 직업으로 택한 놋쇠 제품부의 수익금은 1935년 미국으로 수출한 놋쇠 제품이 5,000엔 이상이었다. 이를 통하여 학생들은 공부를 지속했고, 장래 직업을 준비했다.

셋째, 매산남학교나 매산여학교 공히 기본적으로 기독교 신앙의 실천을 바탕으로 산업 활동을 장려했다. 이를 통하여 수입이 발생하면 자발적으로 1/20을 헌금하여 확장 주일 학교나 미복음화된 마을의 전도에 참여하여 복음을 전하였다. 여학생들은 주일 학교나 부인조력회 일에 참가하고 마을 전도와 신앙 교육했다.

넷째, 원가리 교장의 노력으로 1930년 이후 매산남학교의 산업부 활동이 활성화되었다. 이러한 결과로 매년 평균 50명 이상의 산업 인력이 배출

---

82 매산100년사편찬위원회, 『순천매산100년사』, 254.

되었다. 또한 매산여학교는 백미다 교장의 관심과 선교사 부인들의 적극적 참여로 인하여 산업 활동과 인재 양성이 이루어졌다.

2) 광주선교부의 사회선교 지향적 여자 산업 활동

광주선교부의 서로득 부인은 한국선교회의 산업 활동을 진일보시켰다. 우선 서로득 부인의 산업 활동의 비전은 광주를 넘어 중국의 지푸에 이르고, 자수 공장과 자수학교에서 고난도의 기술을 익혀 미국 시장 진출의 기반을 놓았다. 또한 학교 내의 산업 활동을 넘어 지역사회의 불우한 여성들을 위한 사회적 산업 활동이 되도록 활동 반경을 확대했다. 더 나아가 그는 중국 지푸 자수학원에 유학시켜 훈련한 수피아 출신의 여성이 호주장로회한국선교회 산하 통영 소재 여학교의 초청을 받아 여름방학에 자수 강습을 열었다. 이 여학교는 당시 바느질 자수 수공예품을 만들어 호주에 수출하였다.[83] 광주선교부의 여성 산업 활동은 가난한 자를 자립하게 하고, 더불어 살려는 사회 선교적인 관점에서 이루어졌다. 불우한 여성들이 주체적으로 모여 인간다운 품위를 유지하면서 자립 활동을 펼쳤다. 이렇듯이 산업 활동의 외연의 확장과 경계의 넘나듦이 커지고 넓어짐에 따라 그다지 높지 않았던 품질임에도 불구하고 한국의 자수 제품이 미국의 자수 시장에서 나름대로 구매력을 가졌다.

---

83 정병준, 『호주장로교회 선교사들의 신학사상과 한국선교 1889~1942』 (서울: 한국기독교역사연구소, 2007), 389-391; 에디스 커·조지 앤더슨 지음/양명득 옮김, 『호주장로교 한국선교역사 1889~1941』 (서울: 동연, 2017), 107-109.

IV. 결론: 오늘날 한국교회의 타 문화권 산업 활동 선교에 주는 함의

2018년 12월 현재 한국교회는 전 세계 171개국에 27,993명의 선교사를 파송하고 있다.[84] 이 자료에 의하면 교회 개척과 제자훈련 등 개인주의적 영혼 구원 선교에 집중하는 선교사가 87%에 이르고, 나머지 13%의 선교사는 복지·개발, 캠퍼스, 교육, 어린이·청소년 사역, 의료, 신학교, 비즈니스, 선교 행정 등의 사역을 한다. 이는 전통적 삼각모형 선교로서 예수님의 하나님 나라 선교인 말씀 선포, 교육, 사회적 섬김의 비율 1:1:1의 관점에서 보면 심하게 불균형적이다. 이것은 선교 현장에서 교육과 사회적 섬김의 선교를 대폭 강화해야 함을 의미한다.

이러한 선교 상황에서 과거 한국에서 진행한 미국남장로교 선교사들의 산업 활동 선교와 정책을 살펴볼 필요가 있다. 한국의 개화 초기에 입국한 이들 선교사는 한국교회의 지도자를 양성하기 위하여 미션학교를 세우고, 성경 교육과 기독교 인문 교육을 하였다. 여기에 더하여 당시 절대적 빈곤 상황에 있는 가난한 학생들을 위하여 한국선교회는 산업부를 만들어 자조 정신을 가르쳤다. 학생들은 산업 활동을 함으로써 학비나 기숙사 생활비를 벌었고, 더 나아가 노동의 가치를 배우고, 장래의 직업을 준비하였다. 여성들에게는 바느질 일감과 자수 일자리(직업)를 제공하여 남성 지배적 사회로부터 사회적 해방을 누리게 했다.

한국선교회의 이러한 산업 활동 선교는 오늘날 선교 현장인 타 문화권 개발도상국에서 적용 가능하다. 이와 관련하여 한국선교회의 산업 활동 선교의 특징을 살피면 다음과 같다.

---

84 KWMA, "2018년도 12월 한국선교사 파송 현황" (2019. 12. 23.).

1) 남장로교한국선교회는 기독교 학교의 운영(선교)에 있어서 인문 교육과 결합된 산업 활동을 장려함으로써 호남 지역에서 성공적으로 기독교 복음을 전파하였다.

2) 한국선교회는 기독교 학교의 학생들에게 산업 활동 참여를 자조적 차원에서 접근하여 학비와 생활비를 벌게 하고, 더 나아가 노동의 가치에 대한 새로운 인식을 제고했고, 장래의 직업에 대하여 준비하도록 훈련을 시켰다. 또한 가부장제 남성 중심의 사회에서 고난을 겪는 여성들에게 바느질이나 자수 등 일감과 일자리를 제공하여 생활비를 벌어 자립적 삶을 살게 하였다. 이는 또한 자신의 정체성을 찾아 자존감을 회복하는 여성 해방적 계기를 주었다.

3) 평신도 전문인 선교사들이나 의료 선교사의 부인 및 예술에 재능을 지닌 선교사 부인과 자녀들이 산업 활동에 투입되었다. 이들은 자신의 지식이나 능력을 통하여 학생들의 지적 수준을 높이고, 이들의 산업 활동 역량을 강화하도록 돕고 지도하였다. 더 나아가 지역을 넘어 미국남장로교 한국선교회와 호주장로회한국선교부 간에 자수 산업 정보를 공유하고 기술을 나누었다.

4) 이러한 산업 활동 선교는 여러 주체의 협력을 통하여 효과를 높였다. 순회 전도를 하던 사회선교사 서서평은 불우한 여성들을 자수 산업학교를 운영하는 서로득 부인에게 소개하고 이들을 자수 산업 활동에 참여시켰다. 학교장이나 담당 선교사는 놋쇠 주물, 토끼털, 자수나 비단 등을 교육하고 제품을 생산하여 외국(미국)의 후원조직 (벤스 여사)과 연결하여 수출하고 판매하여 그 대금을 한국의 산업 주체들인 학생들과 여성들에게 분배하였다.

| 참고문헌 |

1장 _ "우리 선교사 중에서 제일 아름다운 사람"
: 해리슨 부인 선교사(Mrs. Linnie F. Davis Harrison, 1892~1903)

Beaver, Robert Pierce. *American Protestant Women in World Mission. Grand Rapids(MI): William B.* Eerdmans Publication Co., 1980(revised).

Bonk, Jonathan J. *The Theory and Practice of Missionary Identification 1860-1920. Lewiston(NY): The* Edwin Mellen Press, 1989.

Chester, Samuel H. *Lights and Shadows of Mission Work in the Far East.* Richmond(VA): The Presbyterian Committee of Publication, 1897.

Robert, Dana L. *American Women in Mission. Macon(GA):* Mercer University Press, 1999.

Stephenson, Rountree. compiled. *Historical Sketch of Sinking Spring Presbyterian Church at Abingdon 1773~1948.* Abingdon(VA): Committee of the Sinking Spring Presbyterian Church, 1948.

Warren, Max. "The Meaning of Identification." in Gerald Anderson. ed. *The Theology of the Christian Mission* (London: SCM, 1961), 229-238.

Ingold, Mattie B. *The Diary Of Mattie B. INGOLD.* 고근 역.『마티 잉골드의 일기』. 전주: 예수병원, 2018.

Underwood, Elizabeth. *Challenged Identities: North American Missionaries on Korea, 1884-1934.* 변창욱 역.『언더우드 후손이 쓴 한국의 선교역사, 1884~1934』. 서울: 도서출판 케노시스, 2013.

인돈학술원 편.『미국남장로회 내한선교사 편람: 1892~1987』. 대전: 한남대학교 출판부, 2007.

"Address by the General Assembly to All the Churches of Jesus Christ ..." in *The Distinctive Principles of the PCUS* (Richmond(VA): Committee of Publication, 1870), 8.

Annual Report of the Executive Committee of the Foreign Missions 1897 (Nashville(TN), 1897). 44.

Davis, [Linnie F.]. "Korea." *The Missionary* (Feb. 1893), 76-77.

_____. "Notes from Seoul." *The Missionary* (Oct. 1895), 468-470.

Editorial. "A Distinguished Korean Convert to Christianity." *The Missionary* (1892), 343.

F. Ohlinger and Mrs F. Ohlinger. *The Korea Repository* Vol.I. (Oct. 1892): 324; Vol.II (Aug. 1895), 317.

Harrison, Linnie Davis. "Getting into Korean Homes." *The Missionary* (Oct. 1899), 473-475.

Harrison, W. B. "Chunju Notes." *The Missionary* (July 1903), 327.

_____. "The Opening of Kunsan Station, Korea." *The Missionary (Jan. 1918), 19.*

_____. *"Korea, Encouragement at Maiki, Tain County, Korea." The Missionary* (Aug. 1901), 370-371.

_____. "Welcome Back to Chunju." *The Missionary* (Mar. 1901), 120.

_____. "Korea, Encouragements at Chunju." *The Missionary* (Oct. 1901), 465.

_____. "General Report of Chunju Station, Nov. 10, 1900 to Sept. 1, 1901." *The Missionary* (Feb. 1902), 68.

_____. "Personal Report of W. B. Harrison, Nov. 10, 1900 to Sept. 1, 1901." *The Missionary* (Feb. 1902), 69-71.

Mrs. Harrison, W. B. "In and Around Chunju." *The Missionary* (Oct. 1901), 465-468.

Johnson, Cameron. "Recollections of Mrs. Harrison." *The Missionary* (Mar. 1904), 129-130.

_____. "Japan: Glimpses from Kobe Missionary Home." *The Missionary* (Oct. 1898), 461-464.

_____. "Korea: My Introduction to Korea." *The Missionary* (Jan. 1893), 30-33.

Junkin, W. M. "Mrs. W. B. Harrison." *The Missionary* (Sept. 1903), 423.

Reynolds, P. B. "Korea: The Mission Meeting." *The Missionary* (Feb. 1898), 80-81.

Reynolds, W. D. "Sixth Annual Meeting." *The Missionary* (Feb. 1898), 82-83.

Stuart, J. L. "Korea." *The Missionary* (Aug. 1893), 314-315.

The Missionary (Nov. 1898): 525; (Dec. 1897), 541.

"Wedding in Korea." *The Missionary* (Sept. 1898), 428.

김혜정. "한국선교의 재고를 위한 고찰: 신학적 상황화와 성육신적 동일화 선교." 「선교와 신학」 48 (2019): 143-178.

류대영. "미국남장로교 선교사 테이트(Lewis Boyd Tate) 가족의 한국선교." 「한국기독교와 역사」 제37호 (2012): 5-35.

송현강. "레이놀즈의 목회사역." 「한국기독교와 역사」 33호 (2010): 35-56.

_____. "남장로교 최초의 여성선교사 셀리나 데이비스." 한남대학교 인돈학술원. 「프런티어(Frontier)」 제11호 (2013): 6-9.

이승두, 리자익, 홍종필. "데비스 녀사의 기념문." 전라북로회 기념식 준비위원회. 『전라도선교 25주년 기념』(1917. 10.): 18-20.

임희모. "서서평(Elisabeth J. Shepping, R.N.) 선교사의 성육신적 선교." 「선교와 신학」 36집 (2015): 173-204.

천사무엘. "레이놀즈의 신학: 칼뱅주의와 성서관을 중심으로." 「한국기독교와 역사」 33호 (2010): 57-80.

이남식. "남장로교 선교사 윌리엄 M. 전킨의 한국 선교 활동 연구." 전주대학교 대학원: 문학박사 학위논문, 2012.

_____. "A 1926 college yearbook spills its secrets." Appalachian History.net https://www.appalachianhistory.net/2020/11/a-1926-yearbook-spills-its-secr ets.html, 5. [2021.3.21. 접속].

_____. Minutes of the General Assembly of 1877, 418-419 in Thomas C, Johnson, A History of the Southern Presbyterian Church, 363-364(https://babelhathitrust. org/cgi/pt?id=uva. x001704586&view=1up&seq=61).[2021.4.27. 접속].

_____. The Constitution, Rules and By-Laws of the Southern Presbyterian Mission in Korea (Shanghai: American Presbyterian Mission Press, 1898)(RG 444, Box 66, Folder 1: Presbyterian Historical Society, Philadelphia, PA).[2021.7.3. 접속].

2장 _ 전북 여성 성경 교육의 기획과 실천자
: 마요셉빈 선교사(매커첸 부인, Mrs. Josephine H. McCutchen, 1902-1940)

강만길. 『일제시대 빈민생활사 연구』. 서울: 창작과비평사, 1987.

류대영. 『미국 종교사』. 파주: 도서출판 청년사, 2007.

박용규. 『평양대부흥 운동』. 서울: 생명의 말씀사, 2004(6쇄).

박종현. "미국남장로교 여선교사의 기도회 연구" 「한국교회사학회지」 25집(2009), 219-246.

백춘성. 『천국에서 만납시다』. 서울: 대한간호협회출판부, 1996.

브라운, 조지 톰슨/천사무엘 외. 『한국선교 이야기』. 서울: 도서출판 동연, 2010.

송현강. 『대전·충남 지역 교회사 연구』. 서울: 한국기독교역사연구소, 2004.

옥성득. "첫 부흥: 원산부흥, 대부흥의 특징과 과제." 『첫 사건으로 본 초대 한국교회사』.

서울: 도서출판 짓다, 2016, 314-327.

이순례.『한일신학대학 70년사』. 전주: 한일신학대학출판부, 1994.

이정숙. "M. C. 화이트 선교사 (Mary Culler White)의 원산 방문 재고." 「한국교회사학회지」 21권(2007), 239-264.

이진구. "미국 남장로회 선교사 루터 맥커첸 (Luther Oliver McCutchen) 한국 선교." 「한국기독교와 역사」 제37호(2012년 9월 25일), 65-92.

인돈학술원 편.『미국 남장로회 내한 선교사 편람 1892-1987』. 대전: 한남대학교 출판부, 2007.

임희모.『서서평, 예수를 살다』. 서울: 도서출판 케노시스, 2018 (개정증보판 3쇄).

전라대리회: 전북편(1908-1909).「호남춘추」(1994년 11월 가을호), 40-64.

전북, 전남, 순천, 제주 여전도회 위원회 편찬.『긔도회 원주회 순서』. 경성: 조선기독교서회, 1938.

조용훈. "마로덕(Luther Oliver McCutchen) 선교사의 생애와 사역." 한남대학교 교목실 엮음,『미국 남장로교 선교사 열전』. 서울: 동연, 2016, 111-131.

주명준.『전북의 기독교 전래』. 전주: 전주대학교 출판부, 1998.

최순신. "김명숙 권사." 대한예수교장로회제주노회 편.『제주교회 인물사1』. 제주: 평화출판사, 2013, 123-131.

한국교회사학연구원 엮음.『내한 선교사 연구』. 서울: 대한기독교서회, 2011.

한남대학교 교목실 엮음.『한남대학교 개교 60주년 기념 미국남장로교 선교사 열전』. 서울: 도서출판 동연, 2016.

황선명.『민중 종교 운동사』. 서울: 종로서적, 1980.

황선명 외 5인.『한국근대민중종교사상』. 서울: 학민사, 1983.

"Ada Hamilton Clark." *The Korea Mission Field* (1923), 37-38.

Brown, George Thompson. *Mission to Korea*. Atlanta(Ga): Board of World Missions, Presbyterian Church U.S., 1962.

Garrett, Shirley S. "Sisters All. Feminism and the American Women's Missionary Movement." Christensen, Torben. and William R. Hutchison (eds.). *Missionary Ideologies in the Imperialist Era: 1880~1920*. Aarhus(Denmark): Forlaget Aros, 1982.

Gibson, Maria Layng. *Memories of Scarritt*. Nashville(Tenn.): Cokesbury Press, 1928.

Greene, Willie G. "Bible Institutes for Korean Women." *The Presbyterian Survey* (Dec. 1930), 733-735.

"Martha Washington College."

www.ehc.edu/live/profiles/1188-marth-washington-college.[2018.6.5.접속]

McCutchen, Josephine. "The Chunju Womens' Bible Institute." *KMF* (1914), 165-166.

McCutchen, Josephine H. "Forward Steps." *The Missionary Survey* (1923), 764-766.

_____. "Korean Graduates Great Help in Work." *Presbyterian Survey* (1926), 681-682.

McCutchen, Josephine Hounshell. *Letter (Oct. 10, 1921)*, Chunju, Chosen, Asia.

_____. "The Education and Training Best Suited to Fit the Korean Women for Her Real Sphere." *KMF* (1915), 14-15.

McCutchen, Luther Oliver. "Annual Report McCutchen, '09-'10." *KMF* (1910), 263-265.

McCutchen, Mrs. Josephine H. "Bible School Development in Southern Presbyterian Mission Territory." *KMF* (1932), 83-84.

_____. "The Kosan Meeting." *Missionary* (1911), 127-128.

_____. "Woman's Bible Institute." *Missionary* (1910), 354-355.

McCutchen, Mrs. L. O. "The Word Giveth Light." *Missionary* (1915), 741-743.

_____. "Mary and Ruth Chung, School for Women." *Missionary* (1921), 29-30.

_____. *Letter* (August 3, 1933), Chunju, Korea.

Minutes of Annual Meetings of the Southern Presbyterian Mission in Korea, 1904-1940.

Nisbet, A. M. *Day in and Day out in Korea. Richmond(VA): Presbyterian Committee of Publication*, 1919.

"Report of Miss Hounshell." *Minutes of Seventh Annual Meeting of the Korea Mission of the Methodist Episcopal Church, South, 1903*, 57.

Ryang, J. S. (ed). *Southern Methodism in Korea: Thirtieth Anniversary*. Seoul: Board of Missions, Korea Annual Conference, Methodist Episcopal Church, South, 1929.

Shepping, E. J. "The History of the Auxiliary in Kwangju Territory, Korea." *The Presbyterian Survey* (Dec. 1926), 736.

Swinehart, Lois Hawks. "Elise Johanna Shepping." Hallie Paxson Winsborough. compiled. *Glorious Living*. Atlanta(GA): Committee of Woman's Work, PCUS, 1937.

The Korea Review (Sept. 1905), 356.

"The Neel Bible School." *The Korea Mission Field* (1930), 121.

Wayland, Cora A. "Development of Institutions of Higher Education of the Korea Mission, Presbyterian Church, U. S." Athens(GA): University Georgia (Dissertation), 1972.

3장 _ 식민주의 시대 정치적 동일화 선교 비교 연구
: 슬레서(Mary Slessor, 1847~1915)와 서서평(E. J. Shepping, 1912~1934)

강만길.『일제시대 貧民生活史 연구』. 서울: 창작과비평사, 1987.

김승태.『한말 · 일제 강점기 선교사 연구』. 서울: 한국기독교역사연구소, 2006.

대한간호협회.『대한간호협회 70년사(1923-1992)』. 서울: 대한간호협회, 1997.

박창훈. "광주의 현대화와 기독교."「한국교회사학회지」53 (2019): 123-160.

백춘성.『천국에서 만납시다』. 서울: 대한간호협회 출판부, 1896.

_____. "최흥종 목사와 서서평." 오방기념사업회 편.『화광동진의 삶』. 광주: 광주YMCA,
        2000.

수일사(秀日斯. Esther L. Shields). "13장. 조선간호사(朝鮮看護史)."『간호사』. 서울:
        조선간호부회, 1933: 민속원, 1984.

아키라, 나카츠카(中塚明)/김승일.『근대 한국과 일본』. 서울: 범우사, 1995.

양창삼.『조선을 섬긴 행복』. 서울: Serving the People, 2012.

언더우드, 엘리자베스. Challenged Identities. 변창욱 옮김.『언더우드 후손이 쓴 한국의
        선교 역사』. 서울: 도서출판 케노시스, 2013.

이종록. "무명옷에 고무신·보리밥에 된장국."『다양한 얼굴을 지닌 서서평 선교사』.
       『서서평 연구논문 3집』(2016).

임희모. "서서평 선교사의 하나님나라 선교."「대학과 선교」46 (2020. 12.): 173-203.

_____. "미국남장로교 ... 산업 활동선교 연구."『한국교회역사복원논총』2 (2021).

_____.『서서평 선교사의 통전적 영혼구원 선교』. 서울: 동연, 2020.

_____.『서서평, 예수를 살다』. 서울: 도서출판 케노시스, 2018(개정증보).

_____. "하나님 나라 … 한국교회의 성육신적 제자도."「선교신학」63 (2021): 221-262.

_____.『아프리카 독립교회와 토착화 선교』. 파주: 한국학술정보, 2007.

"주3 조선간호부회보." 백춘성.『천국에서 만납시다』, 232.

한강희. "내한선교사들은 정말로 오리엔탈리스트였나?"「선교와 신학」46 (2018):
        421-450.

해관 오긍선 기념사업회.『한국 근대의학의 선구자 해관 오긍선』. 서울: 역사공간, 2020.

Adesina, Oluwakemi A. and Elijah Obina. "Invoking Gender." Africa in Scotland,
        Scotland in Africa. Leiden: Brill, 2014.

Anderson, Gerald A. et al. eds. Mission Legacy. Maryknoll(NY): Orbis Books, 1994.

Austin, Ralph A. African Economic History. Portsmouth(NH): Heinemann, 1987.

Ayandele, E. A. The Missionary Impact on Modern Nigeria, 1842~1914. Essex(UK):

Longman House, 1996.

Bonk, Jonathan J. *The Theory and Practice of Missionary Identification, 1860~1920.* Lewiston(NY): The Edwin Mellen Press, 1989.

Freund, Bill. *The Making of Contemporary Africa.* London: The Macmillan, 1984.

Guder, Darrell L. *The Incarnation and the Church's Witness.* Harrisburg(PA): Trinity, 1999.

Hardage, Jeanette. "The Legacy of Mary Slessor." *IBMR* Vol.26 Nr.4: 178-181.

Helly, Dorothy O. *Livingstone's Legacy.* Athens(OH): Ohio University Press, 1987.

Hiebert, Paul G. *Transforming Worldviews.* Grands Rapids(MI): Baker, 2008.

Isichei, Elizabeth. *A History of the Igbo People.* London: The MacMillan Press, 1976.

Johnston, Geoffrey. *Of God and Maxim Guns.* Ontario: Wilfrid Laurier Univ. 1988.

Knox, Mrs. M. E. and Mrs. E. E. Talmage. "Appreciation." *KMF* (Oct. 1934), 218.

Langmead, Ross. *The Word Made Flesh.* Dallas: University Press, 2004.

Livingstone, W. P. *Mary Slessor of Calabar.* New York: George N.D. (Original 1915).

Macnair, James I. *Livingstone the Liberator.* London: Collins, 1949.

Owens, H.T. "A Successful Sunday School Teacher Training Institute in Seoul." *KMF* (1919), 87.

Proctor, J. H. "Serving God and the Empire." *JRA* XXX,1 (Leiden: Brill NV, 2000), 46.

Robertson, Elisabeth. *Mary Slessor.* Edinburgh: NMS Enterprises Limited, 2008.

Severance Hospital and Medical College. *Annual Report of Severance Union Medical College. April 1, 1919-March 31, 1920* (Dated July 21, 1920).

Shepping, Elise J. *Annual Report of Miss Elise J. Shepping, Kwangju, Korea* (Sept. 1928).

_____. *Report of Miss Elisabeth J. Shepping, R. N. Principal of Neel Bible School, Kwangju, Korea, Asia* (July 26, 1929).

_____. *Miss Elisabeth J. Shepping R.N. Principal of Neel Bible School, Kwangju* (June 3, 1931).

_____. *Annual Report of Elisabeth J. Shepping 1932[~1933].* (Sept. 15, 1933).

Sindima, Harvey J. *Drums of Redemption.* Westport(CT): Greenwood Press, 1994.

The Life of Mary Slessor. 『슬네서 메리젼』. 조선야소교서회, 1923.

The SPM. "In Memory of E. J. Shepping." *Minutes of the Annual Meeting of the SPMK* 1935, 55.

Walls, Andrew F. "David Livingston 1813-1873." Gerald H. Anderson et al. eds. *Mission*

Legacies: Biographical Studies of Leaders of the Modern Missionary Movement..
     Maryknoll(NY): Orbis Books, 1994, 140-147.

Warren, Max. "The Meaning of Identification." Gerald H. Anderson ed. *The Theology
     of the Christian Mission*. London: SCM Press, 1961.

Yamagata, Isoh. "Industrial Policy of the Government-General of Chosen." *KMF* (1918):
     13-15.

Yun, T. H. "Translation of the Private School Law No. 62." *KMF* (1909): 2-7.

4장 _ 섬김의 영성으로 주변부 사람들과 함께하는 변혁 선교

: 서서평 선교사(Elisabeth Johanna Shepping, 1912~1934)

강만길.『일제시대 빈민생활사 연구』. 서울: 창작과비평사, 1987.

김균진.『생명의 신학: 인간의 생명에 대한 기독교 신학의 이해』. 연세대, 2007.

돕슨[닷슨], 메리/정경미.『나의 사랑 한국, 한국인』. 대전: 도서출판 분지, 2013.

"米國實家와는 絶緣狀態: 郭愛禮 女史 談."「동아일보」(1934. 6. 28.).

박보경. "로잔운동에 나타나는 화해로서 선교." 한국로잔연구교수회 편.『로잔운동의
     선교동향』. 리체레, 2016, 194-220.

백춘성.『천국에서 만납시다』. 서울: 대한간호협회 출판부, 1996: 개정증보판.

서서평. "바울의 모본." 백춘성. 위의 책. 47-52.

이란·지상선. "이웃 사랑과 자기 사랑의 관점에서 본〈서서평〉에 대한 기호학적 분석."
     「신앙과 학문」22 (4), 186.

임희모『서서평 선교사의 통전적 영혼구원 선교』. 서울: 도서출판 동연, 2020.

_____.『예수 그리스도의 제자도 선교』. 서울: 도서출판 케노시스, 2017.

_____.『생명봉사적 통전선교: 동·동남아시아 중심』. 서울: 도서출판 케노시스, 2011.

전택부.『한국에큐메니컬운동사』. 서울: 한국기독교교회협의회, 1979.

조종남 편저.『로잔 세계 복음화 운동의 역사와 정신』. 한국기독학생회출판부, 1992.

"찌그러진 그[서서평]의 집."『동아일보』. 1934년 6월 28일.

한국여성연구회.『여성학 강의: 한국여성 현실의 이해』. 동녘, 1996 (개정판).

Brown, G. T. *Mission to Korea*. Atlanta(Ga): Board of World Missions, PCUS, 1962.

Brunner, Edmund de Schweinitz. *Rural Korea: The Christian Mission in Relation to
     Rural Problems-A Preliminary Survey of Economic, Social, and Religious
     Conditions*. New York: International Missionary Council, 1928.

Bühlman, W. "Spiritualität." Karl Müller und Theo Sundermeier (Hrsg.). *Lexikon*

Missions-Theologischer Grundbegriffe. Berln: *Dietrich Reimer Verlag,* 1987, 444-447.

Coit, Robert. "A Note of Cheer from Kwangju." *The Missionary Survey* (Oct. 1912), 909.

Dennis, James S. *Christian Missions and Social Progress: A Sociological Study of Foreign Missions* Vol. II. New York: Fleming Revel Co., 1899.

Dodson, Mary L. *Half a Lifetime in Korea.* 정경미 옮김.『나의 사랑 한국, 한국인』대전: 도서출판 분지, 2013.

Eberhardt, Charles Richard. *The Bible in the Making of Ministers: The Scriptural Basis of Theological Education: The Lifework of Wilbert Webster White. New York: Association Press,* 1949.

Knox, Maie Borden. "An Interview." *Korea Mission Field* (1925), 215.

Lausanne Movement. *The Cape Town Commitment.*

Minutes of the Thirtieth Annual Meeting of the SPM in Korea 1921. 45; 1909, 45.

Nisbet, John S. "Not Success But Service." *Letter to Mr. Green* (July 3, 1934).

_____. Mrs. *Day In and Day Out in Korea.* Richmond(Va): Presbyterian Committee of Publication, 1919.

Shepping, Elise J. *Report of Miss Elisabeth J. Shepping, Principal of Neel,* July 26, 1929.

_____. Letter: *Kwangju, Chosen, Korea.* (March 16, 1921), 1.

Swinehart, Mrs. M. L. "Kwangju Girl's Industrial School." *Missionary Survey* (Oct. 1916), 752-753.

The Southern Presbyterian Mission. "In Memory of Shepping." *Minutes of SPMK* 1935, 55.

"The Status of Woman in Korea." *Korea Review* Vol. II (1902), 1-7; Vol. I (1901), 530.

Winsborough, Hallie Paxon. compiled. *Glorious Living: Informal Sketches of Seven Women Missionaries of the Presbyterian Church, U.S. Atlanta(GA):* Committee on Woman's Work PCUS. 1937.

World Council of Churches. *Together Toward Life: Mission and Evangelization in Changing Landscapes - A New WCC Affirmation on Mission and Evangelism.* Geneva, 2012.

5장 _ 자기 희생적 삶과 정신을 실천하다가 스프루 병으로 순직한
의료 선교사: 제이콥 패터슨 의료 선교사(Jacob Bruce Patterson, M. D.)

1차 자료(primary sources)

패터슨. "한국 부인에게 자주 발견되는 방광질누관에 관한 논문." 이만열.
  『한국기독교의료사』. 서울: 아카넷, 2003, 351.

"General Statistics Covering the Twelve Months between June 1st and May 31st
  1919." *Minutes of the Annual Meeting* 1919.

Minutes of the Annual Meetings of SPM in Korea, 1910-1925.

Patterson, Jacob Bruce. "Medical Efficiency of Our Institutions." *KMF* (July 1914).

_____. Mrs. Jacob Bruce. "Notes from Kunsan." *KMF* (Jan 1913).

_____. "The Danger and Prevention of Sprue." *KMF* (June 1922).

_____. "X-ray for the Country Hospital." *KMF* (July 1922).

2차 자료(secondary sources)

박준범. "의료선교 현장에서의 전인적 접근." 『의료 선교사가 현장에서 쓴 의료선교학』.
  연세대학교 출판부, 2004.

서재룡. "광주제일교회 초기역사와 인물들(1904-1934)-최흥종, 강순명, 서서평."
  『동백(冬柏)으로 살다-서서평 선교사』전주: 학예사, 2018.

설대위. 『꺼지지 않는 사랑의 불씨: 예수병원 100년사』. 김민철 옮김. 전주:
  예수병원100주년기념사업위원회, 1998.

송현강. "미국남장로교의 전북지역 의료선교(1896-1940)." 「한국기독교와 역사」 35
  (2011.9.25.)

이규식. "전라북도의 서양의학 도입과정." 『醫史學』 17-1 (통권 32호, 2008. 6.), 111-119.

이만열. 『한국기독교의료사』. 서울: 아카넷, 2003.

임희모. "서서평 선교사의 초기사역(1912-1919)." 「한국교회 역사복원 논총」 (2019).

_____. 『서서평 선교사의 통전적 영혼구원 선교』. 서울: 동연, 2020.

전병호. 『호남 최초 교회설립자: 이야기 전킨 선교사』. 전킨기념사업회, 2018.

한미경 · 이혜은. "My Dear Dr. Alexander: 편지를 통해 본 오긍선의 미국 유학
  시절(1902-1907)" 「신학논단」 97 (2019. 9. 30.).

"A Letter from Dr. Oh, Korea." *The Missionary* (March 1908).

Bell, Eugene. "Annual Meeting of the SPM." *The Korea Repository* IV (1897).

Bull, Mrs. W. F. "Our First Native Physician." *The Missionary* (Feb 1908).

Chester, Samuel H. *Lights and Shadow of Mission Work in the Far East.*. Richmond(VA): Presbyterian Committee of Publication, 1899.

Crane, Sophie Montgomery. *A Legacy Remembered.* 정병준 옮김.『기억해야 할 유산』, 서울: CTS기독교 TV, 2011.

Daniel, T. H. "In the F. B. Atkinson Hospital, Kunsan." *KMF* (1909).

_____. "Southern Presbyterian Mission, Medical Work at Kunsan." *KMF* (1909).

Drew, A. D. "An Interesting Mission Field." *The Missionary* (July 1894).

_____. "Korea." *The Missionary* (July 1985).

Edmunds, E. J. "Training Native Nurses." *KMF* (June 1906).

Harrison, W. B. "Kunsan, Korea. Station Report, First Quarter 1908." *KMF* (1908).

_____. "Notes from Kunsan." *KMF* (1907).

_____. "SPM in Korea. A Portion of Kunsan Station 1916." *KMF* (1917).

Hollister, William. "History of Medical Work at Kunsan Station." *Presbyterian Survey* (1936).

"Korea Medical Missionary Association." *KMF* (1913).

Oh Keung-Sun. "Letter from a Korean Student." *The Missionary* (April 1903).

_____. "Important Ideas for Korean Schools ...." *KMF* (Oct. 1914).

_____. "Prohibition for Korea." *KMF* (1926).

"Our Missions and Missionaries." *The Missionary* (March 1903).

"Report of Kunsan Station (-Ending March 31st, 1906)." *KMF* (May 1906).

Reynolds, W. D. "Korea." *The Missionary* (May 1904).

_____. "Prospecting for Stations in Chulla-Do." *The Missionary* (Oct 1894).

_____. "The Sixth Annual Mission Meeting." *The Missionary* (Feb 1898).

Shepping, Elisabeth J. "District Nursing II." *KMF* (Sept 1920).

_____. "Letter from Shepping." *The Missionary Survey* (Aug 1918).

_____. "Sanitary Work in Korea." *The Missionary Survey* (Oct 1920).

The Korea Repository Vol. III (1896); Vol. I (1892).

The Missionary (April 1896); (May 1904); (Oct. 1915).

"국민훈장 동백장에 故 마가렛 제인 에드먼즈"『연합뉴스』(2015.4.7.)

6장 _ 무료 시술을 실시한 의사 선교사가 '작은 예수'로 불림
: 제임스 로저스 의료 선교사 (James McLean Rogers M.D.)

1차 자료(primary sources)

Minutes of the Annual Meeting of the SPM in Korea, 1913-1940.

Rogers, J. M. M.D. *Biographical Information* (PHC Montreat).

_____. Mrs. Mary Dunn Ross. *Biographical Information* (PHC Montreat).

_____. "Letter From Mrs. J. McLean Rogers." *Missionary Survey* (July 1919), 398-400.

_____. Report of J. M. Rogers, to Soonchun -*Alexander Hospital, for 1920~1921.*

_____. Extracts from Report of J. M. Rogers, to Soonchun - *Hospital, for 1920~1921.*

_____. "Medical Work in Korea." *Missionary Survey* (August 1922), 596-598.

_____. *Report for Alexander Hospital, ..., for 1926~27.* (August 1927).

_____. *Annual Report for Alexander Hospital, Soonchun, Chosen.* [1927. 4. 1.~1928. 3. 31.]

_____. *[Letter:] Dear Friends, Soonchun(Junten),* … *1928.* (Nashville, Tenn. Nov. 1928).

_____. "Alexander Hospital, Soonchun." *KMF* (May 1937), 95-96.

_____. *[Letter:] Dear Friends.* (Alexander Hospital Soonchun, Korea, Nov. 18, 1939).

2차 자료(secondary sources)

강만길. 『일제시대 빈민생활사 연구』. 서울: 창작과 비평사, 1987.

김영희. "1930·40년대 일제의 농촌통제정책에 관한 연구." 숙명여자대학교: 박사학위논문, 1996.

무등역사연구회. 『광주·전남의 역사』. 파주: 태학사, 2010 (3쇄).

이덕주. "일제강점기 순천선교부와 지역사회." 국립순천대학교 인문학술원 종교역사문화센터. 『전남동부 기독교 선교와 한국사회』. 서울: 선인, 2019.

이만열. 『한국기독교의료사』. 서울: 아카넷, 2003.

一記者. "順天安力山病院과 切獻 많은 四醫師."『湖南評論』(1935. 12.), 46.

임희모. "미국남장로교 선교사 야곱 패터슨 (Jacob Bruce Patterson)의 군산 예수병원 의료사역 연구."「장신논단」52-3 (2020. 9.), 167-194.

_____. "미국남장로교 의료 선교사 오긍선 연구."「한국기독교신학논총」118 (2020).

_____. "미국남장로교 한국선교회의 순천선교부 개설 배경 연구." 「장신논단」 53-1 (2021. 3.), 247-276.

최영근. "미국남장로교 선교사 존 페어맨(John Fairman Preston, Sr.)의 전남 지역 선교 연구." 「장신논단」 48-1 (2016. 3.), 102-103.

한규무. "미국남장로교 한국선교부의 전남지역 의료선교 (1898-1940)." 「남도문화연구」 20 (2011. 6.), 449-478.

_____. "미국남장로회의 순천지역 의료선교와 안력산병원." 『전남동부 기독교선교와 한국사회』.

Coit, R. T. "Notes and Personals." *Korea Mission Field* (KMF) (June 1913), 154.

_____. "Annual Meeting of the Korea ... 1917." *Missionary Survey* (1917), 680-681.

_____. "What is the Good of a Hospital ... *Presbyterian Survey* (August 1926), 485-486.

Crane, J. C. "The Cost of the Cut in Korea." *Presbyterian Survey* (July 1927), 416-418.

Crane, Sophie Montgomery. *A Legacy Remembered: A Century of Medical Missions.* 정병준 옮김, 『기억해야 할 유산』. 2011.

Fletcher, A. G. "Charity Work in Mission Hospitals." *KMF* (February 1928), 38-39.

Greer, Anna Lou. "Personalia." *Missionary Survey* (April 1915), 316-317.

Hewson, Georgiana F. "All in the Day's Work." *Presbyterian Survey* (October 1930), 603-605.

Knox, Robert. Mrs. "All Night in a Road." *Missionary Survey* (January 1922), 29-30.

"Our Mission and Missionaries." *Missionary* (March 1903), 119.

Preston, J. F. "A Close-up View of the Medical Missionary." *KMF* (July 1936), 139-142.

Price, Willard. "Doctor of Korea." *Presbyterian Survey* (October 1940), 465-467.

Sainosuké, ed. *Chosen of Today Illustrated.* Keijo[서울]: Chikasawa Printing, 1929.

Timmons, H. L. M.D. *Biographical Information* (PHC Montreat).

_____. Laura Louise McKnight. *Biographical Information* (PHC Montreat).

_____. "Opening of Alexander Hospital." *Missionary Survey* (1916), 501-501.

Wilson, R. M. "Medical Work." *KMF* (November 1921), 226.

Womeldorf, G. R. "The 'Jesus Hospital' at Soonchun." *Presbyterian Survey* (1927), 613-614.

"無産者의 醫療機關, 順天安力山 .. 獻身的 努力." 『조선중앙일보』. 1935. 4. 11.

"順天郡窮農十萬 貰農者八萬名." 『조선일보』. 1932. 6. 17.

"安力山病院 無料診察." 『동아일보』. 1933. 11. 11.

"安力山病院 增築과 三醫師의 功績: 朝鮮無産者."『중앙일보』. 1932. 12. 30.

"월급 적게 주고 인격까지 무시해."『동아일보』. 1924. 1. 23.

"鄭醫師記念式."『동아일보』. 1938. 2. 8.

7장 _ 자생적 신앙 공동체로 시작한 순천선교부의 개설 배경사 연구
(1892~1912)

강성호. "미국남장로교의 한국선교부의 순천 스테이션 설치와 운영."「남도문화연구」
　　37 (2019. 8.).

김수진·한인수.『한국기독교교회사: 호남편』. 서울: 범륜사, 1980.

김채현.『무만교회 연혁사』[무만교회 첫 시작의 역사]. 벌교: 연대미상.

남호현. "근대 순천지역 선교사 마을의 배치와 공간구성수법에 관한 연구-Soonchon
　　Compound 1929 중심."「대한건축학회연합논문집」(통권 5호, 2000. 11.).

도선봉·한규영. "순천 선교촌의 형성과 건축 특성에 대한 조사 연구."
　　「한국농촌건축학회논문집」 4-2 (통권 11호) (2002. 6.).

류대영. "미국남장로교 선교사 테이트(Lewis Boyd Tate) 가족의 한국 선교."
　　「한국기독교와 역사」 37 (2012. 9. 20.).

류대영·옥성득·이만열.『대한성서공회사 II』. 서울: 대한성서공회, 1994.

브라운, 조지 톰슨/천사무엘·김균태·오승재 옮김.『한국선교 이야기: 미국 남장로교
　　한국 선교 역사: 1892-1962 』. 서울: 동연, 2010.

사단법인 광양기독교선교100주년기념사업위원회.『광양 최초 복음의 도래지 웅동』.

서만철. "전남 선교 유산의 세계 유산적 가치와 향후 과제." 사)한국선교유적연구회.
　　『전라남도 기독교 선교역사와 유산』. 전라남도 선교유산의 세계유산추진을 위한
　　학술회의 II 자료집(2017).

송현강.『미국남장로교의 한국선교』. 서울: 한국기독교역사연구소, 2018.

＿＿＿. "테이트 가족의 한국 사랑: 테이트 남매와 잉골드." 한남대학교 교목실 엮음.
　　『미국남장로교 선교사 열전』. 서울: 동연, 2016.

송현숙. "해방 이전 호남지방의 장로교 확산 과정."「한국기독교와 역사」 23 (2005. 9.).

＿＿＿. "호남지방 기독교 선교 기지 형성과 확장에 관한 연구 ."「한국기독교와 역사」
　　19 (2003. 8.).

순천노회사료편찬위원회 편.『순천노회사』. 대한예수교장로회순천노회, 1992.

신황리교회역사편찬위원회.『신황리교회 역사(1905-2012)』. 대한예수교장로회
　　신황리교회 역사편찬위원회, 2012.

우승완. "전남지역 선교 기지 구축과 건축 활동-윌슨과 스와인하트를 중심으로."
　　「인문학술」 3 (2019. 11.).

우승완·남호현. "미국 남장로회 순천 선교 기지 선교마을들." 「인문학술」 1 (2018).

웅동교회. 『웅동교회 연혁』 (2004. 4.).

윤정란. "전남 순천지역 기독교의 수용과 확산." 「숭실사학」 26 (2011. 6.).

_____. "근현대 전라남도 순천노회의 역사와 역사적 정체성의 정립과정."
　　「남도문화연구」 38 (2019. 12.).

이우형. "호남정맥." 한국정신문화연구원 편집부. 『한국민족문화대백과사전』24. 서울:
　　한국정신문화연구원, 1995.

전라북로회 기념식 준비위원회 리승두·리자익·홍종필. 『전라도선교25주년』 (1917).

차재명. 「조선예수교장로회사기」 (상). 편집 박용규. 번역 이교남. 서울:
　　한국기독교사연구소, 2014.

차종순. "순천지방 최초 목사 임직자: 정태인 목사의 삶과 목회." 국립순천대 인문학술원.
　　『전남동부지역 기독교 인물과 지역사회』. 서울: 도서출판 선인, 2021.

최영근. "미국남장로교 선교사 유진 벨(Eugene Bell)의 선교와 신학." 「장신논단」 40-2.

홍순권. 『한말 호남지역 의병운동사 연구』. 서울: 서울대학교출판부, 1994.

Bell, Eugene. "Letter to My Dear Mother." (Seoul, Korea: Sept. 6, 1896); "Letter to My
　　Dear Mother." (Fusan, Korea: Oct. 3, 1896); Lottie. "Letter to Dear Eva." (Seoul,
　　Korea: Dec. 20, 1896); "Letter to Dear Papa." (Seoul, Korea: Nov. 12, 1896).

_____. "Korea: Opening A New Station." *The Missionary* (June 1897).

_____. "Mission Life at Mokpo." *The Missionary* (Oct. 1899).

_____. and Eugene Lottie. *Personal Reports of the SPM in Korea* Vol. III. (1896).

Coit, R. T. "The Building of Soonchun Station." *The Missionary Survey* (Feb. 1913).

_____. "A New Station in Korea." *The Missionary* (September, 1910).

_____. "A Note of Cheer from Korea." *The Missionary Survey* (Oct. 1912).

_____. "Soonchun, Our Newest and Last Mission Station in Korea." *The Missionary
　　Survey* (Jan. 1917).

Minutes of the Annual Meetings of the SPM [U.S.] in Korea 1904~1912, 1922.

Owen, C. C. "Reports of Hard Work." *The Missionary* (Oct. 1905).

_____. "Upspringing of a Church." *The Missionary* (Sept. 1905).

_____. "Personal Report of C. C. Owen." 1905.

_____. "Personal Report of Eugene Bell." 1904.

Pieters, A. A. "Colportage in Korea." (May 31, 1897). *BSR* Vol. 42 (Sept. 1897).

Reynolds, W. D. *Chulla Do Trip Mar. 27, '94* (Along Shore from Seoul to Fusan).

　　"Southern and Southeastern Circuit: Dr. Owen." *KMF* (1909).

　　"Southern and Southeastern Circuit." *Station Reports of SPM* 1909.

Tate, [L. B.]. "Korea." *The Missionary* (Nov. 1897).

Wells, Kenneth M. *New God, New Nation: Protestants and Self-Reconstruction Nationalism in Korea 1896-1937.* Sydney: Allen & Unwin, 1990.

8장 _ 한국선교회의 광주선교부와 순천선교부의 산업 활동 선교 연구 (1907~1937)

"3층 洋屋으로 梅山校 新築."『동아일보』. 1930. 11. 9.

강봉근. "초창기의 신흥학교."『신흥90년사』.(인터넷 자료).

"光州崇一學校."「基督申報」. 1923. 1. 17.

군산제일고등학교총동문회.『군산제일100년사』. 군산: 영문사, 2011.

"基督愛를 壓伏하는 金力, 月謝未納으로 退學."『동아일보』, 1925. 10. 16.

기전70년사편찬위원회.『기전70년사』. 서울: 공화출판사, 1974.

기전80년사편찬위원회,『기전 80년사』, 전주: 전주대흥정판사, 1982.

동학농민혁명기념사업회 편.『전북의 역사와 문화』. 서울: 서경문화사, 1999.

매산100년사편찬위원회.『매산100년사(1910~2010)』. 순천: 아름원색, 2012.

무등역사연구회 편.『광주 전남의 역사』. 파주: 태학사, 2001.

"米人校長 排斥으로 梅山學校生 盟休."『동아일보』. 1925. 12. 13.

송현강. "윌리엄 해리슨(W.B. Harrison)의 한국 선교."「한국기독교와 역사」 37(2012).

　　.『미국남장로교의 한국선교』. 서울: 한국기독교역사연구소, 2018.

수피아여중·고역사편찬위원회.『수피아100년사』. 광주: 도서출판 예원, 2008.

순천시사편찬위원회.『순천시사: 문화예술편』. 순천시, 1997.

스와인하트, 로이스 H./송창섭.『조선의 아이 사랑이』. 살림출판사, 2010.

"실업강습소 설립."『대한매일신보』. 1910. 7. 16.

양국주.『그대 행복한가요?』. 서울: Serving the People, 2016.

"어려운 살림 속에 불타는 거룩한 生活意識."『동아일보』. 1933. 10. 1.

"엉거 校長의 敎育十週記念."『동아일보』. 1935. 5. 19.

이순례.『한일신학대학70년사』. 전주: 한일신학대학, 1994.

이은희. "농촌개발의 개척자 어비슨."『한국 사회복지를 개척한 인물』. 광주대학교, 2013.

이재근. "남장로교의 전주 신흥학교·기전 여학교 설립과 발전." 「한국기독교와 역사」 42(2015. 3. 25.).

_____. "남장로교 선교사 존 크레인(John C. Crane)의 유산: 전도자 교육자 신학자." 「한국기독교와 역사」 45 (2016. 9. 25.).

임희모. "마요셉빈(Mrs. Josephine Hounshell McCutchen) 선교사의 사역." 「장신논단」 50-3(2018. 9.).

_____. "서서평(쉐핑, Elisabeth J. Shepping, R.N.) 선교사의 사회선교 사역과 선교 교육." 서서평연구회 편. 『서서평 선교사의 사회 선교와 영성』. 전주: 학예사, 2019.

_____. 『서서평 선교사의 통전적 영혼구원 선교』. 서울: 동연, 2020.

장규식. "1920~30년대 YMCA 농촌사업의 전개와 그 성격." 「한국기독교와 역사」 4.

정명여자중·고등학교 100년사편찬위원회. 『정명100년사(1903~2003)』. 목포: 이홍인쇄, 2003.

정병준. 『호주장로교회 선교사들의 신학사상과 한국선교 1889~1942』. 한국기독교역사연구소, 2007.

"초창기의 신흥학교." "1920년대 신흥학교 개황" (www.sh100.org 2020년 4월 9일 접속).

"축산 강습소." 『대한매일신보』. 1910. 7. 1.

커, 에디스 & 조지 앤더슨/양명득. 『호주장로교한국선교역사 1889~1941』, 동연, 2017.

한국민중사연구회 편. 『한국민중사 II(근현대편)』. 서울: 풀빛, 1986.

"橫說竪說." 『동아일보』. 1925. 10. 17..

Biggar, Meta L. "Christian Education and Industrial Training for Girls." *KMF* (1936).

Boggs, Margaret P. "Why an Industrial Department." *Presbyterian Survey* (1927).

Brown, George Thompson. *Mission to Korea*. Atlanta(Ga): Board of World Missions, Presbyterian Church, U.S. 1962.

Brunner, Edmund deSchweinitz. *The Christian Mission in Relation to Rural Problems - Rural Korea: The Preliminary Survey of Economic, Social, and Religious Conditions*. New York: International Missionary Council, 1928.

Chester, Samuel H. "Report to the Executive Committee of Foreign Missions, by the Secretary, on His Visit to China, Korea and Japan, 1897." *Lights and Shadows of Mission in the Far East*. Richmond(Va.): The Presbyterian Committee of Publication, 1899.

Crane, Florence Hedleston. "'The Soonchun 'Button Factory'." *KMF* (1915).

_____, F. H. *Flowers and Folklore from Far Korea*. Tokyo: The Sansheido Co. Ltd., 1931.

Crane, J. C. "The Boy's School and Industrial Work." *KMF* (1936).

Harrison, W. B. "Southern Presbyterian Mission in Korea, 1916." *KMF* (1917).

KWMA, "2018년도 12월 한국 선교사 파송 현황," (kwma.org)

   Minutes of the Annual Meetings of the Southern Presbyterian Mission in Korea 1907~1937.

"Mrs. R. G. Vance." *The News Leader*. Staunton(Va), 15 April 1942(Wed.).

Reynolds, J. B. "Industrial Education as a Part of the Missionary Problem." *KMF* (2016).

Robert, Dana L. *American Women in Mission*. Macon(Ga.): Mercer Univ., 1997.

Swinehart, Lois H. "Kwangju Girl's Industrial School." *KMF* (Jan. 1915).

_____, Lois H. "Supplementary Note on the 'Overflow'." *KMF* (1921).

_____, Lois H. "Letter from Mrs. Swinehart." *Missionary Survey* (Jan. 1923).

_____, "A Recognized Middle School for Girls." *Presbyterian Survey* (Oct. 1926).

_____, Lois Hawks. "Industrial Work in Korea." *Presbyterian Survey* (Nov. 1927).

_____, Lois Hawks. *Jane in the Orient*. New York: Fleming H. Revell Company, 1924.

_____, Lois Hawks. *Sarangie: A Child of Chosen*. Fleming H. Revell Company, 1926.

_____, Lois Hawks. *Korea Calls*. New York: Fleming H. Revell Company, 1929.

_____, Lois Hawks. "Elise Johanna Shepping." Sarah Lee Vinton Timmons. Edited. *Glorious Living*. Atlanta(Ga): Committee on Woman's Work PCUS. 1937.

_____, Lois Hawks. "Industrial Work among the Women and Girls of Korea." *KMF* (1918).

_____, Mrs. L. H. "Industrial Work at Kwangju: A Retrospect." *KMF* (1930).

_____, Mrs. M. L. "Adventures in the Lace-making Industry." *Missionary Survey* (May 1920).

_____, Mrs. M. L. "Adventures in the Lace-making Industry: Second Trip." *Missionary Survey* (Oct. 1920).

_____, Mrs. M. L. "Adventures in the Lace-making Industry. No. 3." *The Missionary Survey* (Jan. 1921).

_____, Lois H. "The Korean Torchon Lace Makers." *KMF* (1921).

_____, Mrs. M. L. "The Industrial Work of Soonchun, Korea." *The Presbyterian Survey* (June 1931).

Talmage, John Van Neste. "Notes from Kwangju." *KMF* (1914).

찾아보기

인명

Female and Medical Missionaries of the Southern Presbyterian Church U.S.
in Korea - A Study on Missionary Activities from a Missiological (1892-1940)

한일장신대학교 개교 100주년 선교대회 기념 도서 1

미국 남장로교 한국선교회의 여성·의료 선교사
 ─ 선교학 관점의 선교 활동 연구(1892-1940)

2022년 9월 6일 처음 펴냄

지은이 | 임희모
펴낸이 | 김영호
펴낸곳 | 도서출판 동연
등 록 | 제1-1383호(1992년 6월 12일)
주 소 | 서울시 마포구 월드컵로 163-3
전 화 | 02-335-2630
팩 스 | 02-335-2640
이메일 | yh4321@gmail.com

ISBN 978-89-6447-826-4 93230